SIGNALE DER ZEIT

Streifzug durch satirische
Zeitschriften der
Weimarer Republik

Herausgegeben von W. U. Schütte
Mit einem Nachwort
von Ruth Greuner

Verlag Klaus Guhl Berlin

LIZENZAUSGABE
© VERLAG DER MORGEN, BERLIN
Originaltitel:
‚Bis fünf nach zwölfe, kleine Maus'
Alle Rechte vorbehalten
Gesamtgestaltung: Lothar Reher
Umschlagentwurf: Harald Götz

Inhaltsverzeichnis

Die ganze Welt ein Rummelplatz

Hardy Worm, Die janze Welt ist nur ein Rummelplatz 11
Hardy Worm, Berlin: Rund um den Alexanderplatz 13
Gottlieb Schulze, Der Kavalier 16
Hardy Worm, Witwenball 17
Egon Erwin Kisch, Kleinbürger auf Rädern 19
Gerhard Schäke, Wenn Damen boxen ... 24
Klabund, Berliner Lied 25
Bruno Vogel, Geschlechtsleben des Bürgers 27
Erich Kästner, Möblierte Moral 31
Paul Nikolaus, Bürgermädchen stolpern harmlos 33
Erich Weinert, Feierabend 34
Victor Klages, Sonntag 41
Max Büttner, Nonnenrevolution 42
Peter Flint, Die Hungermayonnaise 44
Peter Panter, Das Photographie-Album 46
Karl Schnog, Rat an eine entartete Bürgerstochter 57
Paul Nikolaus, Dem Pensionatsmädel 58
Fragen Sie Frau Christine 59
Hardy Worm, Berliner Frühling 63
Erich Mühsam, Schlichter Gesang 65
Elisabeth Castonier, Theaterkommission 66
Heinrich Wandt, Der Pfarrer von St. Pierre 67
Erich Weinert, Kaffee in Cottbus 69
Rezepte für Dienstbotenkost 70
Erich Mühsam, An einen Straßenkehrer 72
Hans Reimann, Die Stätte, die ... 73

Die Literatur fährt Auto

Erich Kästner, Die Literatur fährt Auto 77
Josef Kastein, Romanisches Kaffee 80
Karl Schnog, Anekdote 81
Eine Theatergründung 82
Erich Mühsam, Der Literat 84
Beginn einer Karriere 86
Fiete Fischer, „Sturm" 87
Erich Kästner, Hamlets Geist 89
Ossip Kalenter, Faust-Vorstellung 91
Unterirdisch 92
Karl Schnog, Anekdote 93
Walther Victor, Die Küchenmesser 94
Erich Weinert, Schundfunk 98
Karl Schnog, Was wollen wir „Wespen"? 100
Hellmuth Krüger, Blandine Ebinger 102
Erich Weinert, Der Schrei aus der Tiefe 103
Karl Schnog, Der Vortrag macht des Redners Glück 104
Lion Feuchtwanger, Wedekind 105
Klabautermann, Kolportage 107
Hinter Redaktionstüren 108
Hellmuth Krüger, Ich möchte... 109
Walter Hasenclever, Liebe Pille 110
Peter Natron, Der Nobelpreis 111
Berlin 115
–anti, Die Eroberung Berlins 117
Hardy Worm, Berlin! Berlin! 119
Hardy Worm, Abends um zehne 122
Pick Nick, Berliner Ballbericht 124
Max Büttner, Berliner Tauentzienbummel 128
Karl Schnog, Meister Zille! 130
Hans Reimann, Prag 131
Jan Altenburg, Leipzig 137
Erich Weinert, Leipziger Sängerstammtisch 140
Walter Mehring, Ein Tag Paris 141

Hans Otto Henel, Merkwürdige Begegnungen 145
Bernhard Gröttrup, Achgottenee! 147

Blonde Deutsche, schließt die Reih'n

Kurt Tucholsky, „Deutsch" 151
Hans Reimann, Deutschland 153
Walter Mehring, Rundfragen 154
Erich Weinert, Der Republizist 157
Erich Weinert, Die große Zeit 158
Bernhard Gröttrup, Wie Noske wurde 161
Georg, Noske 167
Erich Weinert, Femesoldatenlied 168
Elisabeth Castonier, Es kann wieder losgehen 170
Hans Natonek, Das Parabellum 172
Uniformell 174
Bernhard Gröttrup, Brief an den Reichspräsidenten 176
Hardy Worm, Der selige Schwejk schreibt 178
besa, Ein junges Mädchen trat dem Wehrminister auf die Hühneraugen 181
Karl Schnog, Im Wandel der Zeiten 183
Max Kolpe, Die alte Burschenherrlichkeit 184
Lütje Lagen 186
Eine phänomenale Partie 187
Juristisches Abc 188
Roda Roda, Die Erzählung eines Arztes 190
Erich Weinert, Die Klingel 193
Der Bankdirektor 194
Vertrauliche Mitteilung 195
Erich Weinert, Stresemann 196
Schwierigkeiten 197
Erich Kästner, Karpfen blau 198
Egon Erwin Kisch, Über die Möglichkeit folgender Nachrichten 200
Karl Schnog, Katalog der Firma Paul Arendt, Sulzbach-Oberpfalz 203

Eins in die Fresse, mein Herzblättchen?

Eins in die Fresse, mein Herzblättchen? 207
Warum Hitler nicht redete 210
Wenn man Glück hat 211
Wahlrechtsreform überflüssig 213
Bernhard Gröttrup, Knigges Umgang mit Unmenschen 214
Erich Gottgetreu, Die irren Richter 216
Die Verrückten 217
Fritz Bernhard, Horrido-Joho! 218
Stolz weht die Flagge... 221
Hardy Worm, Das hat die Welt noch nicht gesehen 222
Anhalt schafft Ordnung 226
Roda Roda, Der Aufruf 227
Hardy Worm, Das Gespenst des Kommunismus 228
Die Gottlosen-Tscheka 231
Was wird, wenn... Reichspräsident wird? 234
Herr Goebbels marschiert 237
Konsequenzen 238
Genau lesen 239
Preußenlandtag aufgelöst 240
Hardy Worm, Wir schlagen ein Naziblatt k. o. 241
Hardy Worm, Nazi-Überfall auf die Ente 244
Ladis Laus, Leichenrede 247

Anhang

Nachwort 251
Zeitschriftenporträts 265
Biographische Notizen 275
Anmerkungen 292
Personenregister 302
Verzeichnis der Rechtsträger 306
Nachbemerkung 308

Die ganze Welt ein Rummelplatz

„Die oldenburgische Nazi-Regierung hat den Beamten die Gehälter gekürzt. Um ihnen für den Lohnausfall ein Äquivalent zu bieten, hat die Regierung angeordnet, daß die Zivilbevölkerung die Beamten vorschriftsmäßig zu grüßen hat."

Zeichnung: Karl Holtz in „Die Ente" 39/1932

Hardy Worm
Die janze Welt ist nur ein Rummelplatz

Imma rin in meine Bude!
Jeda Christ und jeda Jude
Find hier, wat sein Herz bejehrt
Und wonach sein Innres sich vazehrt.

Hier sehn Se Satte neben Wasserleichen,
Wie manche Tiere vor Ekel erbleichen,
Hier sehn Se Preise, die Säuglinge töten,
Wie manche Menschen vor Freude erröten.

Se sehn hier Rutschbahn und Würfelbuden,
Kokotten, Schieba, Sipo und Luden,
Ne Riesenschaukel, anjetrieben durch Benzin,
Und daneben een piekfeinet Sarchmajazin.

Hier sehn Se, wiet Meechen nen Mann vahaut,
Wie eena vor Kohldampf ne Schrippe klaut,
Wie der Schieber Austern und Trüffel schleckt,
Wien Kriechskrüppel hinterm Zaun varreckt.

Hier hörn Se, wie eena vor Liebe heult und stöhnt,
Wie Rentje Schulze über schlechte Zeiten klöhnt.
Hier sehn Se Meechens mit de Beene baumeln
Und besoffene Korpsstudenten taumeln.

Bleiben Se stehn!
Hier ist zu sehn:
Wie sich eena die Kehle abschneid
Und dann sofort nachn Dokter schreit,
Wie eena Flammen spuckt
Und dafor nen Daler schluckt,

Wie eena Ketten reißt
Und in Jlassplitter beißt.
Hier sehn Se Jaukler und Jongleure,
Den letzten Idealisten, Flohdompteure,
Abnormale Leute, die Jedichte fabrizieren,
Zum Zeitvertreib sich und andre massakrieren.
Allens können Se hier zu sehen kriejen!
In allen Lüsten, sagte Wildjans, wohljeschult,
Von dreckje Männerfäuste heiß umbuhlt.

Bleiben Se stehn!
Hier ist zu sehn:
Das große Rad der bunten Welt.
Der eene steigt, der andre fällt!
Also:
Ruff uffn Rummel,
Rin in de Bude,
Ruff uff de Schaukel,
Trudeln Se feste,
Schwing'n Se den Hamma,
Knalln Se druff los,
Riskieren Se de Fresse.
Vielleicht ham Se Jlick:
Und brechens Jenick.

Aus: Die Pille 7/1921

Hardy Worm
Berlin: Rund um den Alexanderplatz

Es ist kurz vor Mitternacht.

Die Berolina steht auf ihrem Sockel und sieht ziemlich blöde und etwas nachdenklich zu, wie bei Aschinger die letzten Lichter abgewürgt werden.

Zwei ganz und gar betrunkene Männer streiten sich. Die Frau des einen, eine kleine, hagere Person mit einer Stülpnase, fuchtelt sehr aufgeregt mit dem Schirm in der Luft umher und schreit: „Droschkäh!" So schrill, daß einige Bummler, stehenbleiben und lachen: „Droschkäh!"

Junge Männer mit weißbeschuhten Mädchen am Arm, dicht aneinandergedrückt, kommen flüsternd daher. Ballmütter wackeln vorüber. Sie sagen so etwas wie: „Er is'n janz ehrlicha Mensch. Vadient n' schönen Jroschen. Liesken soll zujreifen!" Die Ballväter rauchen dicke Zigarren. Sie sagen so etwas wie: „'N janz schnuddlichet Meechen. Hat ne stramme Kiste!" Und dann stoßen sie sich in die Seiten und grinsen.

Ein langgezogener schriller Pfiff: „Orje, komm mal her. Der hier will pampich wern!" Orje kommt im Sturmschritt über den Damm. Ein großer, breiter Kerl mit einem Stiernacken. Er bahnt sich mit derben Fäusten einen Weg durch die Menschenansammlung. Zwei junge Burschen umkreisen sich. Dann schlagen sie zu. Die Hüte fliegen an die Erde. Die Kämpfer brüllen. Orje kommt seinem Freunde zu Hilfe. Die Umstehenden murren. Einige Frauen schreien, als sie sehen, daß dem einen das Blut auf die Krawatte tropft. Sie fühlen sich so angenehm erregt. Und ihre Sympathien sind durchaus auf Seiten des Siegers, eines kleinen, dicken Kerls mit frechem Gesicht. Der wischt sich das Blut von der Hand. Und verschwindet mit Orje im Menschengewühl, weil die Polizei kommt.

Der Zusammengeschlagene schimpft. Er brüllt: die feigen Aaskröten sollten nur rankommen! Er fühlt sich sicher. Er kann auch schon wieder ziemlich gerade auf den Beinen stehen. Und die Nase blutet auch nicht mehr.

An der Ecke der Münzstraße steht ein dicker Mann. Er handelt mit warmen Würsten. Kennt alle Mädchen, die vorüberstrichen, bei ihrem Namen. Er weiß alles. Steht schon seit Jahren an dieser Ecke. Weiß, daß der „blonde Emil" gestern zehn Jahre Knast bekommen hat, weiß, daß die „grüne Berta" jetzt einen andern Louis hat. Der soll scharf aufpassen und sehr gewalttätig sein. Aber das liebe die „grüne Berta".

Der Mann mit dem Wurstkessel weiß alles. Ab und zu ruft er mit fetter Stimme: „Noch sind se heiß!" Die gepuderten Mädchen lächeln ihn an. Kaufen sich Würste. Schieben sie erst eine Weile im Munde hin und her, ehe sie sie zerbeißen. Ein unter einer Laterne stehender Mann blickt lüstern auf Mäuler und Würste.

Es beginnt zu regnen. Die Laternen verschwimmen in einem nebligen Dunst.

Eine Droschke rattert vorüber. Der Gaul stürzt. Die Deichsel zersplittert. Einige Menschen stoßen wie Aasgeier aus Tornischen. Sie betrachten sichtlich interessiert den gestürzten Gaul, aus dessen Nüstern der Atem wie eine Wolke dampft. Sie machen faule Witze. Und frieren sehr.

In der Dircksenstraße riecht es nach Fischen und verfaultem Gemüse. Die Markthallen. Der Straßendamm liegt voller Unrat. Ein kleiner, struppiger Köter läuft schnuppernd den Rinnstein entlang. Auf Kiepen hocken einige Frauen. Sie haben dicke Tücher um ihre Hälse. Schimpfen auf den Regen und die hohen Einkaufspreise. Sie müssen noch stundenlang warten, bis die Halle geöffnet wird. Aber sie wollen als erste ihre Ware empfangen, weil sie damit in den Vorort fahren müssen. Ab und zu steht eine auf und humpelt an ihren Wagen. Nimmt einen Schluck aus der Schnapsflasche. Oder sieht nach, ob der Gaul noch zu fressen hat.

Der Morgen dampft.
Die ersten Züge rattern über die Schienen.
Graue Menschen gehn in Fabriken.
Und einige kleine Dirnen stehen wie entblätterte Blumen
auf den Wegen.

Aus: Die Pille 18/1921

Gottlieb Schulze
Der Kavalier

Ick bin der kesse Ede
Und stamme aus N. O.,
Margot, wat meine Braut is,
Wohnt jetzt am Bahnhof Zoo.

Hat eigene Etage
Und eenen ollen Grafen,
Der Graf besucht sie nachmittags,
Und ick jeh mit sie schlafen.

Seit meine Braut den Ollen hat,
Hab ick mir rausjemacht,
Bin jetzt ein echter Gentlehmann
Und habs zu wat jebracht.

Ick saufe Krabbelwasser,
Vakehre in der Bar,
Bin jetzt so fein, det keener merkt,
Det ick mal Schlosser war.

Hab' vornehme Manieren,
Kotz' nicht mehr ins Lokal,
Und weil ick jetzt een Kavalier,
Wähl ick deutsch-national.

Aus: Die Pille 25/1921

Hardy Worm
Witwenball

Repertoire: Resi Langer
Musik: Claus Clauberg

Mittwochs ziehn die Witwen Leine;
Seidne Strümpfe an de Beine.
Haar jebrannt. Det beste Sticke:
Lockenkamm! hängt im Jenicke.
Rejenschirm und Wachstuchtäschchen –
Allet da, wat da sein muß!
Hüjelhafta Hochjenuß!
    Ab Trumeau zum Sündenfall.
    Eva auf dem Witwenball.
    Linksrum, rechtsrum, steppen, schieben,
    Tango, Walzer nach Belieben.
    Mit Jefühl
    Durchs Jewühl.
    Locken bammeln,
    Strumpfband rutscht.
    Liebe stammeln,
    Abjelutscht.
    Keß und knorke jeden Fall
    Is man uff dem Witwenball.

Emma zieht ne schiefe Schippe
Und riskiert ne scharfe Lippe:
„Denken wohl, ich bin so eine?
Janz jewöhnlich for zwee Scheine?
Nee, bei mir is nischt zu machen,
Denn ick schwärm for lila Sachen."
Und der Kafferlier haut ab,
Durch die Mitte, Polkatrab.

Meechens jibt et überall.
Wozu is denn Witwenball?
Schwarze, blonde, dünne, fette
Stehen hier nach Männern Kette.
„Danke scheen!"
Ab mit een.
Busen wackeln,
Klassefraun.
Bloß nich fackeln,
Ranjehaun!
Sonne Kiste, Waden prall
Jibts nur uff dem Witwenball.

„Liebling, Schnucki, Olly, Süße!"
„Mensch, hier kriecht man kalte Füße."
Pärchen wie Kartoffelsäcke
Hocken in 'ner finstern Ecke.
Liebesschwüre. Hohe Töne.
Keene jloobts, det is det Schöne.
Schließlich endets mit Radau.
Denn der Witwentroß ist blau.
  Ab Trumeau zur Straßenbahn.
  Alles sehnt sich nach dem Kahn.
  Polta nicht! Uff Zehenspitzen
  Durch den dustern Hausflur spritzen.
  Treppen ruff
  Mit Jeknuff,
  Endlich oben
  Langer Kuß,
  Kraft erproben.
  Vorhang. Schluß!
Schwertgeklirr und Wogenprall,
Nischt jeht übern Witwenball.

Aus: Die Ente 2/1932

Egon Erwin Kisch
Kleinbürger auf Rädern

"Ja, freilich, es sieht schon ein bisserl anders aus wie damals, als mir her'kommen san."

Herr Syrowattka wendet sich selbstzufrieden im ersten seiner beiden Waggons um, die ihm und seiner Familie Wohnung sind.

"Als mir her'kommen san – im Zwölferjahr war's im Mai – da haben die Leut' geschimpft, in Salmannsdorf und die Neustifter auch, hier ist ein Villenviertel, haben sie geschrieben an die Stiftsverwaltung, und meine zwei beiden Waggons verschandeln die ganze Gegend, haben's g'sagt, die Teppen haben gemeint, ich werd' die Waggons da stehen lassen, schwarz und schmierig, wie sie g'wesen sein..."

"Die zwei, was am ärgsten g'hetzt haben, san eh schon g'storben im Krieg", mischt sich Frau Syrowattka in die Debatte.

"Na, du hast z'reden! Du hast mir ja auch nicht heraufwollen, in an Waggon willst net leben, hast g'sagt, wie die Zigeuner. Aber ich hab' auch schuften müssen, bevor es so zurecht worden ist."

Frau Syrowattka ist bei dem Vorwurf, sie sei einmal zu stolz gewesen, die Waggonvilla zu beziehen, ein wenig rot geworden, doch da ihr Gatte den Besucher auf den jetzigen Zustand verweist, erwacht in ihr die Hausfrau, und sie entschuldigt sich, wie es Hausfrauen eben tun: "Ist schon lang nicht herg'richt worden. Mein Mann war fort im Krieg und die Buben auch, zwei sind mir invalid zurückkommen, der eine hat vierundsechzig Splitter im Leib g'habt, die rechte Hand kann er nicht bewegen, er ist achtzig Prozent arbeitsunfähig, aber jetzt werden wir bald anfangen, das Häusl herzurichten."

Der Hausherr verrät die neuen Pläne. "Ich werd' ein neues

Dach machen mit ein' breiten Rand, daß mir das Regenwasser nicht die ganze Außenwand ruiniert, wann's abläuft..."

Ich schaue mir die Wohnung an. Eine Proletarierwohnung wie viele, aber mit Symptomen heraufziehender Kleinbürgerlichkeit, eine gehäkelte Decke und ein metallbeschlagenes Photographiealbum auf rundem Tisch, ein ölgedruckter Kaiser Franz Joseph in goldlackiertem Rahmen, Nippesfiguren auf dem Gesims des Sofas. Der achtzigprozentige Invalide spielt mit zwei Brüdern „Angehn", die Tochter liegt bäuchlings auf der Chaiselongue, den Finger in die Nase und den Kopf in einen Roman vertieft, die Mutter steht am Herd, im Anrichteschrank sind Teller und Gläser, auf dem polierten Kleiderstock hängen Beinkleider, Hemden, Unterhose und was sonst noch auf einen Kleiderstock gehört.

Wäre der Plafond nicht auffallend flach gewölbt und aus Holz mit Querrippen, wären nicht oben die typischen Lücken, man würde nicht glauben, in Waggons zu sein. Die beiden Lastwagen sind mit je einer Längswand aneinandergeschoben, eine Tür und Fenster wurden durchgebrochen, die Wände übermauert, ein Herd mitsamt Kamin eingebaut, der erste Wagen durch Bretter in Schlafraum und Küche geteilt, ein Keller fehlt keineswegs, das Dach sitzt oben wie auf jedem richtigen Haus, vorne ist ein Ziergärtchen mit Rosenstöcken, hinten ein Schuppen und ein Gemüse- und Obstgarten. Eigentlich sind die beiden Waggons der unwichtigste, überflüssigste Bestandteil der Waggonvilla und haben ihre Entwicklung eher gehindert und beschränkt als gefördert. Man äußert diese Ansicht. Herr Syrowattka aber lächelt schlau:

„Hätt' man mich denn bauen lassen, wann ich net mit denen zwei Waggons ankommen wär'? Die hätten mich schön davongejagt."

Wie sind Sie denn auf die Idee gekommen, Herr Syrowattka, sich so mir nichts dir nichts hier anzusiedeln?

„... Wissen S', ich hab' damals keine Wohnung kriegen können und ich kann doch nicht mit der Frau und sieben Kindern im Wald schlafen, nicht? Da hab' ich gehört, daß man alte Waggons kaufen kann, ausrangierte, so bin ich halt zur Staatsbahn hin und hab' mir die zwei ausgesucht. Siebzig Gulden hab' ich dafür gegeben, mein letztes Geld. Ich bin ein geborener Neustifter, und bin zu einem Pächter in der Ratsstraße gegangen, der hat mich lange kennt, und hab' ihn gebeten, ob er mir ein Stückerl von seiner Wiesen abtreten möcht'. Der hat nichts dagegen g'habt, aber wie wir hinkommen san mit dem Streifwagen, die zwaa riesigen schwarzen Kisten drauf – das Untergestell mit die Achsen und die Räder haben's schon abgenommen g'habt in der Werkstätten und die Puffer aa – hat er net mehr wollen, der Herr Pächter. Es geht nicht, hat er g'meint, er wird den Grund jetzt verkaufen, und grad über die Wiesen soll eine neue Eisenbahnlinie gehn, und solches Zeug hat er g'redt..."

Na, und da hat denn der Maurer Syrowattka die beiden Wagen abgeladen und darin seine Möbel aufgestellt, zum Gaudium der Neustifter Jugend, zum Staunen der Erwachsenen und zum Ärger der noblen Anrainer. Als er gar Miene machte, sich auf dem requirierten Boden für ewige Zeiten einzurichten, hagelte es Beschwerden der Nachbarschaft beim Grundeigentümer, dem Klosterneuburger Stift.

„Sogar bei der Polizei haben sie mich verpfiffen, so a Gemeinheit, gegen an armen Familienvater die Polizei zu mobilisieren!"

Weil aber die Stiftsherren wohl einsahen, er werde ohne öffentlichen Skandal nicht mehr fortzukriegen sein, verpachteten sie ihm das Stück Land, etwa zwölfhundert Quadratmeter, für dreißig Kronen jährlich.

„Und zwanzig Kronen müssen wir Steuer zahlen auf dem Währinger Rathaus", wirft die Gattin unwillig ein.

Es ist trotz der hohen Steuer noch immer billig. Allerdings war es Brachland, und Herr Syrowattka rühmt sich, ungefähr dreihundert Fuhren Abraum und Gestein planiert zu haben, bevor alles so schön wurde und siebzig Obstbäume gepflanzt werden konnten. Man kann ihm das Lob nicht versagen, daß er da eine kühne Tat geleistet hat, beinahe eine revolutionäre. Wenn es jeder so hielte wie Sie, Herr Syrowattka, gäbe es bald keine Wohnungsnot, dann –

„Sö, hören S' mir auf, das tät' ja noch fehlen, daß da a jedes hergelaufene Gesindel hier a Häusl aufstellt. Aaner hat's mir eh' schon nachmachen wollen, aber i hab' an Riecher g'habt, und wie er mit sein Fuhrwerk ankommen is, hab' ich die Buben um die Polizei g'schickt, er hat net abladen dürfen, den eingetepschten Personenwagen dritter Klass', wo seine Bankerten schon dring'sessen san, und mit an Abort auf jeder Seiten."

„Schön is er wieder obig'fahren mit sein' Scheißwaggon", lacht die Dame des Hauses, „der hat sauber g'flucht, der Kerl, haha."

Er hätte Ihnen wohl den Platz weggenommen?

„Ah na, dös grad' net, er wollt' ja ganz wo anderst hin, zum Waldrand dort, aber man kann das doch nicht einreißen lassen, daß a jeder abgerissene Schlurf sich da sei' Buden herstellt, und weiß Gott, was für a Wirtschaft hermacht. Hier wohnen lauter feine Leut'..."

Sie haben aber doch auch, Herr Syrowattka...

„Ja, freilich, hab' i damals a nix g'habt, aber ich hab' doch mein Haus tadellos herg'richt, und mach' dera Gegend ka Schand', das müssen S' doch selber sagen, net? Und jetzt kommt ein tulli Dacherl mit'n breiten Rand, dann streich' ich die Fassad' an und nächstes Jahr..." Ein Schreckgespenst unterbricht die Schilderung seiner Absichten. „Wann nur net der Bolschewismus kommt, die Gaunerbande! Was glauben S'?"

Das kann man heute noch nicht sagen, Herr Syrowattka.

Frau Syrowattka sieht mich besorgt an: „Die Bolschewiken, die täten dem Kloster alles wegnehmen?"

Darauf läßt sich nichts erwidern, als daß dies wohl eine unvermeidliche Folge des „Kimmunismus" wäre.

Die Frau (angstvoll): „Müsseten wir am End' dann wieder weg von hier?"

Der Villenbesitzer schwingt wütend die Fäuste: „Dös glaub' i, darauf hätten die a Schneid! I waaß ganz gut, was dö woll'n, an Putsch machen möchten s' und die Regierungsgewalt ergreifen und mir mein Haus wegnehmen und sich selber hereinsetzen, weiter wollen s' ja nix, die Bagasch'! Aber das is mei' Grund, mei' Häusl, i zahl' meine Steuer, sö sollen nur kommen, die Hungerleider, i werd' ihnen schon heimleuchten, denen Bolschewisten!"

Aus: Die Weltbrille 4–5/1928

Gerhard Schäke
Wenn Damen boxen...

Im neuen Leipziger Apollo-Varieté traten im Juli 12 Damen auf: in ihren Wadenstrümpfchen, dem kurzen schwarzen Rock und darüber den weißen Sweater sahen sie nicht nur ganz reizend und graziös aus, sondern ... einzelne waren es auch. Nur die kleine Ungarin, die Ilona Kovacz, doridimmi, ich schreibe diese Zeilen mit Zittern und Zagen, denn wenn die mich zu einem Match auffordert, dann glückauf, lieber Zahnklempner, dann wirst du zu tun haben. Denn das Mädel hat Schmiß. Und Kraft! Und Fäuste!! Mit der möchte ich nicht eine Minute allein sein, denn wenn sie boxt ... da fliegen die Löckchen und die Zähne werden locker. Kopfnüsse sind bei ihr billig zu haben. –

Nach jeder Runde trinkt sie einige Kognaks. Einige! So viel kann ich am ganzen Tage nicht vertragen, was die an einem Abend hinterkippt. Ihre Kampfgenossinnen sehen zutraulicher aus. Sie tun, als könnten sie keinen Hund streicheln, aber ... aber sie alle haben Haare auf den Zähnen. Oscar Fischer, Manager der Boxfräuleins, kann mir leid tun. Was der von seinen Damen in der Hitze des Boxens für Watschen kriegt ...!

Aus: Glossarium 1/1921

Klabund
Berliner Lied

Ick war 'n junges Ding,
Man immer frisch und flink,
Da kam von Borsig einer,
Der hatte Zaster und Grips,
So hübsch wie er war keiner
Mit seinem roten Schlips.
Er kaufte mir 'nen neuen Hut,
Wer weiß wie Liebe tut –
   Berlin o wie süß
   Is dein Paradies.
   Unsre Vaterstadt
   Schneidige Mädchen hat,
   Schwamm drüber tralala.

Ick immer mit'n mit,
Da ging der Kerl verschütt,
Als ich im achten schwanger.
Des Nachts bei Wind und Sturm,
Schleppt ich mich uff'n Anger,
Vergrub det arme Wurm.
Es schrie mein Herz, es brannte mein Blut,
Wer weiß wie Liebe tut –
   Berlin o wie süß
   Is dein Paradies.
   Unsre Vaterstadt
   Schneidige Mädchen hat,
   Schwamm drüber tralala.

Jetzt schieb ick uff'n Strich
Und hab nen Ludewich.
In einen grünen Wagen

Des Nachts um halber zwee,
Da hab'n se mich gefahren
In de Charité.
Verwest mein Herz, verfault mein Blut,
Wer weiß wie Liebe tut –
   Berlin o wie süß
   Is dein Paradies.
   Unsre Vaterstadt
   Schneidige Mädchen hat,
   Schwamm drüber tralala.

Krank bin ick allemal,
Es ist mir allens ejal.
Der Weinstock der trägt Reben,
Und kommt 'n junger Mann,
Ick schenk ihm was fürs Leben,
Daß er an mich denken kann.
Quecksilber und Absud,
Wer weiß wie Liebe tut –
   Berlin o wie süß
   Is dein Paradies.
   Unsre Vaterstadt
   Schneidige Mädchen hat,
   Schwamm drüber tralala.

(Der Refrain „Berlin o wie süß ..." stammt aus einem echten Berliner Dirnenlied. Anm. von Klabund)
Aus: Die Pille 22/1921

Bruno Vogel
Geschlechtsleben des Bürgers

Wie herrlich könnten selbst in diesem schmählichen Lande die Gärten des Eros sein, würde ihre wilde, erhabene Harmonie nicht unablässig zerstört vom garstigen Gekrächz sehr häßlicher Moraleulen; stünde nicht vor jeder Freude eine morsche Verbotstafel; stänke einem nicht überall der Gangränegeruch bürgerlicher Sexualität entgegen.

Das Geschlechtsleben des Bürgers, erbärmliche Tragikomödie: Er darf nie und möchte doch so gern!

Das Einzige, was er darf – seinen ehelichen „Pflichten nachkommen" – o Gott, wie bald ist er dessen überdrüssig.

Gelingt es ihm, seinem mit Neurosen gewürzten Eheglück zeitweilig zu entrinnen, dann pflückt er gern verstohlen eine ihm verbotene Frucht, die meist den Nachteil hat, matschig und madig zu sein. Über diesem Teil seines Liebeslebens prangt das edle Motto: „Der Kavalier tut wohl Dinge, aber er spricht nicht davon."

Ansonsten aber muß er, der arme Sexualkrüppel, seine gedunsene Gier zur Herstellung von Moral benutzen. Immer und überall wittert und schnüffelt er Sexuelles; Dinge, Vorgänge, die vom gesunden Menschen durchaus asexuell empfunden werden, erregen in seinem kranken Hirn Orgien der Phantasie, an denen er dann die trübe Funzel seiner Sexualethik entzündet.

S. Krauß, der Herausgeber der „Anthropophyteia", erzählt in seiner Broschüre „Wider die Unzuchtschnüffler der deutschen Justiz" (Basel 1928) ein Schulbeispiel: Die Frau Steueramts-Oberrevisorstellvertretersgattin entrüstet sich zur Frau Bürgermeisterin: „Schauens, hörens, wissens, zur Frau Geheimrätin Mayerberger darf man nicht gehen. So eine Schamlosigkeit ist mir noch nie passiert, wie gestern bei ihr. Da war dort Empfang, ahnungslos nehme ich meine zwei

Töchter mit. Auf einmal trägt der Diener eine Platte mit Spargel auf. Die waren alle so lang und so dick und hatten so große Köpfe, daß meine Töchter bis über die Ohren rot wurden und sich einander etwas zutuschelten. Man mußte sich bis auf die Knochen schämen, der ganze Abend war uns verdorben..."

Der Terminus für so was heißt: Scham- und Sittlichkeitsgefühl eines normal empfindenden Deutschen in geschlechtlicher Hinsicht.

Sicher, die Bürger hassen ihre Sittengesetze mindestens ebenso wie den, der auf ihre Moral nur mit einem leisen Hohnlächeln und ein klein wenig Klugheit reagiert. Doch die Sklaven sind zu feig, gegen ihre närrischen Normen zu rebellieren, und so fallen sie mit ihrem ganzen Haß und Neid, mit all ihrer Mißgunst über die „Lasterhaften" her: Ah, welche Lust für diese Tugendstrotzer, die Anderen zu hetzen, die Anderen, die haben, die genießen, was sie selber so bitterlich entbehren müssen! Manchmal fallen sie freilich bei derartiger Betätigung ihres Geschlechtstriebs ziemlich eklig rein.

Hin und wieder schenkt Gott dem Bürger einen Sohn oder eine Tochter, was allermeistens eine Folge der leider noch bestehenden technischen Unzulänglichkeiten eines Paragummi verarbeitenden Industriezweiges ist. Die Kinder können einem sehr leid tun. Für ihr Pech sollen sie den Eltern noch ihr Leben lang dankbar sein.

Wenn seine Kinder dann in die Jahre kommen, erzieht der Bürger sie zu Keuschheit und anderen Defekten. Er sieht aber auch ganz gern mal durchs Schlüsselloch zu; aus pädagogischen Gründen, versteht sich.

Den Ärger und die Sorgen, die er mit seinen direkten Nachkommen hat, gönnt er selbstverständlich von ganzem Herzen auch seinem lieben Nächsten: Also tritt er, kaum daß er Vater geworden, noch affektbetonter als vorher ein für rücksichtsloseste Bestrafung der Abtreibung, für unerhörte Besteuerung der Junggesellen, gegen jede Aufklärung über

Empfängnisverhütung (er selber weiß es ja ...). Voll und ganz ist er tief besorgt um die gesunde Volkskraft und die Zukunft der Nation. Belanglose, ewig geduckte Gerechtigkeitsbeamte, die sich kaum getrauen, ohne Erlaubnis ihres Herrn Vorgesetzten mal auszutreten, spüren in ihrem Bürgerbusen – wie unerträglich komisch! – die Verantwortung für die gesamte Menschheit:

„Um Gottes willen, wenn alle so lax denken würden, die Menschheit – – würde ja aussterben!!!" Na, wenn schon.

Außerdem faselt er nur noch vom Fortpflanzungstrieb und bildet sich ein, man glaube ihm daraufhin, daß er seine Kinder bewußt erzeugt habe.

Manchmal muß er sich doch an jene köstlichen Stunden seiner Jugend erinnern, da er mit Schulkameraden Frühling spielte. Dann mißhandelt er seine Frau psychisch noch ekelhafter als gewöhnlich und ist dafür, daß man alle Homosexuellen lebenslänglich zumindest ins Irrenhaus sperre. Wehe, wenn sein Sohn etwa ...! – Aber der wird das dem Alten nicht auf die Nase binden.

Wenn er im Saft der Reben oder Kartoffeln Vergessen seines öden Daseins sucht, langt seine alkoholgezeugte Ekstasis meist nur zum Grölen von Unflat oder zum Besuch eines Bordells. Am nächsten Morgen, wenn ihm die Haarwurzeln sehr wehtun, schimpft er erbost über die unerhörten Zustände in Sowjetrußland, wo die Frauen sozialisiert worden seien, und über die zuchtlose Jugend von heute, die nur durch die allgemeine Dienstpflicht wieder zu brauchbaren Gliedern der Gesellschaft zu erziehen wäre. In solchen Stunden muß Deutschland ganz besonders dringend wieder einen Kaiser haben. In der Straßenbahn fängt er dann (der Bürger, nicht der Kaiser) Krakeel mit dem Schaffner an. Woran natürlich die Saujuden schuld sind. –

Einen wesentlichen Teil seines vermiesten und verkrampften Drangs nach einem adäquaten Sexualobjekt projiziert der Bürger ins Transzendente. Auf diese Art entstehen die hehren und heiligen Ideale des Bürgertums. Sie sind danach.

Gefährlich werden diese platzegeilen Täuschekeusche, wenn sie von Staats wegen zum Belehren der Jugend gebraucht werden. Grauenhaft der Schaden, den sie anrichten, indem sie noch halbwegs gesunde und gerade Menschen seelisch so verkrüppeln, wie sie selbst es sind; unermeßlich die Qualen, mit denen sie die Sinnenfreuden der Jungen und Mädels sadistisch martern und verwüsten.

Mit dem Bürger über sexuelle Fragen zu debattieren, ist aussichtslos, da bei ihm anscheinend das Hirn die Funktionen der Hoden und die Hoden die Funktionen des Hirns übernommen haben.

Erst eine soziale Revolution kann imstande sein, die armen, verklemmten Wonnewänste von ihren jämmerlichen Hemmungen zu erlösen. Eine soziale Revolution aber, die nicht die Tafeln der bürgerlichen Sittengesetze restlos zerbricht, wird an ihnen selber zerbrechen.

Aus: Die Weltbrille 4–5/1928

Erich Kästner
Möblierte Moral

Nicht jede Zimmervermieterin besitzt den Mut jener Frau Dora Bollensänger, die auf das Schild an der Haustür – mit Blaustift und hübsch deutlich – geschrieben haben soll:
„Sonniges, komf. Zimmer per sofort zu vermieten. Kastrierte Herren erhalten den Vorzug. 2 Tr. links."

Aber die andern, denen der Mut hierzu fehlt, falten noch heute die Hände überm Leib; betrachten noch heute streng den Öldruck überm Sofa, anstatt den mit Mietabsichten gekommenen Herrn zu mustern, und sagen noch heute: „Damenbesuch dulde ich natürlich nicht!" – Es sind dies, nebenbei, dieselben Frauen, die dem Ehepaar, das bei ihnen wohnt, Leda mit dem Schwan übers Bett nageln; verständnisinnig mit den Augen zwinkern, wenn sie das Frühstück bringen; mit dem Finger schelmisch zum untergemieteten Ehemann hinüberdrohen und erklären: „Ei, der Schlimme! Hat er unser kleines Frauchen wieder nicht schlafen lassen! Wie blaß sie aussieht, der arme Engel!"

Die unbegreifliche, aber staatserhaltende Unterscheidung zwischen Ehe und „Unzucht" kann nicht aufhalten, daß sich die Moral wandelt. Während die Zimmervermieterinnen schimpfen, weil der „Herr" Besuch hat, sitzen die Töchter dieser selben Vermieterinnen auf den Zimmern ihrer Freunde und zucken – wenn sie sonst nichts Wichtigeres zu tun haben – über ihre Mütter die Achseln ... Es bedeutet, heute mehr denn jemals, eine erotische und hygienische Absurdität, die illegitimen Beziehungen junger Menschen zu verhindern; sie in pekuniär und seelisch verfrühte Ehen hineinzumoralisieren oder auf Hotel- und Parkaffären verfallen zu lassen.

Nicht alle Wirtinnen sind so fanatisch. Es gibt andere, deren möblierte Moral anders und auf goldenen Boden fundiert ist. Sie sind freisinnig des Geldes wegen. Sie kalkulieren den „Damenbesuch" in den Preis. Dafür ein Briefzitat:

„Das Zimmer kostet 50 Mark. Soll das Zimmer der veränderten Moral der Jetztzeit entsprechend ‚ungeniert' vermietet werden, muß die Miete die ungefähre Höhe für zwei Personen ergeben = 60 Mark. So hatte ich ein berufstätiges Ehepaar wohnen, welches tagsüber nie daheim war und einen Einzelherrn im andern Zimmer, der ständig seine Freundin bei sich hatte, die sogar in seiner Abwesenheit das Zimmer abnutzte (!). Der Herr hätte daher mehr zahlen müssen als das Ehepaar, das wird jeder verstehen! Und Künstler haben doch viel Damenbesuch! Über mir wohnen auch Maler..."

Diese Vermieterin ist bestimmt im Recht, für die Freundin zehn Mark mehr zu fordern. Bedauerlich ist nur der Ton, in dem sie schreibt. Sie verachtet „die veränderte Moral der Jetztzeit", und das kommt ihr nicht zu! Sie hat Preise zu fordern und mag unanständige Mieter an die Luft setzen, – aber ihre Meinung über die illegitimen Beziehungen interessiert keinen Menschen. Sie empfindet einen modernen, gesunden Mieter als eine Art Rheinlandbesatzung! Mag sie das Vermieten bleiben lassen! – Ja, sie braucht aber das Geld...

Einen Ausweg gäb's: Jedem Menschen eine eigne Wohnung! Nicht fremde Liebe und nicht fremden Haß, für 50 Mark monatlich, im Hause haben müssen, wäre die Lösung. Es ist aber keine. Das weiß jeder.

Es gibt ein Buch zu schreiben. Und hier ist sein Titel: „Humanität und Untermiete".

Aus: Das Stachelschwein 1/1928

Paul Nikolaus
Bürgermädchen stolpern harmlos

Bürgermädchen stolpern harmlos
über engbeschrieb'ne Blätter;
Freudlos, leidlos, lieblos, charmelos.
In den Augen Regenwetter.

Füße kleben an den Steinen,
Und die Hände – wie ein Besen –
Streichen Strümpfe von den Beinen,
Die nicht in der Luft verwesen.

Nächtens schwitzen sie Verdauung:
Windlings weht der Bauch als Fahne.
Und sie lesen zur Erbauung
Leihbibliotheksromane.

Oben samten, unten wollen,
Sitzen sie auf steifen Stühlchen,
Schöpfen dabei aus dem Vollen
Halbgereifter Halbgefühlchen. –

Frühling ist's: sie fühlen wieder
Ihren ungegornen Saft
Und behüten treu und bieder
Die verfluchte Jungfernschaft.

Aus: Die Pille 20/1921

Erich Weinert
Feierabend

Ein bürgerliches Schauerspiel in drei Akten
Erster Akt

Herr Pratsch, Frau und Sohn sitzen beim Abendessen

Pratsch: W a s hatse kaputtjemacht?
Frau Pratsch *kauend*: Na die Kanne vom Tee-Serwie! Hat doch immer Dreck in de Hände! Mußte bloß sehn, wie die umjeht mit de Abwäsche!
Pratsch: Musse ne neue koofen – morjen komm Piepers – hamer keene Teekanne – morjen aamd stehtse hier! *er klingelt.*
Frau Pratsch: Laß doch man! Das mach ich morjen schon mit Martha ab.
Pratsch: Du läßt dir doch bloß was vorheulen! Juristisch isse ersatzpflichtig. Also Einwände komm nich in Frare. Wer verdient den Jehalt, du oder ich?
Martha *kommt*: Näfrau?
Frau Pratsch: Mein Mann –
Pratsch: Hä – hm – Martha – wo hammsen wieder Ihre Jedanken jehabt – mit de Teekanne? Sie wissen ja, juristisch jenommen müssense se ersetzen, nichwaah?
Martha: Aber ich konnte wirklich nüchts dafür, Herr Pratsch!
Pratsch: Also morjen nehmse Muster mit, nichwaah – kamma passieren – wat hatse jekost – vier Mark fuffzch, nichwaah? Kriejense nach! Martha, redense nich so viel – nu jehnse mal und kuckense mal nach de Eier – *Martha will gehen.* – Eh ichs verjesse – meine Frau saacht – sie haam wieder nich richtig Wasser jelassen aufm Kloseeh! *Martha ab.*

Der Sohn: Wenn die drauf war, stinkts ne halbe Stunde.

Pratsch: Zmaul! Was hatn der Professor jesaacht zu mein Brief?

Der Sohn: Noch jarnischt!

Frau Pratsch: Du soss doch nich immer de Wurschtpelle auf de Untertasse lejen!

Pratsch: Na, auf m e i m Brief müssense reaschieren!

Frau Pratsch: Jott, du machs doch den Jungen immer bloß es Leben schwer.

Pratsch: Ich jestatte dir nich, meine Rechte als Staatsbürjer zu krittesieren!

Frau Pratsch: Pieper saacht auch, sowas hättste nich schreim sollen.

Pratsch *wirft das Besteck hin und geht vom Tisch*: D a hab ich schon drauf jewartet – ausjerechnet Pieper – natürlich – dein häuslicher Ratjeber! Zieh bei Piepers – da paßte hin – *er klingelt.* – Ich bin woll bloß son Popel hier, nichwaah! Pieper! Pieper! Hättste man Pieper jeheiratet!

Martha *kommt*: Ja?

Pratsch: Bringse mal en reinen Kraren!

Martha: Augenblick! Näfrau, darf ich nach dem Abräumen ausgehen?

Pratsch: Näfrau – Näfrau – hier hab ich zu bestimm – heute bleimse hier! – Haltense man liebers Jeld zusamm – morjen brauchense vier Mark fuffzch!

Martha *geht*.

Pratsch: Ha – Pieper – Pieper! Karlheiz, mache daß de rauskommst!

Der Sohn: Ich bin ja noch nich fertig mit essen.

Pratsch: Raus! *Der Sohn geht.* – Siehste, siehste – das sind de Foljen – so unterjräbste de Autorität – setz man dem Jungen ooch noch Flöhe inn Kopp!

Martha *bringt den Kragen und geht wieder.*

Pratsch: Isn Pieper ooch ne Jehaltsklasse? Hä – ich jeh jetzt wech! Wer mich hier ärjern! Martha läßte nich gehn –

morjen steht de Kanne hier – will doch mal sehn, ob ich keine Autorität mehr habe – nichwaah? *Er geht und knallt die Tür zu.*

Zweiter Akt
Herr Pratsch, Herr Siedelmolch, Herr Pieper sitzen am Stammtisch und spielen Skat.

Siedelmolch: Herr Pieper, Sie jeben!
Pieper *mischt und gibt Karten*: Nee, da haamse vollkomm recht, Herr Pratsch – Relljohn muß sein – und die modernen Lehrer – wissense – die unterhöhlen die Autorität – nee, ich würde an Ihrer Stelle bis inn Reichstach damit jehn – Sie sind vorne, Herr Pratsch!
Pratsch: In Deutschland fehlen eem bloß Männer mit Enerschie – i c h krieje schon mein Recht, verlassense sich drauf! Ober, hier hammse en Strich zuviel jemacht – das is erst es siemte! – Meine Herrn, ich bitte, dem Ober auf die Finger zu kucken – der beschuppt nämlich!
Siedelmolch: Das is doch Sozjalismus – könn doch en Hals nich vollkriejen!
Pratsch: Bin vorne, Herr Siedelmolch!
Siedelmolch: Achzen – zwanzig –
Pratsch: Passe.
Siedelmolch: Haamse mehr, Herr Pieper?
Pieper: Nee. – Schließlich mischt sich de Schule noch ins Familienlääm!
Pratsch: Soll mir einer antasten! Aber das wollnse ja bloß – weiß ich aus juter Quelle – kenn doch den Stadtschulrat – na, ich könnt Ihn Dinge erzählen.
Siedelmolch: Null! Herr Pratsch, Sie komm raus! *Die Herren spielen.*
Siedelmolch: Ich weeß nich, hier ziehts schon wieder. Seit jestern hab ichs wieder in de Seite!

Pieper: Ja, das sind de Nerven – da sehnse sich man vor – da hat sich schon mancher was jeholt.

Pratsch: Juristisch jenommen dürfte es im Lokal jarnich ziehn.

Siedelmolch: Ich krieje von Ihn noch fümmundzwanzig Fennje, Herr Pratsch!

Pratsch: Hab ich doch längs bezahlt, nichwaah?

Siedelmolch: Nee, haamse noch nich bezahlt – aber is jut – das haamse ja schon en paarmal gemacht.

Pratsch *springt auf*: Das nehmse zurück! Herr Pieper, Sie sind Zeuje – haamse das jehört? – Ich un nich bezahlen? Sie wolln sich woll Ihre Rente aufbessern? Ihn schmeiß ich noch zwanzig Mark uffn Tisch, wennse was brauchen! Nichwaah? – Sowas is doch noch nich dajewesen!

Siedelmolch *steht auf und geht zur Toilette*: Von Ihn brauch ich noch keine Almosen, Herr Pratsch – die fümmundzwanzig Fennje schenk ich Ihn jerne.

Pratsch: Was sagense nu, Herr Pieper?

Pieper: Ich will Ihn mal was saren, Herr Pratsch – Sie rejen sich unnötig auf. Sie kenn doch den Mann – bin ja Zeuge – der will sich bloß jesundmachen – ich wollte bloß nischt saren.

Pratsch: Ober, zahlen! Denke jarnich dran, mich mit dem Herrn wieder an einen Tisch zu setzen. Bin doch ein Ehrnmann, jottseidank, nichwaah?

Pieper: Na, Sie kenn en doch, Herr Pratsch – seine Banderolenjeschichte war doch ooch nich janz koscher.

Pratsch: Ober, was rechense da? Zwei fümmundvirrzig? Rechense das mal vor!

Ober: Zwei Mark zwanzig plus fümmunzwanzig Fennich.

Pratsch: Zehn Prozent von zwei zwanzig sind . . . ? Zweiundzwanzig Fennje! Macht zwei zweiundvirrzig! Sie runden immer nach oben ab, nichwaah! Wissense, juristisch jenomm – na ich will nischt weiter saren! Naamd, Herr Pieper!

Pieper: Auf Wiedersehn, Herr Pratsch! Schön Jruß an Frau Jemahlin!
Pratsch *geht würdevoll hinaus.*
Siedelmolch *kommt zurück:* Isn der weg?
Pieper: Den haamse schwer jekränkt!
Siedelmolch: Na, das is doch nich das erstemal!
Pieper: Er legts doch drauf an, Herr Siedelmolch – das müssense doch schon jemerkt haam. Ich hab ihm auch meine Meinung jesaacht. Wissense – im Vertrauen jesaacht – von seim Jehalt hat er sich die Wohnungseinrichtung ooch nich kaufen können.
Siedelmolch: Nein –!
Pieper: Ich hatte es ja schon längst jesehn, daß er Ihn das Jeld nich jejeben hat – ich wollte bloß nischt saren.

Dritter Akt
Pratschs Schlafzimmer. Frau Pratsch liegt im Bett und schnarcht.

Er *kommt und dreht das Licht an, kleidet sich aus:* Schläft schon – muß doch immer den Hintern draußen haam – komisch, wie das Bier anreecht. – Wann wars denn das letzte Mal – drei Wochen – Sowas hab ich noch nich erlebt – der Rentenschuster – *er tritt vor den Spiegel* – nee, das kann ich nich auf mir sitzen lassen – noch dazu im öffentlichen Lokal! – ham doch die andern jehört – juristisch jenomm – öffentliche Beleidigung. – Wie schreibt man da – an die Staatsanwaltschaft – Zeuje Herr Inspektor Pieper – na, Pieper kommt ja morjen – mal was aufsetzen – *er ist im Hemde* – Wo isn der Topp wieder?
Sie *wacht auf:* Männe?
Er: Suche en Topp!
Sie: Hier unterm Bett! Komms ja so früh.
Er: Nja, ich hatte heute Sehnsucht nach Schnucki.

Sie: Das kommt aber selten vor – und immer, wenn ich schlafen will.

Er: Schüttel doch mal das Bett en bißchen auf, Mammi, ich komme jleich rein. – Donnerwetter – hab son Blasenschneiden – wer doch kein Zucker haam!

Sie: Das kommt vom Bruchband. Nu jeh man schlafen!

Er *schäkernd*: Wo ich doch jrade so aufjeleecht bin, Schnukki? Und en janzen Aamd an dich jedacht – biste noch böse? *Er stellt den Topf weg und kriecht ins Bett zu ihr.*

Sie: Martha hatn janzen Aamd jeheult – weil se nich wegkonnte.

Er: Haste nochmal jesaacht mit der Kanne? Wennse kein Jeld hat, wirds am Erstn abjezogen. – Na, mein süßes Bäuchelchen!

Sie: Au, du muß nich so ziepen!

Er: Na ja doch, Mammachen, na ja doch! *Er knipst das Licht aus.*

Sie: Jott, so jehts doch nicht – immer jrade, wenn ich schlafen will!

Der nun folgende Dialog wird nur in Gedanken gesprochen.

Er: Liegt wieder da wie son Brett – wenn ich nich so schwitzte – ich möchte jern mal bei Martha rüber – die riecht besser – bloß schlecht ranzukommen.

Sie: Wenn der bloß erst wieder ausm Bette wär – ä, wie der nach Zijarrn riecht – morjen ist Sonnaamd – komm Piepers – Aufschnitt is billjer – uns haamse vorjesmal auch bloß solchen zu achzig es Viertel vorjesetzt – is eintlich jarkein Verkehr für unsereinn – Jott wie der pustet!

Er: Mal en bißchen an Martha denken – scharfe Kniekehlen hat das Mädchen – möchtse mal in der Badewanne sehn – festes Fleisch – noch jung – aber wenn – einmal bloß Martha – einmal bloß –.

Der nun folgende Dialog wird wieder laut gesprochen.

Sie: Nu jeh man rüber!

Er: Na, Mammachen, Schnuckel, bin ich en Mann?

Sie: Is ja jut, Männe!

Er: Junnacht! *Er kriecht in sein Bett.* Weißte, Mammachen, sone jediejene Ehe is doch was wert, nichwaah? Die christliche Ehe is nu mal die Jrundlare der Kultur. Du eh ichs verjesse – Pieper hat mal wieder anjetippt wejen dem Kleid von seiner Frau – wo doch Martha den Likör drüberjekippt hat.

Sie: Soll sich man nich haam mit dem Kreppdeschienfummel.

Er: Ich weiß ja nich, was man da machen soll.

Sie: Na, haam **w i r** den Likör drüberjekippt? Sollen sichs doch von **M a r t h a** ersetzen lassen!

Er: Das wern se auch tun. **D i e** Unanständigkeit trau ich denen schon zu! Na Junnacht, nichwaah?

Aus: Die Weltbrille 4–5/1928

Victor Klages (Victor E. Wyndheim)
Sonntag

O deutsches Glück! O völkisches Vergnügen!
Wir sind befreit und fühlen es gar wohl:
das reine Hemd, das wir heut' meistens kriegen,
ist sozusagen ein Kultursymbol.

Die Mutter läßt im Bad die Brause stürzen.
Dann kriecht sie noch einmal in Vaters Bett,
wie eine Christenfrau den Tag zu kürzen.
Es ist nicht neu, doch immer wieder nett.

Dem Vater zwar wird dabei etwas mies.
Auch Salizyl erhält nicht unser Lieben.
Doch tut er, was er kann, denn dies
ist vom Gesetz genau ihm vorgeschrieben.

Die Tochter räkelt sich auf weichem Sofa.
Sie schmökert, was der einen Seele frommt,
mit Hochgenuß im dicken Casanova
und denkt an Max, der mit dem Abend kommt.

Derweil der Sohn, wie Väterchen vordem,
im Grünen lüftet ernste Weisheitsschleier.
Das wichtige Bevölkerungsproblem
studiert er sehr an Hand von Elly Meier.

Nur Patz, der Hund, ist still im Loch verschwunden;
die späten Tage riechen nicht nach Braut.
Er ist schon 16 und hat's überwunden.
Ein Knochen blieb, an dem er mürrisch kaut.

Aus: Das Stachelschwein 11/1927

Max Büttner
Nonnenrevolution

> Die „Barmherzigen Schwestern" in Prag haben nach Zeitungsmeldungen einen Schwesternrat gebildet und fordern mildere Ordensregeln, bessere Kost und mehr Freiheit.

Die lieben frommen Nonnen,
Die haben sich besonnen
Und, sonst so unbescholten,
Begehen jetzt Revolten.

Die barmherzigen Schwestern
In ihren Klosternestern,
Die tun modern die große Tat
Und bilden einen Schwesternrat.

Die Ordensregeln sind zu streng,
Die Klosterwände viel zu eng,
Die Kost ist auch nicht ideal
Und die Rationen viel zu schmal.

Und denen früher alles Wurst,
Sie „fordern" jetzt voll Freiheitsdurst,
Versammeln sich im Klostersaal
Und reden ziemlich radikal.

Im zeitgemäßen Umgangston
Faßt man 'ne Resolution,
Und tritt mit ihr ganz offen dann
Bei dem Herrn Erzbischoffen an.

Dort demonstriert man, gar nicht feig,
Und droht mit Generalnonnenstreik
Und, streicht man e i n e Forderung nur,
Mit Klosterschwestern-Diktatur.

Ein Ultimatum kündigt dann
Den Umgang mit den Männern an,
Und läuft es ab, dann schafft man schnelle
Die sturmesfreie Nonnenzelle.

Das Kloster wird sozialisiert,
Die Nonne kommunalisiert.
So gründet man, pikant und schick,
Die Schwesternräterepublik.

Aus: Die Pille 9/1920

Peter Flint
Die Hungermayonnaise

Die Welt ist rund. Denn dazu ist sie da.
Ein Vorn und Hinten gibt es nicht.
Und wer die Welt von hinten sah,
Der sah ihr ins Gesicht.

Zwar gibt es Traum und Mondenschein
Und irgendwo auch eine kleine Stadt.
Das ist nicht anders. Denn das muß so sein.
Und wenn du tot bist, wirst du davon satt.

Mensch, werde rund, Direktor und borniert.
Trag Sonntag Frack und Esse.
Und wenn dich wer nicht respektiert,
Dann hau ihn in die Fresse.

Sei dumm. Doch sei es mit Verstand.
Je dümmer, um so klüger.
Tritt morgen in den Schutzverband.
Duz dich mit Schulz und Krüger.

Nimm ihre Frauen oft zum Übernachten.
Das ist so üblich. Und heißt Freiverkehr.
Es lohnt sich nicht, die Menschen zu verachten.
Und weil die Welt bewohnt wird, ist sie leer.

Die Erde dreht sich wie ein Hund,
Der seinen Schwanz voll Ernst betrachtet.
Iß nie zu heiß. Und blas erst mit dem Mund.
Die Dummheit aus Prinzip hat dich gepachtet.

Es gibt im Süden Gärten mit Zypressen.
Wer keine Lunge hat, wird dort gesund.
Wer nichts verdient, der braucht auch nicht zu essen.
Normale Kinder wiegen neu acht Pfund.

Du darfst dich nicht zu oft bewegen lassen,
Den andern Menschen ins Gesicht zu spein.
Meist lohnt es nicht, sich damit zu befassen.
Sie sind nicht böse. Sie sind nur gemein.

Ja, wenn die Welt vielleicht quadratisch wär!
Und alle Dummen fielen ins Klosett!
Dann gäb es keine Menschen mehr.
Dann wär das Leben nett.

Wie dann die Amseln und die Veilchen lachten.
Die Welt bleibt rund. Und du bleibst ein Idiot.
Es lohnt sich nicht, die Menschen zu verachten.
Nimm einen Strick. Und schieß dich damit tot.

Aus: Das Stachelschwein 11/1924

Peter Panter
Das Photographie-Album

> „Fang nie
> was mit Verwandtschaft an –!
> Denn das geht schief, denn das geht schief!
> Sieh dir lieber 'ne fremde Landschaft an –
> Die Familie wird gleich so massiv!
> Denn so von Herzen hundsgemein
> kann auf der ganzen Welt kein Fremder sein...
> Fang nie was mit Verwandtschaft an –
> dann
> bist du glücklich dran – !"
>
> Theobald Tiger

Das Mädchen schlägt die Korridortür mit dem Fuß zu und öffnet eine hohe Tür: „Die gnädige Frau wird gleich kommen – bitte, warten Sie doch hier einen Momang!" Wir treten ein.

Das ist der Salon. Es sieht sehr fein und sehr unwohnlich darin aus, ringsherum stehen allerlei Nippes, mit denen man gar zu gern einmal in einer Schmeißküche ein Viertelstündchen allein wäre – und die Stühle sind alle so zerbrechlich. Auf dem großen runden Tisch liegt auf einer grün-blauen Decke, mit Gold bordiert, ein dickes Album. Es ist in rotem Plüsch gebunden, über und über mit Gold angelaufen und hat dicke Pappseiten in glänzendem Goldschnitt. Wo nur die gnädige Frau bleibt –? Die gnädige Frau ist meine Tante Hanna, und ich soll ihr meine Braut vorstellen. Von dem unteren Stockwerk hört man eine bösartige Clementi-Sonatine. Die Läufe trillern... Ja, was machen wir inzwischen? Wir sehen uns inzwischen das Photographie-Album an.

Das ist

GROSSVATER.

Großvater lebt nicht mehr. Ich besinne mich noch sehr genau auf ihn; er war ein untersetzter, freundlicher Mann mit einem ganz langen Bart. In dem Bart war immer Tabak. (Das konnte Großmamachen nicht leiden.) Großpapa roch auch immer nach Tabak, und es gab da eine Kuckucksuhr. Sonntags gingen wir immer zu Großpapachen, und jeden Sonntag, den Gott werden ließ, wurde uns Kindern vorher eingeschärft: „Daß mir keiner was von Tod und solchen Sachen sagt!" Ich bekam dann einmal furchtbare Haue, weil ich mit einer alten Zigarrenkiste von Großpapachen „Sarg" gespielt habe; Lotte, meine ältere Schwester, hielt eine Grabrede, und ich war der Träger. Auf der Kiste war eine große Bronzefigur, die wir mit entsetzlicher Mühe vom Sockel heruntergeholt hatten, ganz vorsichtig... Als wir die ganze Geschichte im Ofen begraben wollten, kam Großpapa und Papa und Mama herein... Ich bekam: von Papa mit dem Stock, von Mama mit dem Staubbesen, von Großmama mit der Hand und von Lotte privat, abends im Schlafzimmer, Knüffe. Großpapa schenkte mir einen Bonbon. Das heißt: das war eigentlich gar kein Bonbon – das war so eine malzige, schmalzige Sache, die ich immer heimlich ausspuckte und an die Gardinen geklebt habe. Aber diesmal mußte ich ihn aufessen, und das war die härteste Strafe. Ja, das war Großpapa. Was er war...? Er war Kaufmann in Posen gewesen, natürlich stammte Großpapa aus Posen, und dann hat er sein Geschäft aufgegeben, und ist nach Berlin gezogen. Bei seiner Beerdigung mußten wir sehr weinen, weil alles so schön traurig war.

Und dies hier ist

GROSSMAMA.

Großmama lebt noch. Sie trägt noch genau dieselben Häubchen, die sie schon zu meiner Kinderzeit getragen hat, und es riecht bei ihr immer nach sauren Zitronen. Großmama hat einen, nein, zwei Lieblinge: der eine war ihr Papagei, und der andere war ein verstorbener Vetter von mir, der hieß Paul. Das muß ein Idealkind gewesen sein. Paul hatte alles, konnte alles, war immer artig gewesen ... wenn er nicht schon tot gewesen wäre, hätte ich es gewünscht. Aber für Großmama war er nicht tot.

Großmama nannte ihren Mann nie mit dem Vornamen oder so; sie sagte immer „Ledermann" zu ihm. Einfach: Ledermann – wie beim Militär. Großmama konnte kein Gewitter ertragen, und ich weiß noch genau, einmal, als wir da waren, und es gewitterte gerade furchtbar, da sagte sie ganz leise in den Papageienkäfig: „Wie Paul noch da war, hat es nie gewittert!" Ja. Der Papagei war ein gräßlich borstiges Luder, aber wir mußten furchtbar nett zu ihm sein. Ich habe ihm mal heimlich eine Spinne in den Käfig gesetzt, da hat er den ganzen Tag geschrien, kein Mensch hat gewußt, warum. Die Spinne ist aber nachher mir auf die Hand gekrochen, und da habe ich geschrien. Ich habe Haue gekriegt. Großmama hatte drei große Sorgen in ihrem Leben; abgesehen vom Gewitter: die eine war, daß sich Lottchen nicht erkältet, daher mußte Lottchen auch im Hochsommer im Jackett zu ihr gehen; die zweite war, ob auch die Gasrechnung richtig bezahlt sei, denn auf dem Nebenflur war einmal jemand wegen einer unbezahlten Gasrechnung gepfändet worden, und die dritte, allerschrecklichste war: Warum hat Onkel Richard „die Person" geheiratet. Ich wußte damals nicht, was es war. Es war eine Schauspielerin vom Friedrich-Wilhelmstädtischen Theater, die Onkel Richard wahr- und wahrhaftig geheiratet hatte, und wir Kinder fanden das furchtbar interessant. Großmama sprach immer ganz leise, wenn davon die Rede war, – und beim Stehen hob sie immer ihr Kleid ein bißchen an, damit sie sich an diesem Gesprächsstoff nicht beschmutze. Bei Großmama zu sein, war immer sehr gefährlich. Sie wußte nämlich von allem, was in der Familie vor sich ging, etwa nur die Hälfte – und man mußte sehr aufpassen, daß man nicht plötzlich von den Sachen sprach, die sie nicht wußte. Zum Beispiel von der Geschichte mit Onkel Oskar, der sich als

Rechtsanwalt einen Prozeß allein geführt hatte und bis über die Ohren dabei hereingefallen war. Es war eine Sache von ungefähr zwanzigtausend Mark, und Großmama ahnte von dem Unglück nicht das geringste. Sie sagte immer: „Ich weiß alles, aber ich lasse es nicht gewahr werden!" Hinter ihrem Rücken machten sich die anderen Zeichen. Einmal sah sie das im Spiegel, und da fragte sie die beiden – es waren Tante Hanna und Tante Jette –: „Was macht Ihr da?" Und da mußten sie sagen, sie seien so entsetzlich nervös. Sie mußten daraufhin eine ganze große Kanne Kamillentee austrinken und bekamen Leibschmerzen. Großmama konnte es nicht leiden, wenn Großpapa rauchte. Sie schloß ihm alle Pfeifen und alle Zigarren weg, aber er hatte doch immer wieder welche. Er steckte sich nämlich hinter das Mädchen. Das bekam sie heraus, und da hat sie gerufen: „Ledermann, du bist ein Lüderjan!" Das wurde bei uns ein geflügeltes Wort.

Das hier ist

ONKEL OSKAR.

Onkel Oskar – nein, den Bart trägt er jetzt nicht mehr, das war damals Mode – Onkel Oskar war Rechtsanwalt. Als er sein Assessorexamen machen sollte, da kam er mal ganz aufgeregt zu uns und sagte, wenn ihm Papa nicht gleich hundert Mark pumpte, dann schmisse er sich in den Landwehrkanal. Das wollte Papa nicht, weil der Landwehrkanal ja in einer sehr bekannten Gegend liegt, und da gab er ihm die hundert Mark. Onkel Oskar spielte immer sonntags mit Papa und Onkel Richard bei uns und bei ihm und bei Onkel Richard der Reihe nach rum: Skat. Um vier, nach dem Mittagessen, wenn sie geschlafen hatten, fingen sie an. Onkel Richard hatte dann immer noch das Muster von dem Kissen, auf dem er gelegen hatte, als Abdruck auf der Backe. Um halb fünf ungefähr hörten wir Kinder schon hinten im Zimmer, daß da vorn etwas los sei – und um fünf war der schönste Krach im Gange. Gewöhnlich schrien alle drei mit einem Male. Ich weiß noch, daß Papa dabei gesagt hat: „Bei der Ehre meiner

Frau und meiner Kinder – ich habe schon das vorige Mal den Pique-Jungen ausgespielt!" Und Onkel Richard hat gerufen: „Franz – das ist hier eine ernste Sache – mach gefälligst keine Witze!" Und da ist Mama ins Zimmer gestürzt gekommen und hat gerufen, er habe sie beleidigt, und dann sind alle weggegangen. Wie sie weggegangen sind, hat Papa die Karten aufgenommen und hat alle sortiert, und Mama hat ihn gefragt: „Verteidigst du so die Ehre deiner Frau?" – Und da hat Papa gesagt: „Und ich hatte *doch* den Pique-Jungen ausgespielt!" – Sonntags war es bei uns überhaupt immer sehr schön. (Ob die Gnädige nun bald kommt . . .? Es dauert ein bißchen lange, finde ich.)

Dieses hier ist

TANTE JETTE,
die stadtbekannte Kokette.

Tante Jette war dumm, das war in der ganzen Stadt herum. Sie glaubte alles, was man ihr erzählte. Wir haben ihr einmal eingeredet, wenn der Schah von Persien nach Berlin kommt, dann muß in jedem Stadtbezirk eine Jungfrau ausgesucht werden und ihm als Gastgeschenk dargebracht werden. Tante Jette hat sich dann vierzehn Tage in ihre Wohnung eingeschlossen und hat niemanden hereinkommen lassen. Als sie wieder rauskam, haben wir sie furchtbar ausgelacht. Und da hat sie gesagt: „Überhaupt – Ihr wißt ja gar nicht einmal, ob ich noch eine bin! Ich war in meiner Jugend eine stadtbekannte Kokette!" Seither hieß sie nur noch so.

Das ist – na, wenn du den kennenlernst, läßt du die Partie zurückgehen, mein Kind. Dies ist – und hier ist er nochmal, wie er früher aussah – also, das ist

ONKEL MAX.

Onkel Max ist, wie schon seine Name besagt, klein und frech. Du kannst dir so etwas von Mundwerk überhaupt nicht vorstellen. (Kommt sie etwa jetzt? Nein.) Onkel Max war verheiratet, seine Frau, Ottilie, lebt nicht mehr; das war eine ganz kleine, gedrückte Person, die hat er ganz platt geredet. Er redete immerzu und ohne Unterlaß. Seine Frau behauptete, er rede auch aus dem Schlaf. Wenn er bei uns war, sagte er jedesmal: „Kumpel" – so nannte er mich, warum, weiß ich nicht – „Kumpel, lies mir mal die Zeitung vor!" Ich fing auch immer brav und bieder an, zu lesen – aber ich kam nie weiter als bis zum dritten Satz. Zu jedem Wort hatte Onkel Max etwas zu sagen – er kritisierte die ganze Politik in Grund und Boden, den Reichskanzler, die Abgeordneten und, wen er aus irgendeinem Grunde ganz besonders auf dem Kieker hatte: die Oberförster. Ich weiß nicht, ob er mal auf einer Treibjagd angeschossen worden ist – aber wenn er einen Oberförster sah, wurde er ganz rasend. Als ich ihm mal von dem südwestafrikanischen Herero-Aufstand vorlas, hat er gesagt: „Wahrscheinlich haben die Oberförster da den ganzen Wildbestand abgeknallt, die Bande!" Und dann hat er sich rumgedreht und gerufen: „Ottilie! Sei still – das verstehst du nicht!" Tante Ottilie war aber gar nicht da, sie war gerade hinausgegangen. Na, du wirst ihn ja kennenlernen. Das ist eine tolle Nummer. Das wollte ich dir noch sagen: von Onkel Richard, Tante Hanna und Mama darf vor Onkel Max nicht gesprochen werden – mit denen ist er böse.

Das hier ist ... den kenne ich nicht, wahrscheinlich ein angeheirateter Schwager. – Komisch, man kennt seine eigene Familie nicht mehr richtig ... Und das ist, warte mal – das ist ja

EMMA!

Na, Emma gehört eigentlich nicht zur Familie – aber sie gehört doch mit dazu. Emma war bei einem verstorbenen Onkel von mir Stütze gewesen und dann hat sie bei uns allen Wäsche genäht und solche Sachen. Nein, das ist gar keine schlechte Photographie, so hat sie wirklich ausgesehen. Der Photograph hat das sehr geschickt gemacht, sie hat noch viel schlimmer geschielt. Na ja, man soll ja darüber nicht lachen –

ich weiß –, aber wenn sie einen ansah, hatten wir immer so furchtbare Angst. Sie wußte alles, was bei jedem los war, und erzählte es immer brühwarm den andern. Wir hörten immer zu, und so erfuhren wir alles, daß Jenny, das war eine Schwägerin von Tante Hanna, so geizig war, daß sie ihrem Mann einen einzigen Knopf an die Unterhosen nähen ließ und nur im Winter zwei; daß das Jüngste von Onkel Richard den Keuchhusten hatte (Emma sagte immer „Keichhusten"); daß bei dem Bauernschwager von Mama schon *wieder* Gesellschaft sei – die dritte in diesem Winter! –; wo die Leute das hernähmen, das wollte sie, Emma, auch nochmal wissen – aber es sagte ihr keiner; und das große Familiengeheimnis: Tante Wanda hat wieder ihr Testament umgestoßen! Tante Wanda ist hier ... warte mal, nein, sie ist nicht drin. Tante Wanda war furchtbar reich und machte ungefähr alle Monat ein Testament. Emma wußte das; sie wußte auch, daß bei jedem Testament *sie* ein Legat bekam, „von wegen treuer Dienste", sagte sie immer mit einem feierlichen Genitiv. Tante Wanda ist dann ohne Testament gestorben, und seitdem verkehren Tante Hanna und Onkel Max nicht mehr mit Lotte und wir nicht mehr mit Onkel Julius.

Das ist – nein, das ist gar kein Schauspieler. Das ist

ONKEL JULIUS

als junger Mann. Er war Buchhalter damals, aber er wollte so schrecklich gern zum Theater gehen! Du kannst dir das nicht denken. Er hat sogar mal an die Sorma geschrieben, aber der Brief ist als unbestellbar zurückgekommen und seitdem hat er ihn sorgfältig aufbewahrt, in einer großen Mappe, da stand drauf:

Theaterkorrespondenz.

Er deklamierte immer, und weil seine Eltern das nicht hören konnten, ging er immer aufs Örtchen.

Er hatte mal was von Demosthenes gelesen, der das Rauschen des Meeres mit seiner schwachen Stimme übertönen wollte, und da ließ er den ganzen Nachmittag die Wasserspülung laufen und deklamierte dazu Hamlet. Er ist dann aber doch nicht zum Theater gegangen.

Der? Das ist ein Vetter von mir, der hieß

SIEGMUND.

Ja, wie soll ich dir das erzählen ... Also, der Siegmund – der war ... der hatte ... der hatte ein Magenleiden. Das heißt, eigentlich war es vielleicht gar kein Magenleiden, sondern mehr eine schlechte Angewohnheit. Er mußte nämlich immer, nimm mir das nicht übel, er mußte immer so laut ... schlucken. Es war ganz schrecklich. Er hatte es direkt zu einer Virtuosität darin gebracht. Er konnte es ganz laut – einmal ... schluckte er auch auf der Straße, und da lief ein kleines Hündchen vor Angst weit weg. Er wurde geradezu böse, wenn man etwas dabei fand, bei seinem ... Schlucken. Und was das Dollste war, er nannte diese Schluckser alle genau; sie hatten alle Namen. Da gab es „Kehlkopfroller" und „Zungenschnalzer" und was weiß ich alles. Und ... nein, er wohnt nicht mehr in Berlin. Er ist weggezogen, seit seiner Affäre mit der Tochter von Wasmuth. Das war ein großer Hühneraugenmittelfabrikant, den hast du nicht mehr gekannt, Wasmuths Hühneraugenringe in der Uhr ... Ja, die sollte er heiraten, ein immens reiches Mädchen. Und vor dem Standesbeamten, als alles ganz still und feierlich in Zylinderhüten dastand, da ließ er einen Kehlkopfroller los, und da ging die Partie zurück ... Schreckliche Sachen passieren manchmal im Leben ...

Das ist Papa, das ist Mama, das bin ich – das bin ich auch – das war mein neuer, heller Sonntagsanzug, da habe ich auf einer Landpartie mal eine Katze gefunden und habe sie auf dem Arm getragen, den ganzen Weg. Und da hat sie mir den Anzug bekleckert, und da habe ich Haue bekommen. Ja, ich habe ein bißchen viel Haue bekommen. Du nicht –?
Das ist Kurt Fehsenbach, mit dem spricht Tante Minna und

Onkel Julius nicht mehr, weil sie behaupten, er habe ihnen ihr ganzes Vermögen verspekuliert... Die ist der schlimmste Feind von Großmama gewesen, nein, von der anderen Großmutter mütterlicherseits: das ist Fräulein Lachmannsky, eine Stieftochter von Tante Hannas Bruder. Das war ein Zwilling. Das ist Hanna, die wirst du ja nachher kennenlernen – (Na, sag mal, wo bleibt sie eigentlich! Soll ich mal klingeln...? Na gut, warten wir noch.)

Das ist Großpapa nochmal, das ist Bernhard, der ist nach Amerika gegangen, ich weiß nicht, was aus ihm geworden ist... Das? Das sind

PETER UND PAUL.

Ja, Vettern von mir. Peter und Paul waren immer zusammen, und sie zankten sich immer: es waren eben echte Verwandte. So etwas von Zanken kannst du dir überhaupt nicht vorstellen. Sie haben sich mit allem gehauen, womit man sich überhaupt nur hauen kann. Du meinst, weshalb sie ... weshalb sie dann aber immer zusammen waren?

Mein liebes Kind, du hast doch eine Familie, nicht wahr? Und daher mußt du das doch wissen, was das ist: Verwandtschaft. Siehst du, mit den Verwandten ist das so:

Verwandte klucken immer zusammen und wissen alles voneinander. Sie wissen von den Interna der Familie gewöhnlich mehr als von ihren eigenen Sachen, um die sie sich kümmern sollten – sie wissen in allem Bescheid, was die andern machen – ganz genau. Und sie sind unglücklich, wenn sie es nicht wissen. Sie telephonieren fast alle zwei Tage miteinander, sie hocken aufeinander und dicht beisammen. Und darüber stöhnen sie. Sie sagen alle: Ach, die Familie! Wenn ich das bloß nicht brauchte! Wie mir das zum Halse herauswächst! Wie mir davor graut!

Aber sie nehmen es todübel, wenn einer absagt, wenn einer nicht genügend „Interesse" bezeigt, wenn einer nicht dabei ist. Es gibt ganz offizielle Gelegenheiten, die keinesfalls ausgelassen werden dürfen; als da sind: alle Geburtstage, Weihnachten, Sylvester, alle Hochzeiten, natürlich – ja, da werden wir wohl nicht drumherumkommen! – na, und dann natürlich beinahe alle Sonntage. Natürlich. „Sonntags sind wir in Familie" – heißt das. Der ganze Sonntag ist hin. Sonntag ist eigentlich nur schön bis morgens zehn Uhr, am schönsten um acht, wenn man sich nochmal rumdrehen und weiterschlafen kann. Aber dann ist es aus. Dann sind wir in Familie. Das geht reihum, weißt du, und man sieht immer wieder dieselben Gesichter und hört immer wieder dieselben Gespräche und dieselben Stimmen und alles das. Und es wird einem so über – so mächtig über! Aber was will man machen? „Sonntags ist man in Familie". Und dann wird alles erzählt, und Blicke werden gewechselt, und todsicher ist natürlich mindestens einer oder eine beleidigt. Darauf kannst du dich verlassen.

Manchmal schmeißt auch einer die Serviette hin und geht raus. Aber gewöhnlich geht ihm dann einer nach und holt ihn wieder zurück...

Und weil sie doch alles, alles voneinander wissen, wissen sie auch, wo jeder am verletzlichsten ist und wo man ihn am besten treffen kann. Und ich glaube, es gibt keine fremden Menschen, die sich so bitter bekriegen wie Verwandte. Und diese Gefrierstimmung, die manchmal ist – nicht wahr, das kennst du auch? Ja, das ist ganz schrecklich. Dann ziehen alle so steife Gesichter und sprechen auf einmal so ganz unnatürlich und fein, und dann weiß man immer: Hier ist etwas nicht in Ordnung! Und wenn sie sich über ein altes Kinderkleidchen zanken, dann holen sie immer gleich alle alten Familiengeschichten in Bausch und Bogen heraus, alle, von Beginn der Welt an, und werfen sich den ganzen Kitt noch einmal vor, über den man sich doch unter der vorigen Weihnachtstanne glücklich versöhnt hatte... Und es gibt keine Erbschaft, das sage ich dir, und du kannst es glauben, die so hoch wäre, daß sich alles lohnt! Und da werden Rücksichten genommen und Verabredungen getroffen und nicht innegehalten und lange Telephongespräche geführt – warum eigentlich? Die Stimme des Blutes? Ach, laß dich doch nicht auslachen! Ich werde dir mal sagen, was es ist:

Die Verwandtschaft ist eine Plage, die der liebe Gott sonst ganz gesunden Menschen auferlegt hat, damit sie nicht zu übermütig werden! Das ist es. – – Da ist Tante Hanna.

Erlaubst du, Tante Hanna, daß ich dir meine Braut vorstelle...?

Aus: Das Stachelschwein 3/1925

Karl Schnog
Rat an eine entartete Bürgerstochter

Du langweilst dich, wie du mir schriebst?
So geht es deinesgleichen immer.
Bei andern ist es gar noch schlimmer,
Ich weiß doch, was du tust: du – liebst!
Man lernt sein Handwerk von der Pieke.
Zum „Flirten" dich der Herr erschuf.
Trainiere fest für den Beruf:
                    Mensendiecke!

Du hast die Eltern gut gewählt.
Gehn auch ringsum die Firmen pleite,
Die deinen legen Geld beiseite.
Dein „Nadelgeld" ist ungezählt.
Wenns Pack in Küche und Fabrike
Vertrödelt seine schönste Zeit,
Sei du doch wenigstens gescheit:
                    Mensendiecke!

Ob du dich nun beim Tennis biegst,
Ob schöne Männer mit dir reiten,
Du bist – das merke dir beizeiten –
Erst Herrin, wenn du – unterliegst!
Und wirst du eine alte Zicke,
Und wartest du, bis einer bockt,
Erhalte, was die Männer lockt:
                    Mensendiecke!

Aus: Der Kreuz- und Querschnitt 2/1925

Paul Nikolaus
Dem Pensionatsmädel

Ich seh geschlossenen Auges durch dein Kleid
Den Leib, so gleißend-weiß wie Alabaster:
Was ihm erlaubt war, fand ihn nie bereit;
Vergnüglich scheint ihm nur geheimes Laster.

Wenn dir der Männer Worte, Blicke schmeicheln,
Denkst du an dich und deine heißen Nächte,
Und leise seh ich deine Linke streicheln
Die Hand, die soviel Gutes tut: die Rechte.

Du bist Geliebte dir und Gott und Welt;
Der Männer Liebe scheint dir leere Phrase:
Dein Leib blüht dir, dir steht die Brust geschwellt.
Die Phantasie ist Mutter der Ekstase.

Die Seele wird zur schwersten Last,
Wenn wollustschauernd die Gedanken blitzen;
Was du erlernt in Pensionaten hast,
Erwirbst du, um dich zu besitzen.

Aus: Die Pille 22/1921

Fragen Sie Frau Christine

Aus tiefer seelischer Qual schreie ich zu Ihnen. Sie sind meine letzte Hoffnung. Können auch Sie mir keinen Rat geben, dann muß ich am Leben verzweifeln. Ich bin 28 Jahre alt, schlank und rank, goldblond und leider etwas kurzsichtig, so daß ich gezwungen bin, einen Ruhnke-Kneifer zu tragen. Aber er steht mir sehr gut. Nun schrieb ich neulich auf eine Heiratsannonce, und es entspann sich zwischen mir und dem mir bis heute unbekannten Herrn ein eifriger Briefwechsel, der zuerst etwas steif war, aber jetzt Formen angenommen hat, die in einem Uneingeweihten die Vermutung aufkommen lassen müssen, als hätte ich mich dem Herrn schon mit Leib und Seele hingegeben. Das erstere stimmt aber nicht. Diesen Briefen entströmt eine heiße Welle von Leidenschaft, die mich neckisch umplätschert und ganz sinnentaumelig macht. Ungezügelten Liebeshunger atmen die grünen Briefbogen aus. In Gedanken hat mich dieser Mann bereits ungezählte Male in den Armen gehalten, er hat meine Lippen blutig geküßt, er hat mit herrischer Gebärde von mir Besitz ergriffen. Ich bin jedesmal süß ermattet, wenn ich solchen Brief gelesen habe, aber Sie können sich natürlich denken, Frau Christine, daß die Lektüre alles in mir entfesselt, was weiblich ist. Mein Fleisch schreit nach diesem Manne. Er aber schreibt weiter unter Chiffre, und keine Zeile in seinen Briefen deutet darauf hin, daß er in absehbarer Zeit mal ein Rendezvous zu vereinbaren gedenkt. Ich frage Sie nun, Frau Christine: was soll ich machen? Ich bin ja schon ganz verrückt. Rannte neulich sogar dem Briefträger in Schlüpfern entgegen. Es wird immer schlimmer.

Eine Gepeinigte

Christines Antwort:

Liebe Mitschwester! Wie oft habe ich euch hier gewarnt, auf sogenannte Heiratsanzeigen zu schreiben, die in anderen Zeitungen als den Ullstein-Blättern erscheinen. Sie sind nichts weiter als das Opfer eines Wüstlings, der im Schreiben und Lesen pornographischer (schmutzliterarischer) Briefe seiner Sinneslust frönt. **Dieser Schmutzfink denkt gar nicht daran, mit Ihnen zusammenzutreffen!** Vielleicht **hat er sogar** einen Buckel und Schweißfüße. Sie hätten sich seinen ungenierten Ton sofort verbitten müssen, denn ich kann mir nicht denken, daß Sie Vergnügen daran finden, Dinge zu lesen, die **man** wohl tut, über die man aber schweigt. Denken Sie daran: **wir** Frauen haben rein zu bleiben. Schicken Sie mir schleunigst die Briefe dieses Kerls zu, vielleicht kenne ich die Handschrift, und wir können diesen Wüstling der Polizei übergeben. Ein Kerl, der ein zartes, vertrauensvolles Wesen aufregt, gehört ins Loch.

Aus: Die Ente 12/1932

Fragen Sie Frau Christine

Sie haben mir bereits Anfang dieses Jahres einen sehr guten Rat gegeben, den ich auch befolgte. Leider ist mir nun der Mann, dem ich mich, Ihrem Rat entsprechend, wie eine Blume erschloß, vor einigen Monaten an einem tückischen Leiden eingegangen. Ich trug vier Wochen schwer daran. Aber schließlich verlangte die Natur wieder bei mir ihre gewohnten Rechte, ich legte meine schwarze Binde ab und trug den Hals wieder frei. Ich lernte dann einen Herrn kennen, von dem ich mich aber wieder trennte, weil er nachts Selbstgespräche führte, was zu Irrtümern Veranlassung gab. Augenblicklich nun bin ich mit einem Mann befreundet, der ein sehr einnehmendes Wesen hat. Leider weiß ich nicht recht, woran ich mit ihm bin. Am ersten Abend, als ich ihn kennenlernte, war er recht stürmisch und machte dunkle, verheißungsvolle Andeutungen, so daß ich mir schon zu meinem Griff gratulierte. Aber jetzt sind bereits zwei Monate ins Land geflossen, er hat mich unzählige Male in meinem lauschigen Stübchen besucht und also oftmals Gelegenheit gehabt, mir seine Liebe zu beweisen. Aber nichts dergleichen. Er sieht immer weg und erzählt mir immer Geschichten von seinen Briefmarken, die er leidenschaftlich sammelt. Als ich ihm neulich diskret andeutete, daß Frühling sei und die Natur zu neuem Leben erwache, sagte er, daß es für ihn keinen Frühling mehr gäbe. Wie soll ich mir diese Antwort deuten, Frau Christine? Soll ich ihn sausen lassen?

Erna R.

Christines Antwort:
Ihre Frage „Soll ich ihn sausen lassen?" kennzeichnet so recht Ihren Charakter. Sie sind ein ganz oberflächliches Geschöpf, ein Schmetterling, der von Blume zu Blume gaukelt, über-

all etwas Süßes nascht und nicht an das Morgen denkt. Ihnen scheint jede tiefere Regung fremd zu sein. Sie sehen in den Männern nur Geschöpfe, mit denen Sie sich in zweifelhafter Weise amüsieren können. Ich brauche Ihnen wohl nicht erst zu sagen, daß Sie aus dem Heiligtum des Weibes eine Schenke machen, die jedem offensteht. Ein Mann mit Werten – Briefmarkensammler gehören zu dieser Kategorie – ist für Sie zu schade. Mein edles Weibtum sträubt sich dagegen, mich mit Ihnen noch länger zu befassen.

Aus: Die Ente 20/1932

Hardy Worm
Berliner Frühling

Berlin im Lenz. Wien Meteor
Schießt stolz die Unterjrund empor.
Die Sipo blaut, der Dalles blieht,
Der Motor summt een Frühlingslied.
    Berlin, Berlin
    Wird wieder jrien.
    Im Jroßstadtsumpf
    Rumort es dumpf
Und bald entfaltet sich in vollem Jlanze
Die Königin der Nacht, die Asphaltpflanze.

Die Sonne piekt, die Luft is warm.
Den Mantel aus und iebern Arm.
Die braunen Trittchen ufflackiert
Und forschen Kavalier markiert.
    Die Bahn jestirmt,
    Ins Jrien getirmt –
    Und ists ooch naß,
    Was macht denn das?
Die Hämorrhoiden werden nich jleich platzen.
Und wenn sie jucken, kannst du sie ja kratzen.

Die Meechens ziehn was Dinnes an,
Mit Oberlicht und Spitzen dran.
Sie lächeln süß und unschuldsvoll
Und machen alle Männer toll.
    Sie ham noch nie,
    Beteuern sie,
    Nen Mann gekißt.
    Na ja, Ihr wißt,

Im Frühling lassen sie sich jern verführen,
Man muß bloß Jeld ham, um ihr Herz zu rühren.

Und allen Menschen schwillt der Mut.
Teils wird jeboxt, teils spuckt man Blut.
Man liebt sich, springt in den Kanal,
An allen Ecken blüht Skandal.
   Berlin, Berlin
   Wird wieder jrien.
   Im Häusermeer
   Rumort es schwer.
Und auf ihm schwimmt, mit ausjespreizten Segeln,
Die Siejesjöttin – den Verkehr zu rejeln.

Aus: Der Kreuz- und Querschnitt mit „Britzer hinkendem Boten" 3/1928

Erich Mühsam
Schlichter Gesang

Jeden packt einmal die dicke Liebe,
Packt einmal die feiste Leidenschaft;
Und sie dauert, bis zu dem Betriebe
Eines Tags der heilige Fleiß erschlafft.
Mit der Tatkraft schwindet die Begeistrung,
Schwer- und Weh- und Übermut entschwebt,
Trotz der schämigen Gefühlsverkleistrung,
Welcher die Gewohnheit sich bestrebt.
Kritisiert wird, wo man sonst geschmachtet;
Die Figur, der Zuschnitt des Gewands
Wird mit nörgelndem Verdruß betrachtet –
Des bislang geliebten Gegenstands.
Auch der Spendeeifer ist geschwunden:
Früher war ein liebreiches Geschenk
Mit entzücktem Opferstolz verbunden;
Heute schmerzt es nur im Handgelenk.
Und die Hand, die sonst in weichen Wellen
Glättend hinfuhr, wo sich zeigt' ein Weh,
Legt sich neuerdings in solchen Fällen
Schwer und wuchtig auf das Portemonnaie.
Freund, hat dich gepackt die dicke Liebe,
Und erfüllt dich feiste Leidenschaft, –
Prüfe wohl, wann dir zu dem Betriebe
Eines Tags der heilige Fleiß erschlafft.
Denn das ist die gottgewollte Stunde,
Abzuschließen mit entschlossenem Schnitt,
Wo als neuer Mensch zum ewigen Bunde
Mit der Frau man zum Altare tritt.

Aus: Der Scharfrichter 2/1924

Elisabeth Castonier
Theaterkommission

Der Theaterverein hat Sitzung gehabt. Bei dieser Gelegenheit hat der Herr Pfarrer den Antrag gestellt, daß alle Weiberrollen von Männern gespielt werden. Damit war niemand einverstanden. Der Pfarrer hat gesagt, beim Theaterspielen könnte so manches passieren. Herr Rennerl, der ein Kommunist sein soll und eine jüdische Großmutter gehabt hat, fragte: „Was soll da schon vorkommen?" Der Pfarrer sagte: „Nicht bei der Probe, meine Lieben. Nicht vor und nicht während der Vorstellung, meine Lieben – sondern: beim Heimweg, wenn die Geister von der Kunst erhitzt sind. Der Böse hat in unserem lieben Land viele Heustadeln und Zäune aufgestellt, die nur allzusehr die Unzucht unterstützen. Erst neulich hat mir ein liebes Beichtkind auf dringliches Befragen mitgeteilt, daß es ihr leider das erstemal an einem Zaune passierte, den ihr der leichtsinnige Verführer als Stütze zur Unzucht anwies, und daß es geschehen war, ehe sie wußte, was und wieso – also daß man sagen kann: sie wurde ein Opfer des Bösen, der einen Zaun an ihrem Lebensweg aufgestellt hatte, damit sie strauchle." Nach fünfstündiger Beratung wurde der Antrag des Pfarrherrn abgewiesen. Er erklärte sich mit der Zusicherung einverstanden, daß jeder Bursche und jedes Mädchen, falls sich etwas ereignen sollte, was nicht mit Theater zu tun hat, sofort aus allen Vereinen und aus dem Theaterverein ausgestoßen werden sollte.

Aus: Die Ente 22/1931

Heinrich Wandt
Der Pfarrer von St. Pierre

Der Pfarrer von St. Pierre im Brabanter Land wettert auf seiner Kanzel nicht nur gegen die Bolschewiken, sondern auch gegen unzüchtige Literatur. Und wenn er nicht gerade eine Predigt zu halten oder einem jungen Mädchen die Beichte abzunehmen hat, steigt er gerne von den bewaldeten Höhen über die Senne zu Tal, um in dem großen Sündenbabel Brüssel dem Laster auf die Spur zu kommen.

Zu diesem Zwecke nimmt er die Schaufenster der Buchhandlungen und Papierwarenläden aufs Korn, und wehe, wenn er dabei das Bild von irgendeinem männlichen oder weiblichen Nackedei erblickt. Da stürmt er geradenwegs in das Geschäft und angelt sich das „Satanszeug" höchst eigenhändig heraus.

Sein ganz besonderes Augenmerk gilt aber den Aushängen der Zeitungskioske. Da ist er hinter den Magazinen und Witzblättern, die ein erotisches Geschichtchen oder Aktphoto enthalten, her, wie der Teufel hinter einer armen Seele. Was er davon unter die Finger kriegt, zerreißt er zornglühenden Antlitzes gleich an Ort und Stelle in Stücke, und weil er eben nun einmal ein richtiger Mann Gottes ist, so wagt es niemand, ihn in seinem Eifer für die Belange der einzig wahren Sittlichkeit zu hindern.

Aber neulich passierte diesem streitbaren Priester eine dumme Geschichte. Da beauftragte er nämlich einen frommen Malermeister seiner Gemeinde mit der schönen Wiederherrichtung seiner behaglichen, aber schon sehr verwohnten Behausung.

Der Meister schickte ihm auch gleich seine beiden besten Gesellen, und diese gingen mit einer solchen Emsigkeit ans Werk, daß ihnen der Pfarrer eine Flasche seines guten, alten Burgunderweins zum Besten gab und ihnen bei dieser Gelegenheit auch einen seltsam geschnitzten Spazierstock zeigte, den er einst von einem Freunde, der lange Jahre als Missionar in China weilte, zum Geschenk erhalten hatte.

Nach ein paar Tagen waren die Gesellen, ein paar lustige Wallonen, die es faustdick hinter den Ohren hatten, mit ihrem Auftrag fertig, und als vier Wochen darauf ihr Prinzipal im Pfarrhaus vorsprach, um die Rechnung zu präsentieren, wollte er gerne wissen, ob der Mann Gottes mit der Arbeit der Leute auch zufrieden war.

„Gearbeitet haben sie ja ganz gut, aber gemaust haben sie noch besser", war die Antwort. „Sie haben mir meinen chinesischen Spazierstock geklaut!"

Der Meister war baß entrüstet und holte im Handumdrehen seine beiden Gesellen herbei. Aber als der gewaltige Kämpe gegen die unzüchtige Literatur ihnen diese Bezichtigung ins Antlitz schleuderte, erntete er nur schallendes Gelächter. Und dann zerrten die beiden losen Buben sowohl ihren Patron, wie auch Hochwürden selbst, in das Schlafgemach der drallen Pfarrersköchin und zogen unter deren Bettdecke mit einem Griff den vermißten Spazierstock hervor. Der beste Beweis dafür, daß das Bett dieser molligen Dame nur zur bloßen Dekoration aufgestellt war, denn sonst hätte sie während der vergangenen vier Wochen wenigstens einmal in ihm schlafen und dabei den Stock finden müssen ...

Der Pfarrer von St. Pierre im Brabanter Land hätte diese niedliche Geschichte, die so wenig zu seinem Kampf für die Belange der Sittlichkeit paßte, am liebsten totgeschwiegen. Aber weil die beiden lustigen Gesellen, die er des Diebstahls beschuldigt hatte, nicht des gleichen Willens waren, so sikkerte sie eben doch von Mund zu Mund, und das große Sündenbabel Brüssel wird jetzt von einem heiligen Bilderstürmer weniger unsicher gemacht ...

Aus: Die Ente 4/1932

Erich Weinert
Kaffee in Cottbus

Hier überstrahlt ein Hochglanz-Everclean
an Geistesschärfe einen Kettchenzwicker.
Der Rest ist gleiche Plattform. Weltbeglücker!
Man weiß Bescheid. Wem imponiert Berlin?

Aroma: Rind- und Schweineschlächterei.
Ein Busenglück mit mehrern Atmosphären.
Man muß als Lieferant hier mal verkehren!
„Zwei Cherry! Tag, Herr Wirt! Herr Ober, drei!"

Zwei Fräuleins tuen vornehm und verlebt
und zeigen, wie sich Damen maniküren.
Ein Sonntagsanzug macht in Kavallüren,
Das ewge Lächeln ins Gesicht geklebt.

Hier Schädelsammlung, Marke: „deutsches Wesen".
Erinnerung an meine Militärzeit!
Stammrollen rollen. „Kamerad, zu der Zeit –".
Im Gleichschritt knacken die Gehirnprothesen.

Hier sind im Weltanschauungskampf entbrannt
ein Gabelsberger und ein Stoltzeschreyer.
Ein jeder geht für sein System durchs Feuer.
Dann schweigen sie, durch eine Welt getrennt.

Aus: Das Stachelschwein 2/1925

Rezepte für Dienstbotenkost

Im Briefkasten einer Frauenzeitung fragte eine Wirtschafterin an, in welcher Weise Suppen von Wurstschalen bereitet werden. Eine Dame der höheren Stände habe ihr erzählt, daß sie solche Suppen für ihre Dienstboten bereite. – Wir sind in der glücklichen Lage, der Anfragerin das gewünschte Kochrezept zu übermitteln.

Man nimmt eine derbe Hand voll Wurstschalen aller Sorten, schüttet sie in den Waschkessel und gießt Wasser darauf. (Wenn noch altes Scheuerwasser vorhanden ist, benütze man dieses dazu.) Darauf tut man eine Messerspitze voll Salz hinzu und läßt das Ganze tüchtig kochen.

Desgleichen lassen sich die vom Mittagsmahl der Herrschaft übrig bleibenden Knochen noch recht gut für die Dienstboten verwenden. Man sammelt die Knochen, bis man etwa einen Zentner beisammen hat, und läßt sie dann in der Knochenmühle mahlen. Dieses Knochenmehl läßt sich nicht nur zu Suppen verwenden, sondern auch ganz vorzüglich zum Backen. Man schüttet es in einen Tiegel, tut eine Handvoll Stiefelschmiere dazu und läßt das Ganze hübsch braun werden. Wer einmal davon gegessen hat, verlangt gar nichts anderes mehr.

Ebenso lassen sich alte Stiefelsohlen und sonstige Lederreste vorzüglich ausnützen. Man kocht das Zeug so lange, bis es weich und gallertartig wird. Dann tut man etwas Salz und Pfeffer dazu und schneidet das Ganze in Würfel. Doch empfiehlt es sich, erst die etwaigen Stiefeleisen, Knöpfe und Nägel herauszunehmen, nicht wegen der Dienstboten, sondern damit die Messer nicht schartig werden.

Schließlich seien Herrschaften, die eigene Pferde halten, noch auf die Nutzbarmachung des Pferdedüngers verwiesen. Man nimmt die Roßäpfel möglichst frisch und brüht sie in kochendem Wasser; auf jeden Apfel etwa einen Liter. Nachdem man das Wasser fünf Minuten hat ziehen lassen, gießt man es ab und hat nun ein teeartiges, höchst aromatisches Getränk, das bei dem Gesinde den teuren Kaffee vollständig ersetzt.

Aus: Die Ente 22/1932

Erich Mühsam
An einen Straßenkehrer

Du schippst mit deinem Schauferl
Zuhauf den Pferdemist,
Der grad von einem Schnauferl
zu Brei zerrieben ist.

Dann mischst du ihn im Rinnstein
Zu Dreck mit feuchtem Staub.
Was trägt dir für Gewinnst ein
So frecher Straßenraub?

Damit du selbst kannst kratzen
Dir Schweinefett aufs Brot –
Darum treibst du die Spatzen
In bittere Hungersnot? –

Aus: Der Scharfrichter 1/1924

Hans Reimann
Die Stätte, die . . .

Ich habe eine Abneigung gegen historische Erinnerungsstätten. Als ich aber mit meiner Frau in Hannover war, da konnten wir nicht widerstehen und schlugen den Weg zum Haarmann-Hause ein. Um ganz sicher zu gehen, fragte ich einen der zahllos aus der Volksschule strömenden jungen Hannoveraner: „Ist das Haarmanns Haus?"

Der Junge, offenbar in der Meinung, wir wollten einen Besuch machen, erwiderte sachlich: „Tjawoll, aber der wohnt da nich mehr, der is schon dot."

Aus: Das Stachelschwein 7/1927

Die Literatur fährt Auto

Hedwig Courths-Mahler
Zeichnung: Karl Holtz in „Die Ente" 4/1932
zu dem Beitrag „Berlin"

Erich Kästner
Die Literatur fährt Auto

Die zuverlässigste Art, festzustellen, welches künstlerische Ereignis in Berlin gegenwärtig am höchsten eingeschätzt wird, schien mir die: in den offiziellen Kreisen der Literatur, der Malerei und der Schauspielkunst das Hauptgesprächsthema zu erkennen. Das Ergebnis dieser heimlichen Enquête war aufschlußreich genug. Die Schriftsteller, Zeichner, Journalisten, Sänger und Regisseure haben momentan ein gemeinsames Thema, und das heißt: Internationale Automobilausstellung. Sie sprechen nicht von den letzten Premieren, sprechen nicht von dem Film „Das Dokument von Shanghai", der jetzt – erstaunlicherweise von der Zensur unbehelligt – öffentlich gezeigt wird, die jeder bloßen Phantasie unzugänglichen Nöte des chinesischen Proletariats nüchtern reportiert und die Kanton-Revolution bilddokumentarisch überliefert...

Nein, sie sprechen von Cabriolet, Roadster, Sechszylinder, Vorderradantrieb und versenkbaren Notsitzen. Sie erweisen sich, in völlig kleinbürgerlicher Manier, als ehrgeizige Liebhaber des Autosports und stellen vergleichende und historische Betrachtungen nicht länger über Kunstthemen, sondern über Autotypen an. Sie sprechen davon, ihren alten Wagen zu verkaufen und die Summe beim Kauf des neuen möglichst vorteilhaft in Zahlung zu geben, oder sie rechnen öffentlich und im Stillen, ob sie in der Lage sein werden, sich einen Viersitzer anzuschaffen. Sie erörtern mit den ernstesten Gesichtern der Welt die kleinen Schwierigkeiten der Autofahrprüfung und nicht die großen, in denen sich heutzutage die Kunst befindet, seit sie kein öffentliches Bedürfnis mehr ist, sondern eine von gelegentlichen und äußerlichen Kunstsensationen unterbrochene Überflüssigkeit wurde.

Trotzdem kann und muß von dem wichtigsten Wochenereignis Berlins gesprochen werden. Gemeint ist die Walter-Mehring-Matinee, die von der „Universum-Bücherei für Alle" im Theater am Nollendorfplatz veranstaltet wurde.

Walter Mehring ist einer der ernsthaftesten, leidenschaftlichsten und unerbittlichsten Kämpfer gegen die Zeit und für die Zukunft. Er überschüttet die Zivilisation mit ätzendem Spott und tödlichen Schlägen. In dem Ringkampf, den er gegen die Dummheit und Schlechtigkeit führt, sind alle Griffe erlaubt. Und er ist nicht der Mann, diese Erlaubnis zu vernachlässigen. Seine Gedichte, Chansons und Novellen greifen die Zeit von allen Seiten an und in allen Manieren. Er kämpft unermüdlich und gibt sich mit keinem „Unentschieden" zufrieden. Dieser äußerlich kleine und unscheinbare Schriftsteller kennt keine Ermattung und keine Kapitulation. Er scheint zu wissen, wie wenig ihm zur Seite stehen; daß kaum einer unbestechlich und begabt wie er ist, und daß es auf ihn ankommt. Er kennt die Verantwortung, die ihm so entsteht, und er entzieht sich ihr, im Gegensatz zu den literarischen Autofahrschülern, nicht. Seine Theaterstücke „Der Kaufmann von Berlin" und „Gulliver" werden das erneut unter Beweis stellen.

Dieser Tage saß er mit ein paar Bekannten in einem Lokal am Kurfürstendamm und erzählte, welche Lektüre ihn beschäftige. Mit verhaltener Begeisterung sprach er von Swift, Sterne und Lichtenberg. Daß er die großen Satiriker der Vergangenheit liest, ist kein Zufall. Er saß in dem Lokal wie ein offener Verschwörer, sprach und sprach und mißachtete die kleinen Gegenwärtler. Er hat ein Recht zu dieser Geringschätzung: seine großartigen Chanson- und Gedichtbände, die vor Jahren erschienen, sind heute vergriffen, und niemand druckt sie neu. Er hat ein Recht dazu: seiner Matinee waren die „berühmtesten Zeitgenossen" ferngeblieben. Er hat ein Recht dazu: denn er kennt die Notwendigkeit seiner „Kampfkunst" und fühlt sich im Stich gelassen. Ein paar der bedeutendsten Schauspieler waren freilich auf der Bühne, um Mehrings Angriffe auszuführen. Hermann Vallentin, Ernst

Deutsch, Paul Graetz, Sybille Binder, Trude Hesterberg und der Komponist W. R. Heymann brachten seine packenden Aufrufe, seine unerbittlichen Zeitsatiren und seine erschütternden Darstellungen der Armut zu Gehör; die hervorragende Kunst dieser Interpretentruppe riß das Publikum zu Begeisterung und Nachdenklichkeit hin. Man konnte greifbar erleben, wie wirksam aktive Kunst werden kann, und bedauerte darum mehr denn je die Isolation, in die eine solche Begabung wie Mehring von der auf kleinbürgerliche Weise das Auto anbetenden Literatur hineinmanövriert worden ist.

Aus: Die Weltbrille 8/1928

Josef Kastein
Romanisches Kaffee

Die Brillen funkeln horngehemmte Kreise,
die Locke fällt verschämt in den Kaffee,
morbide Denkerstirnen knistern leise ...
Duftreiche Fernen: Marke Hiddensee.

Vom Himmel sinkt der Blick zum Bleistift nieder.
Aus Koteletten träufelt neuer Stil.
Bedeutsamkeit kreischt durch verrenkte Glieder.
Ein Ei im Glas macht relativ agil.

Wer arriviert ist, darf schon leis verlumpen,
bis er beim Kellner ein Bekannter ist.
Bald darf er selbst um Naturalien pumpen.
Der schnelle Aufstieg endet schnell im Mist.

Einst war der Mensch gottähnlicher Gestaltung.
Jedoch der Schöpfungstag ist längst vorbei.
Dann nahm der Mensch Gott selber in Verwaltung;
und das Ergebnis ist:
                im Glas ein Ei.

Aus: Das Stachelschwein 2/1925

Karl Schnog
Anekdote

Man erzählt sich im Romanischen Café: Hier saß die Lasker-Schüler einmal und entfloh mit Joachim Ringelnatz in sternblaue Fernen. Ihr „Mokka" war kalt und Ringelnatzens Whisky-Soda warm. Blumen aus dem heiligen Lande und Gewächse der wilden See wucherten empor. Nach anderthalb Stunden blickte Joachims rechtes Auge etwas klarer, und er fragte sein Gegenüber: Sagen Sie mal, Sie sind doch nicht etwa die Lasker-Schüler? Die schob eine schwarze Strähne aus der gelben Stirn und antwortete hell: Natürlich! Warum? Das Aas kann ich nämlich nicht leiden, brummte eine lange Nase ins Whisky-Glas.

Aus: Das Stachelschwein 1/1926

Eine Theatergründung

Irgendwer prophezeite am Stammtisch „Größenwahn" die Pleite eines Theaterdirektors.

„Großartig! Prachtvoll! Da habe ich schon lange drauf gewartet", jubelte in schöner Kollegialität der jugendliche Liebhaber des weiland Hoftheaters in X.

„Wieso? Warum?"

„Ich nehme das Ding!" (Bei diesen mit viel Würde gesprochenen Worten wuchs der semmelweiche Liebhaber der weiblichen Jugend zum Heldenvater.) „Ich nehme den Kasten und da sollen Sie mal sehen, was ein begabter Schauspieler daraus machen kann." Und mit Feuereifer entwickelte der Jüngling seine gewaltigen Pläne: „Wenig, aber dafür erstklassige Kräfte. Jedes Fach nur einmal besetzt. Und dann die richtigen Stücke. Am ersten Abend gebe ich ‚Iphigenie', am zweiten ‚Meine Frau, die Schauspielerin', am dritten dasselbe, am vierten wieder ‚Iphigenie', am fünften ‚Die Liebe' usw. Die Eintrittspreise setze ich möglichst niedrig. Die Garderobenfrauen selbstverständlich in farbige Gewänder, das gibt dem Hause ein freudigeres Bild. Ins Vestibül stelle ich einen Empfangsherrn im Frack und hohen Hut. Sonst lasse ich alles wie es ist. Die Eröffnung werde ich unter keinen Umständen vor dem 10. Oktober vornehmen. Das macht Eindruck. Für die Kritik werde ich eine besondere Loge neben der Prosceniumsloge errichten, mit bequemen Stühlen und Schreibgelegenheit. Ja, meine Herren, ich werde diesen Dummköpfen jede Erleichterung bieten. Das macht sich gleich zehnfach bezahlt."

Mit dieser geistreichen Pointe verband der neue Theaterdirektor einen epochalen Blick über die Runde.

„Wann übernehmen Sie das Haus?" fragte jemand.

„Anfang September."

„Und Sie sind von der Rentabilität überzeugt?" fragte ein berufsmäßiger Flaumacher. (Berufsmäßige Flaumacher sind jene Leute, die als Zwischending von Kunst und Geschäft schon manchen Künstlertraum zerstört haben: Buchhändler!)

„Überzeugt? – Ich bitte Sie, ich kann Ihnen das beweisen.

Ich brauche:

1 komische Alte	mit 16 000 M	Jahresgehalt
1 Liebhaberin	„ 18 000 M	„
1 Naive	„ 15 000 M	„
1 Sentimentale	„ 16 000 M	„
1 Charge	„ 15 000 M	„
1 jugendl. Liebhaber	„ 18 000 M	„
1 Bonvivant	„ 20 000 M	„
1 Charakterspieler	„ 19 000 M	„
1 Komiker	„ 19 000 M	„
1 Vater	„ 18 000 M	„
für den Rest noch	72 000 M	„

Zusammen 246 000 M Jahresgehälter.

Demgegenüber stehen an Einnahmen 425 000 M. Ich rechne selbstverständlich mit durchweg ausverkauften Häusern, die unter meiner Direktionsführung ja selbstverständlich sind."

„Nicht zu bezweifeln", meinte der unangenehme Buchhändler, „aber, wenn ich recht unterrichtet bin, gehört zum Theater auch noch technisches Personal, außerdem soll es da auch noch einige andere Unkosten geben."

„Na ja, ich habe auch die Einnahmen aus dem Programmverkauf usw. noch nicht gerechnet. Sie werden sehen, mit 500 000 M schmeiße ich die Sache."

Damit war die Theatergründung beschlossen. Ich verabschiedete mich.

„Apropos, lieber Freund", flüsterte mir der junge Theaterdirektor zu, „tun Sie mir den Gefallen und legen Sie den Kaffee für mich aus." Aus.

Aus: Die Pille 10/1921

Erich Mühsam
Der Literat

Hol der Teufel die ganze Schweinerei,
Den Weltschmerz, die Liebe und mich dabei!
Ich sehne mich nach Höllenbrand,
nach einem torkelnden Sündenland!
Fräulein Julie, – Likör-Chartreuse!
Ein Hitzbad für's kalte Gekröse!

Fi donc! diese fröstelnde Sittenwelt!
Kein heißer Schrei, der den Frost durchgellt!
Ich hasse das klingelnde Sehnsuchtsgereim, –
Den feuchten, fröschernen Seelenschleim!
Fräulein Julie, – ein Kognak, vom alten, –
Daß die Därme nicht wieder erkalten!

Altjungfernfeixender Sonnentag!
Versüß nur dem Volk seine Werkelplag'!
Mich friert, wenn die Sonne so höflich scheint,
Nicht minder, als wenn mich der Mond angreint!
Fräulein Julie, – mein Magen, der Lümmel,
Pfeift auf Sonne und Mund! – Einen Kümmel!

Fräulein Julie, – hol' Sie die Flasche nach vorn,
Und ein größeres Glas! – Prost Kümmel und Korn!
Prost, mein Leib, du Sehnsuchtstonne!
Prost, Liebe! Prost, Welt! Prost, Sonne!
Fräulein Julie, dämliche Ziege, prost!
Hier sucht ein verliebter Dichter Trost!

Fräulein Julie, – glotz' Sie mich nicht so an!
Hier tröstet sich ein Dichtersmann! – –
Fräulein Julie! – Höre Sie doch! – Weib, hör! –

Wo ist mein Herz? – Versäuft in Likör! – –
Wo ist meine Sehnsucht? – – Verdammt! – Ich Schuft! –
Fräulein Julie! – – schnell! – ein Glas Wasser! – – – –
                                    Luft! – –

Aus: Der Scharfrichter 3/1924

Beginn einer Karriere

Schließlich haben nicht alle gleich mit der Literatur angefangen. So war Walter Mehring 1920 zum Beispiel ständiger Berichterstatter für die heute längst verblichene Zeitschrift „Bühne und Film". Da wurde er eines Abends zu einem Boxkampf geschickt, illustrieren sollte den Artikel auch jemand. Mehring nahm also einen Freund mit, von dem er sehr viel hielt, und der dringend Geld brauchte. Am nächsten Tag erschien der Bericht mit Bildern. Der Verleger ließ sich Mehring rufen.

„Sie sind entlassen; Kinderzeichnungen kann ich in meinem Blatt nicht gebrauchen!"

Der Zeichner hieß George Grosz.

Aus: Das Stachelschwein 6/1928

Fiete Fischer
„Sturm"

Unveröffentlichte Schlußszene einer symbolistischen Tragödie.
Vor dem Bilderladen in der großen Stadt. Männer und Frauen kommen vom Markt, gehen hinzu; aufglühendes Abendrot verleiht Gesichtern unerträgliche Spannung, bis gegen den Schluß der Szene anhaltend. – Hinter blanken Scheiben: die exzentrischen, angefüllten, geknäuelten, üppigen, gerollten Bildschöpfungen Kokoschkas und Meidners; die zimmetroten Eilande Pechsteins. In einer Ecke: ein Jugendwerk des Defreggers.

Mädchen, *Madonnenantlitz; edles, bräunliches Oval:* Oh – – –!
Erster Oberlehrer, *Havelock, Schirm, durchdringend laut:* Das wäre also die neue Kunst! – Offen gestanden, Herr Kollege, – ich bin zwar liberal – aber das da – sagt mir nicht zu. Ich bin allerdings nicht Fachmann, jedoch, hm – ich meine: ich kann nicht umhin, zu bezweifeln, daß diese Farbenorgien mit Goethes Farbenlehre übereinstimmen, auf der wir doch – meines Erachtens – fußen. – –
Zweiter Oberlehrer *sehr leise:* – Diese übergelenkigen, unnatürlichen Menschen da; – ich meine –
Der Erste: Sehr richtig: Naturtreue und Schönheit sind schließlich das mindeste, was man verlangen kann; im Anfang war die Form – und überhaupt – diese weiblichen Akte – –
Ein Intellektueller, *Typus: Kenner, vorübereilend:* – – rein gegenständliche Ausdruckskunst oder Expressionismus. Kokoschka bis Pechstein – *geht weiter.*

Ein dicker Herr, *Glatze, Typus: Sekt bis Austern:* Einfach bei – spiel – los – –!

Ein anderer Herr: Allerdings: dieses Chaos!

Der dicke Herr: – Ach so! Nee, ich dachte nur an die Preise: 60 000 Em! Zwar: bei der Valuta – *weiter.*

Erster Oberlehrer: Sehen Sie, Herr Kollege, das liebe Dirndl des Defregger links unten: das ist doch wenigstens noch Kunst!

Stimme aus der Höhe, *Herwarth Walden, der „Sturm"-Prophet*: Expressionismus ist eine Weltanschauung; die Qualität des Bildes hängt ab von der Wirkung, der Offenbarung auf den Beschauer ... *Es dunkelt.*

Erster Oberlehrer *singt mit gequälter, fettiger Stimme im Abgehen:*

Bin mit mei'm Verlanga
hin zum Pfarrer ganga:
„Derf i's Dirndl liab'n?"
I nu freili, sagt dr, un hat g'lacht:
Denn zum Liaben hab' i's Dirndl g'macht!

Ja, ja, die gute alte Kunst! Rosegger und Defregger – – *Alle ab.*

Die Türme beben im Mondlicht. Die ganze Stadt scheint von purem Silber. Etliche junge Künstler verhungern im Hintergrunde. Vorhang.

Aus: Die Pille 16/1921

Erich Kästner
Hamlets Geist

Gustav Renner war bestimmt die beste
Kraft im Toggenburger Stadttheater.
Alle kannten seine weiße Weste,
Alle kannten ihn als Heldenvater.

Alle lobten ihn, sogar die Kenner.
Und die Damen fanden ihn sogar noch schlank.
Schade war nur, daß sich Gustav Renner,
wenn er Geld besaß, enorm betrank.

Eines Abends, als man „Hamlet" gab,
spielte er den Geist von Hamlets Vater.
Ach, er kam betrunken aus dem Grab!
Und was man nur Dummes tun kann, tat er.

Hamlet war aufs äußerste bestürzt.
Denn der Geist fiel gänzlich aus der Rolle.
Und die Szene wurde abgekürzt.
Renner fragte, was man von ihm wolle.

Man versuchte hinter den Kulissen,
ihn von seinem Rausche zu befrein,
legte ihn lang hin und gab ihm Kissen
Und dabei schlief Gustav Renner ein.

Die Kollegen spielten jetzt exakt,
weil er schlief und sie nicht länger störte.
Doch er kam! Und zwar im nächsten Akt,
Wo er absolut nicht hingehörte!

Seiner Gattin trat er auf den Fuß.
Seinem Sohn zerbrach er das Florett.

Und er tanzte mit Ophelia Blues.
Und den König schmiß er ins Parkett.

Alle zitterten und rissen aus.
Doch dem Publikum war das egal.
So etwas von donnerndem Applaus
gab's in Toggenburg zum erstenmal!

Und die meisten Toggenburger fanden:
endlich hätten sie das Stück verstanden.

Aus: Die Ente 47/1932

Ossip Kalenter
Faust-Vorstellung

Bühne: „Vom Eise befreit sind Strom und Bäche."
Ein dicker Herr schlürft glucksend seinen Schleim.
Frau Krause prustet: „Jott, stinkt et hiea nach Leim!"
Man zischt und tuschelt wichtige Gespräche.

Donnernd zu Tal geh'n Pompadour-Lawinen.
Dem oder jenem grollt es im Gedärm.
Ein Schlüsselbund bewirkt im Fallen Lärm.
Ein Fräulein überschreit die Windmaschinen.

Ein Diarrhoetiker sucht flugs die Türe.
Husten ist oftmals durch Katarrh bedingt.
O feistes Maul, das klatschend Schinken schlingt!
O Käseduft! O raschelnde Papiere!

Gretchen stirbt: „Heinrich!" – „Is et aus?" „Ick jloobe."
Man ist bewegt. Man klatscht. Man will „ihn" sehn.
Man klatscht sich wund. – „Ick fand's jar nich so scheen."
Schlachtruf ertönt: „Los jetzt! Zur Garderobe!"

Aus: Die Pille 6/1921

Unterirdisch

In Leipzig gibt es zwei Schauspiel-Bühnen. Dr. Kronacher leitet die eine, Fritz Viehweg die andere. Kronacher ist kein Sachse. Aber Viehweg.

„Wie vertragt Ihr euch eigentlich miteinander?" frage ich Fritzen.

„Tadellos. Wir sinn ee Herz unn eene Seele."

„Schnappt Ihr euch gegenseitig alle Stücke weg?"

„Da simmihr viel zu vornehm, alle beede. Wir sinn in jehdr Beziehungk sollidahrisch und kollehgjahl! Ahwr mihr wiehln unndrärrdsch!"

Aus: Das Stachelschwein 12/1926

Karl Schnog
Anekdote

Die Hilfsoperateure der „Ufa" unterhielten die Tapezierer während der Kaffeepause bei den Aufnahmen zu „Etzels Tod" (Nibelungen) mit folgender Legende: Ein Berichterstatter habe Frau Thea von Harbou gefragt, ob es ihr nicht sonderbar vorkomme, daß ihr früherer Mann: Klein-Rogge, unter der Regie ihres jetzigen Mannes: Fritz Lang, eine Hauptrolle aus ihrem Manuskript spiele. Da soll die stattliche, blonde Frau Thea geflüstert haben: „Mit meinem ersten Gemahl, dem Klein, bin ich in Güte fertig geworden. Lassen Sie ein paar Jahre ins Land gehen, dann wird der Lang auch klein."

Aus: Das Stachelschwein 1/1926

Walther Victor
Die Küchenmesser oder
„Varieté" und die Erziehung zum Menschen

Er und Sie kommen aus dem Kino. Es gab den Jannings-Film „Varieté". Auf dem Heimweg und Zuhaus ergibt sich dieses Gespräch:

Er: Du lachtest, als Jannings die beiden Messer auf den Tisch warf, um Artinelli zum Kampf zu zwingen?
Sie: Ja, es waren richtige Kartoffelschälmesser; es war wirklich komisch!
Er: Komisch? Ist es nicht ganz natürlich, daß dieser primitive Mensch in einen Laden oder in die Küche seines Artistengasthofs geht und zwei Messer nimmt, wie er sie gerade findet? Was soll daran komisch sein?
Sie: Ich kann mir nicht helfen, ich finde die Situation komisch. Man kann solche Konflikte, wie sie dieser Film darstellt, doch nicht mit Küchenmessern lösen!
Er: Jetzt verschiebst du die Sache ein wenig, denn erst hörte sich's an, als lachtest du über das Aussehen der Messer. Aber bitte, reden wir davon. Wie hättest du dir die Lösung des Konflikts gedacht?
Sie: Das ist doch ganz klar! Jannings und diese Bertha-Marie leben zusammen. Sie wird von Artinelli verführt, verliebt sich in ihn, betrügt nun den andern und der erfährt's. Da nimmt man doch nicht gleich ein Küchenmesser!
Er: Gewöhnlich nicht.
Sie: Nein, meistens nicht.
Er: Bitte, wie denkst du dir die Sache denn sonst? Wie soll es weitergehen?
Sie: Das läßt sich ganz verschieden denken. Zum Beispiel so: Jannings stellt Artinelli, hält ihm die Sache vor, sie verabreden, Bertha-Marie die Entscheidung zu über-

lassen, einer müsse verschwinden, – kurz, das gäbe eine ganz dramatische Lösung! Natürlich wäre es sicher so: Jannings sagt es ihr auf den Kopf zu, fordert Offenheit und ehrliche Entscheidung, und nun muß sich ergeben, ob die Liebe zu ihm tiefer geht, ob die Neigung zu Artinelli eine vorübergehende Schwäche oder etwas Unentrinnbares ist, ob sie weg will von Jannings oder ihn nicht lassen, ob der darüber hinwegkommt, mit Artinelli eine Freundschaft findet, ob man zu dreien zusammenbleibt, nachdem man sich unter sechs Augen rückhaltlos ausgesprochen, oder ob die Haßgefühle stärker sind, – kurz, die einzig anständige, nämlich gerade und offenehrliche Lösung kann ich mir auch sehr dramatisch vorstellen.

Er: Auch im Film?

Sie: Ja, sieh mal, ich verstehe dich hier nicht recht. Du bist doch sonst so außerordentlich für die erzieherischen Werte in der Kunst eingenommen. Denke dir bitte den einfachen jungen Arbeiter auf dem II. Platz. Hier bekommt er etwas zu sehen, was auch ihm alle Tage passieren kann: bei seinem Mädel. Einfache Menschen nehmen aber schnell Lehren aus solchem Film. Der da wird ihnen sagen: nimmt dir einer dein Mädel, dann auf ihn mit dem Küchenmesser!

Er: *lacht.*

Sie: Du lachst, – ich finde das alles sehr ernst. Wenn der Film sich behaupten will als Kunstform, muß er es vor allem vermeiden, denen Nahrung zu geben, die ihn für volksverderberisch, für unzüchtig und kitschig erklären. Wenn wir aber schon für eine neue Ethik sind, wenn wir das Gemeinschaftsleben verinnerlichen, den Menschen zur Wahrhaftigkeit erziehen wollen, dann müssen wir überall falsche Tendenzen bekämpfen und besonders dort, wo die unverbildeten Volksmassen zusammenkommen, also z. B. im Kino. Bitte, jetzt sage du, ob ich nicht recht habe.

Er: So einfach liegt eben die Sache nicht. Bitte, sieh das alles mal vom Film aus an. Was du da vorhin als Möglichkeiten entwickelt hast, mag wohl für ein Drama der Sprechbühne taugen, für den Film niemals. Bitte, stell dir die Szene vor, in der die drei zusammensitzen und nun ihre große entscheidungsvolle Aussprache führen über das „Was nun?". Jannings hat Artinelli gebeten, herüberzukommen, man sitzt um den Tisch, und mit einem Male wird ihm eröffnet, daß Bertha-Marie alles gestanden habe, und daß man nun offen reden müsse. Stell dir vor, was aus dieser Szene ohne die körperliche Ausdrucksmöglichkeit, vor allem ohne das gesprochene Wort werden würde. Nicht wahr: du siehst, das ist nichts für den Film! Und das ist das Entscheidende: das Natürliche, Selbstverständliche liegt dem Film nicht so wie das Außergewöhnliche und Außerordentliche. Das Leben in seiner Vielgestaltigkeit kann der Film wohl im großen Flug veranschaulichen, er führt uns in Wunderfernen und öffnet uns ein weltumspannendes Auge. Wenn er aber in das einzelne Menschenschicksal hineinleuchtet, so interessiert ihn nur das Einmalige, der Sonderfall, das ganz bestimmte Schicksal, das die anderen gerade deshalb lockt und anzieht, weil es von dem ihren so verschieden ist, so erstaunlich und erregend. Sieh dir den Menschen an, den Jannings hier darstellen soll. Ist er danach geschaffen, eine schwierige geistige Lösung solchen Liebeskonflikts im Ringen Wort um Wort, Gefühl um Gefühl, Leben um Leben herbeizuführen? Ist er nicht ein triebhaft primitiver Kerl, gutmütig-dumm mehr auf die Faust als auf den Geist vertrauend, mehr auf das Messer als auf den Mund? Sieh ihn dir an, wie er sich im Café benimmt, wo er seine Verhöhnung auf dem Tische findet. Ein anderer hätte getan, als übersehe er's, und wäre gleichgültig tuend seines Wegs gegangen: der hier schmeißt den ganzen Marmortisch in Klump. Darum ist er reif

> für den Film, der den andern, den Verstandesmenschen, nicht brauchen kann.

Sie: Und die Zuschauer?

Er: Auch sie schätzt du falsch ein, wenn du meinst, daß dieser Film sie vom menschlichen Sein fortziehe. Gerade dein junger Proletarier vom II. Platz wird nur lächeln über den Dummkopf, der sein Leben selbst zertrampelt und mit einem Küchenmesser loswütet, 10 Jahre Gefängnis abmacht einer Eifersucht wegen. Er wird sich sein eigenes Erleben überdenken, Lehren und Schlüsse ziehen, und mit seinem Mädel ganz ruhig reden darüber, was wohl sein würde, wenn sie einmal ...

Sie: Du findest den Film also schön?

Er: Davon war ja überhaupt noch keine Rede. Im Gegenteil: wie Jannings da mit einem Mal in Artinellis Stube steht und die Szene mit den Messern macht, das ist Kino im übelsten Sinne. Man kann das sehr dumm finden, aber nicht komisch. Und darauf kam's an.

Aus: Das Stachelschwein 6/1926

Erich Weinert
Schundfunk

Am Sonntag morgen liegst du in der Klappe
Und denkst: was bringt man heut dem Untertan?
Der erste Anhieb ist schon nicht von Pappe;
Ein Lizentiat erschüttert die Membran.

Das schallert militärisch-evangelisch
Vom Gott, der altes Eisen wachsen ließ.
Der Heilsbeamte präpariert dich seelisch
Zum Eintritt in das braune Paradies.

Nachdem dies hehre Klangbild ausgeklungen,
Erscheint der Klingelbeutler Nummer zwei.
Noch einmal wirst du geistlich durchgewrungen.
So geht der schöne Vormittag vorbei.

Am Mittag kommt die Militärkapelle,
Die deine Seele kriegerisch durchwühlt.
Dann rückt ein Männerchor dir auf die Pelle,
Der dir mit Rheinwein die Gedärme spült.

Ein Reichsverweser stört die Mittagsruhe,
Umrankt von einem Werbereferat
Für Lampenschirme, Mostrich, Gummischuhe.
Autarke mit! Nimm deutsches Fabrikat!

Zum Kaffee meckert eine Märchentante,
Die einen seelenvollen Schnupfen hat.
Anschließend findet wieder der scharmante
Hausfrauendialog am Kochherd statt.

Es radebrecht ein Anekdotengräber,
Wie lustig das Soldatenleben ist.
Dann unterrichtet dich ein Arbeitgeber,
Daß du ein Parasit der Wirtschaft bist.

Dreh' laut das Ding! Jetzt rasseln die Kolonnen;
Kyffhäuserei auf Wachs marschiert vorbei.
Dann pinkelt's kraftvoll aus dem deutschen Bronnen
Der aufbauwilligen Lesebücherei.

Ein Freiherr plaudert aus der Sowjethölle
Und vom Familienglück im Zarenhaus.
Was dann kommt, füllt die Regimentskapelle
Mit ihrem Schlachtenpanorama aus.

Von früh bis abends braune Marmelade!
Hängt dir das Zeug nicht schon zum Halse raus?
Die andre Seite von der Barrikade,
Die tobt sich für dein Geld am Rundfunk aus!

Aus: Die Ente 40/1932

Karl Schnog
Was wollen wir „Wespen"?

Ach so, wer wir überhaupt sind, wir Wespen? Ich dachte, das hätte sich inzwischen herumgesprochen. Aber, ganz recht: Hinterm Kreuzberg wohnen auch noch Leute. Also, kurz und nichts für ungut: Wir sind eine Brettl-Truppe mit ehrlichen Absichten. Leon Hirsch (Philanthrop ohne Vermögen, unbesoldeter und fanatischer Fürsorger sitzender und entlassener politischer Sträflinge, seit 25 Jahren Verleger ohne eigenes Verlagshaus) hat uns zusammengebracht. Oder besser gesagt, wir haben uns seinetwegen wieder einmal zusammengeschlossen. Der Stamm nämlich, der bisher immer bei seinen parodistischen oder sozialen Veranstaltungen mitgemimt hat: Resi Langer, Busch-, Morgenstern- und Arno-Holz-Interpretin, Conférencière und Rundfunksprecherin von Rang; Erich Weinert, knalligster Peitschenschwinger des satirenhungrigen Proletariats, Claus Clauberg (er heißt so), mecklenburgisch-berliner Komponist, musikalischer Leiter und Begleiter, und endesunterzeichneter Journal-Kabarettist.

Der alten erotischen Forderung entsprechend (Gebb mrn Diernahmn!), nennen wir uns „Die Wespen", um anzudeuten, daß wir zu fliegen und zu stechen beabsichtigen. Seßhaftigkeit scheint uns der Feind aller Brettl-Wirkung. Drum wollen wir alle paar Wochen das Lokal wechseln. Und was das Stechen anbetrifft, haben wir die heiligsten Absichten, uns am Kurfürstendamm unbeliebt zu machen.

Wir wollen das Brettl aus der Sphäre der Tanzdielen oder der österreich-ungarischen Restaurants mit bunten Einlagen herausführen. Weil ja schließlich Leute wie (alphabetisch!) Mehring, Reimann, Ringelnatz, Schnog, Tiger und Weinert dafür schreiben.

Wir wollen „ins Volk gehn", wie die Russen das um 1905 herum nannten (und wir begannen in einer herrlichen Kaschemme am Alexanderplatz, im „Hackebär", und kokettieren eifrig mit einer wüsten Budike am Wedding!), weil es sich lohnt, vor Menschen zu sprechen, die zwar keinen Kragen, aber eine Idee mit sich tragen. Vor Leuten, die das auch mal von uns hören möchten, was sie sonst von uns lesen.

Wir wollen zeigen, daß es auch ohne Zoten, Hausvogtei-Witzchen und ohne Erörterung „mongdäner" Probleme geht.

Wir wollen den stärksten unter den tingelnden Schauspielern, dem Graetz, der Kühl, dem Vallentin, der Valetti in den von uns okkupierten Budiken Gelegenheit geben, einmal vor dem Publikum zu mimen, das sonst nicht zu ihnen kommen kann.

Wir wollen endlich, daß Alfred Döblin (der schon da und begeistert war) und Max Hölz, daß Georg Bernhard und Friedrich Hussong, wenn sie aus unserem Laden kommen, mit einem kleinen Lächeln um die sonst so strengen Nasenflügel nach Hause gehen.

Aus: Das Stachelschwein 1/1929

Hellmuth Krüger
Blandine Ebinger

Die Welt ist nicht mondain von Gott erfunden:
Sie duftet nicht, zuweilen riecht sie nur.
In dunklem Straßenschacht ist die Natur
Bis auf den letzten Sonnenstrahl verschwunden.

Im Hinterhaus, im Keller, tief im Norden
Wächst eine kleine Pflanze, blaß und schmal,
Sie hungert ewig nach dem Sonnenstrahl
Und ist schon klug, bevor sie klug geworden.

Daß ihre Kinderseele uns erschiene,
Ihr Schmerz, ihr Wünschen, ihre Lust, ihr Hoffen,
Daß unser Herz so tief von ihr getroffen –
Das ist der Zauber Deiner Kunst, Blandine.

Aus: Das Stachelschwein 2/1924

Erich Weinert
Der Schrei aus der Tiefe

Als ich in einem kleinen Kabarett auftrat ...
Also da schob eines Abends ein Mensch mit weltschmerzlicher Krawatte um den künstlerischen Leiter herum und ersuchte ihn um ein Probeauftreten. Sein Name wäre Ziebe; er schlüge ganz neue Wege in der Vortragskunst ein.

Die künstlerische Leitung hatte nichts dagegen und ließ ihn einschlagen.

In der Garderobe stellte sich mir Herr Ziebe vor. Er legte seinen Arm vertraulich um meine Schulter und hub an: „Sehen Sie, was Sie da machen, ist ja ganz nett. Aber es ist doch nichts leichter, als ein Publikum lachen zu machen. Grade wir als Revolutionäre sollten die Leute da unten aufrütteln, erschüttern, zerschmettern. Ich trete jetzt auf. Hören Sie sich m e i n e Sachen an!"

Und Herr Ziebe trat auf.

„Ich bringe: Der Schrei aus der Tiefe! – Worte von mir!"

Und Herr Ziebe brachte und schrie folgendes aus der Tiefe:

„Da sitzt ihr nun und praßt und schlemmt.
Wir haben kein Obdach, wir haben kein Hemd.
Mit gierigen Fingern krallt uns die Not.
Unsere heilige Kunst, die geht nach Brot..."

Als dann Herr Ziebe seine Tiefe ausgeschrieen hatte, regte sich keine Hand des Applauses.

Stolz trat er zu mir und sagte: „Sehen Sie! D a s saß! Die w a g e n gar nicht zu klatschen. Erschüttern, lieber Freund, erschüttern!" Dies sagend, schritt er trutziglich vondannen.

Aus: Das Stachelschwein 10/1927

Karl Schnog
Der Vortrag macht des Redners Glück

Der Schangsonnjeh:
Weiß in Venedig oder Rußlands Steppen
ein verruchtes, wunderschönes Kind,
das hat schwer an schwarzem Haar zu schleppen,
während seine Augen Flammen sind.
In der zweiten Strophe hat sie ihn zerbrochen,
und er tremoliert nur todesmatt.
Für ihn findet innerhalb vier Wochen
mindestens ein Abschiedsabend statt.

Die Disöse:
Wenn sie ihr mongdänes Lied gesungen,
gibt sie den Perversen neue Tips.
Nach wohldurchdachten Stellungsänderungen
mimt sie ernüchternd einen Schwips.
Dann wird ihre Stimme weich wie Butter.
(Irgendwas ist ihrem Leib geschehn.)
Mit gerafften Röcken schreit sie „Mutter!",
und dann läßt sie ihren Busen sehn.

Der Meisterhumorist:
Er beweist uns klar, daß jeder Gatte
gerne einmal außerehelich liebt.
Weiterhin, wie lustig eine Männerplatte,
ferner, daß es keine Jungfrau'n gibt.
Auch will er das Volk zusammenschweißen,
(diese Strophe singt er etwas laut),
außerdem den Dawesplan zerreißen,
weil „wir" doch den Zeppelin gebaut!!

Aus: Das Stachelschwein 3/1926

Lion Feuchtwanger
Wedekind

Klopftest dir an stets verschlossenen Toren
Deine ungestümen Finger wund.
Unermüdlich rief dein harter Mund
Geister, die kein anderer beschworen.
    Hetzend und gehetzt,
    Leib und Seel zerfetzt,
Von dem eignen Licht das Auge blind,
Standest du und schriest von deinen Leiden
Einem Volk, dem Qual und Seligkeiten
Gaukelspiel und Zirkuskünste sind.

Strömtest Blut, trugst Feuer andrer Welten,
Und das Volk schrie: „Wie possierlich! Seht!"
Warst Bekenner, Dichter und Prophet,
Und den Clown nur ließ die Menge gelten.
Sprachst zu Traumgebilden: „Steht!" Sie standen.
„Geht!" Sie wandelten. Und „Seid!" Sie sind.
Heiland, selber heillos! Sonntagskind,
Dessen Augen goldne Adern fanden,
Wo das unsere matt und blöd und blind.
Dirnen, Priester, Selige, Gehetzte
Unsres Blutes schufst du aus dem Nichts,
Sonntest mit den Strahlen deines Lichts
Krüppel, Bettler, jeder Qual Zerfetzte.
Warst ein Spiegel, warst ein Weisheitslehrer,
Deines Glaubens gläubigster Bekehrer,
Nanntest Tag den Tag und Nacht die Nacht –
Und die Menge hat zum Dank gelacht.
Auf dem Pfad, den qualvoll du gewiesen,
Heute, mit bequemem Heldentum
Prahlend, treibt sich schon der Bürger um,

Leugnet, daß er je dich nicht gepriesen.
Da als Erster du den Weg bereitet,
Wie ganz anders sah die Straße da!
Die den Bürger heut nach Capua leitet,
Dich, dich führte sie nach Golgatha.

Aus: Glossarium 2/1921

Klabautermann
Kolportage

Joachim Ringelnatz wurde zum Ehrenturnwart der Bahnhofsriege des Vereins zum Schutze junger Mädchen (bekanntlich eine Auguste-Victoria-Stiftung) ernannt. Bei dieser Gelegenheit warf Herr Ringelnatz als Abschluß seiner Darlegungen folgenden literarisch wertvollen Vierzeiler:

> Belinde – schwamm,
> was keiner kann,
> *wir* recken den Arm, *wir* strecken das Bein,
> *wir* sind der christliche Turnverein. –
> Prost!

Ganz anders Hans Reimann. Auf sein dringendes Ansuchen wurde ihm in Sybillenort von Friedrich August huldvollst eine Audienz gewährt. Herr Reimann legte in bewegten Worten für den durch gnädigste Vermittlung gehabten spesenfreien Aufenthalt im Breslauer Staatssanatorium seinen untertänigsten Dank zu Füßen.

Seine Majestät geruhte bei dieser Gelegenheit den beliebten Schriftsteller nach Überreichung des Hausordens zum Hofpoeten zu ernennen und ihm den Auftrag zu erteilen, die Chronik des Hauses Wettin unter Benutzung des bereits veröffentlichten Materials zu schreiben. Bis ins Innerste gerührt, erkundigte sich Herr Reimann gewohnheitsmäßig nach der Höhe des Honorars. Als ihm als Äquivalent der Titel eines ordentlichen Professors für das Fach der Germanistik in nahe Aussicht gestellt wurde, lehnte er mit den bescheidenen Worten ab: „Mach deinen Dreck alleene."

Aus: Der Scharfrichter 1/1924

Hinter Redaktionstüren

Wer ein bißchen was ist, läßt sich natürlich von Liebermann malen. Auch Alfred Kerr vom „B. T." tat solches. Nach der vierten Sitzung stieg er von seinem Stühlchen, stellte sich vor das halbfertige Porträt und kritisierte es.

„Ich kann mir nicht helfen, ich entdecke noch nicht die geringste Ähnlichkeit", maulte der große Theaterkritiker.

Liebermann winkte ab: „Warten Se noch'n paar Tage. Det wird noch zum Kotzen ähnlich!"

Die württembergische Regierung hatte die Chefredakteure der größten deutschen Zeitungen zu einer Rundfahrt durch Württemberg eingeladen, um sie für die Belange des Ländchens zu interessieren. Das war an dem Tage, an dem Briand Hals über Kopf Genf verlassen hatte. Das Ereignis wurde in den Reden weidlich ausgeschlachtet. Die erste Rede hielt, um die fremden Gäste zu ehren, der Senior der württembergischen Journalisten, ein steinaltes Männchen, Herausgeber einer ganz kleinen und unbeachteten Zeitung. Er vertrat so quasi die Heimatpresse. Natürlich sprach er über Außenpolitik und die Abreise Briands. „Meine Herren", schluchzte er unter seinem Bart hervor in den Saal, „meine Herren, als mich die Schreckenskunde erreichte, heute vormittag nämlich, da schrieb ich gerade an meinem Leitartikel für morgen früh. Ich kann Ihnen nur sagen, meine Herren, mir ist vor Schreck die Schere aus der Hand gefallen..."

Aus: Die Ente 18/1932

Hellmuth Krüger
Ich möchte...

Ich möchte einmal aus einem achtundvierzigsten Stockwerk
                                                                         gucken,
Ich möchte mich in keinem Cabaret mehr produzieren,
Ich möchte gern in die Südsee spucken
Oder am Manzanares spazieren.

Ich möchte gern einmal vor zwölf Uhr schlafen gehn,
Ich möchte keinen Roman von Rudolf Herzog kennen,
Ich möchte Werner Krauss gern noch einmal als Julius Cäsar
                                                                         sehn,
Ich möchte nicht, daß mich Franz Werfel und Max Jungnickel
                                                                       „Bruder" nennen.

Ich möchte gern nach Petersburg fahren,
Und Ludendorff möchte ich nicht gern begegnen,
Ich möchte keine Rentenmark sparen,
Ich möchte, es sollte nicht immerfort regnen.

Ich möchte gar nicht furchtbar reich sein,
Ich möchte gern alles für Dich sein;
Ich möchte, was ich möchte möge allen gleich sein,
Und außerdem möchte ich sehr gern – ich sein.

Aus: Das Stachelschwein 7/1925

Walter Hasenclever
Liebe Pille,

zu dem schönen Bilde, das Sie bringen, muß ich Ihnen eine Anekdote erzählen. Eine große Bühne in einer Hauptstadt brachte die Uraufführung eines meiner Stücke. Drei Tage vor der Premiere erschien ich und fand einen heillosen Wirrwarr. Wir mußten noch einmal von vorn beginnen; Tage und Nächte wurde probiert. Endlich, an einem schönen Abend, vier Stunden vor Beginn der Aufführung war glücklich der fünfte Akt gestellt, saß ich beklommen in meiner Loge und harrte der Dinge, die da kommen sollten. Alles ging gut bis zu einer Szene, da war der Teufel losgelassen; ich erkannte mein eigenes Stück nicht mehr. Verzweifelt stürzte ich zum Direktor.

„Herr Direktor", schrie ich, „es ist ein Jammer! Die Szene ist hundertmal probiert worden und ausgerechnet jetzt wird sie geschmissen!"

Der Direktor, ich werde es nie vergessen, war ein feiner, ein charmanter Mann.

„Lieber Freund", sagte er, „Ihr Stück in Ehren, aber die Leute verstehen es nicht. Ob eine Szene richtig oder falsch ist, glauben Sie mir, es merkt kein Mensch!"

Aus: Die Pille 27/1921

Peter Natron
Der Nobelpreis

Ich saß im Zug nach Schweden. Ich sollte ein Kind bekommen und wollte diesmal dabei sein; ich bin genußsüchtig. Auf dem Platz mir gegenüber saß eine Dame, die eine richtige Butterstulle mit Schinken aß; und er roch noch nicht einmal amerikanisch. Die Dame kam mir bekannt vor: sie hatte einen Pickel auf der Nase, direkt unter dem goldenen Zwicker; ihr Haar war auf dem Hinterkopf in einem Knötchen konzentriert. Schön war sie nicht. Auch rutschte ihr Zwicker; aber immer nur bis zum Pickel, der ihn vor dem Sturz bewahrte. Eine Weile ließ sie den Zwicker rutschen, dann aber nahm sie resolut den Pickel und setzte ihn um einiges höher. Nun saß der Zwicker fest: ich fand das sehr praktisch. Sie hatte ihre Stulle aufgezehrt und zog ein Buch hervor: „Blüten im Herbst" von Courths-Mahler. Ich war nicht erstaunt.

Ich sah zum Fenster hinaus; seltsamerweise flogen die Bäume nicht in entgegengesetzter, sondern in gleicher Richtung wie wir. Ich sann über dieses Phänomen nach. Dann wandte ich mich an den Herrn mit dem Bart, der an meiner grünen Seite saß, mit der Frage, ob wir – siehe die Bäume – rückwärts führen. Er sah mich streng an und sagte: „Setzen Sie sich!" Es mußte ein deutscher Lehrer sein. Auch machte er sich einen Vermerk in sein Notizbuch. Ich war sehr betrübt. Außerdem bekam ich es mit der Angst: der Herr zog aus seinem Reisebündel, das die sinnige Aufschrift „Glückliche Reise!" trug, einen Rohrstock. Ich hatte furchtbare Angst: ich wollte hinaus. Der Mann mit dem Bart sah mich drohend an. Ich fragte schüchtern: „Erlauben Sie, daß ich hinausgehe?" Er schüttelte Kopf und Rohrstock: „Wir sind gleich da: hier sind schon die Frauentürme!" Wirklich, da waren sie! Frauentürme? Sollte ich im falschen Zug sitzen? Ich fragte erschreckt: „Die Frauentürme: aber das ist doch München!" Er

schrie mich an: „Stockholm! Sie versagen immer, immer!"
Und er machte einen Eintrag in sein Notizbuch. Da fuhr auch
der Zug schon in den Bahnhof. Er war mit bunten Wimpeln
geschmückt. Zwischen den Fahnen hingen Bockwürste und
Schilder mit Willkommaufschriften. Als ich den Zug verließ, stand Dagmar schon da und hielt mir das Kind entgegen. Sie rief: „Du bist zu spät gekommen; dein Zug hat eine
halbe Stunde Verspätung gehabt!" Ich sagte zu dem Kleinen
„Guckeguck", aber er achtete nicht darauf. Er sprang zur Lokomotive und machte sich sein weißes Mäntelchen schmutzig.
Dagmar war sehr stolz, daß er schon laufen konnte, sie sagte:
„Ich nähre ihn selbst!"

Dann standen wir plötzlich auf dem Bahnhofsplatz. Eine
tausendköpfige Menge stand rundherum. Ich machte Dagmar
darauf aufmerksam. Ein Herr hinter mir verbesserte mich:
„Die Menge *umsäumt* den Platz!" Ich drehte mich herum. Es
war Alfred Holzbock, den ich aus dem Salon Cassirer kannte,
wo er immer soviel Sandwiches aß. Aber ehe ich ihn noch begrüßen konnte, hob man mich in die Höhe und trug mich fort.
Brausende Hochrufe gellten. Tausend Hände streckten sich
nach mir. Dagmar lief mit dem Bengel voran. Plötzlich riß
er sich los. Er lief einem blonden Mädchen nach und direkt in
ein Automobil. Ich schrie erschreckt auf: nun hatte man sich
wieder soviel Mühe umsonst gemacht. Ein junger Mensch
mit einem Schillerhemd und flatterndem Kragen tröstete
mich, es sei das Automobil des Königs. Ich erkannte ihn jetzt
auch: er trug die Uniform der preußischen Gardejäger zu
Fuß, deren Chef er war. Ich verlor Dagmar aus den Augen.
Man trug mich immer weiter. Plötzlich kamen wir an einen
großen, freien Platz. Unübersehbare Mengen Menschen umsäumten ihn. (Ich mußte an Holzbock denken.) Inmitten war
eine große Tribüne; darauf saßen Leute mit flatternden
Mänteln und Bärten. Sie erhoben sich, als ich herangetragen
wurde. Einer blies auf einer Trompete: „Siehste wohl, da
kimmt er." Die anderen tanzten dazu Kreuzpolka. Dann
wurde alles still. Der Jüngling beugte sich zu mir herauf:

„Hier wird der Nobelpreis für Literatur verliehen!" Ich war paff und wurde herabgelassen. Ich stand ganz vorne an der Barriere, die den Platz umschloß. Ich konnte alles ganz deutlich erkennen: da standen die Brüder Hauptmann in Uniform, Klabund mit einem Mädchen unter dem Arm, Herr Ganghofer mit einem sagenumwobenen Gemsbarthut, Roda Roda ganz ohne Bindestrich und mit einer roten Weste, ein gewisser Lauff, dem die Felle fortgeschwommen waren und viele andere. Seitwärts auf einem Stuhl stand der Doktor Hiller mit einem Latrinenreinigungsapparat und spritzte Gift und Galle. Mit einem größeren Leiterwagen mit Büchern kam jetzt auch die Dame mit dem Pickel auf der Nase, die mir aus der Eisenbahn in unangenehmster Erinnerung war; ein Herr neben mir sagte ehrfurchtsvoll: „Die Courths-Mahler!" Der Oberlehrer mit dem Notizbuch saß am Schiedsrichtertisch und hielt eine große Rede über Päderasmus von Rotterdam und seinen Nutzen für die Landwirtschaft.

Ich schwitzte Blut. Einem Mädchen, das neben mir stand, ward unwohl. Pallenberg kam auf einem Handkarren angefahren, den Max Reinhardt und der verstorbene Oskar Blumenthal zogen. Aber Blumenthal stieß mit der Zunge an, und Pallenberg stürzte. Klabund schlug sich mit dem Mädchen seitwärts in die Büsche, Hiller und der Oberlehrer sprachen sich eins um die Wette: plötzlich fiel vom Himmel eine Leinwand, auf der man die schwachen Umrisse, aber immerhin doch die Umrisse von der Portenhenny sah. Fern Andra, die als Muse der Dichtung, rechts von der Schiedsrichtertribüne, in Wachs nachgebildet war, ward gelb. Walter Hasenclever scheute nicht Mühe noch Kosten, sie wegschaffen zu lassen.

Mit einem Male ward es ruhig: ich sah, wie die Schiedsrichter verschwanden; Stücklen gab ihnen ein Stücklen das Geleite. Aber es nutzte nichts. Die Richter gingen nicht die Straße nach Steinach, sondern schlugen den Weg nach Damaskus ein, den ihnen Emil Schering wies. Aber sie verstanden weder sein Deutsch noch sein Schwedisch. Sie zogen sich hinter eine spanische Wand zurück, die sie aus der Requisitenkammer eines Schwanktheaters entlehnten. Während sie dahinter saßen, gab es einen Familienskat: Otto Ernst-Schmidt (Hamburg), Kasimir Ed. Schmidt (Darmstadt) und Wilhelm Schmidt (Bonn). Aber sie bekamen Streit. Aller Augen waren auf sie gerichtet: Einer von Ullstein knipste es.

Da tönte Fanfarenruf: die Schiedsrichter kehrten zurück. Sie trugen feierliche Mienen zur Schau. Die Courths-Mahler sah man ohnmächtig werden, es dröhnten Pauken und Drommeten. Vier Herolde mit Standarten traten vor. Dann erhob sich der eine Schiedsrichter, schlug mit einer Birkenrute auf ein weißes Eisbärenfell und gebot Ruhe. Er rief den Namen des Preisträgers, aber ich hörte ihn nicht. Da erhob sich ein brausender Ruf: „Natron! Peter Natron!" Ich stolperte und fiel. Und ein neuer Ruf scholl: „Peter! Natron! Aufstehen!" – Und eine Hand hob mich.

Da erwachte ich. Elli, meine wilde Ehe, hatte mich geweckt. Zwei Minuten zu früh, sonst hätte ich den Nobelpreis getragen. Und wir wären fein heraus gewesen.

So aber sind wir immer noch drin. Im Nebenzimmer schreit der Knabe Max. Ich will ihn stillen.

Aus: Die Pille 20/1921

Berlin

Heute begeht Hedwig Courths-Mahler ihren 65. Geburtstag. Die Wiege dieser gottbegnadeten Frau stand in dem kleinen Städtchen Nebra an der Unstrut. An dem Tage, an dem Hedwig das Licht der Welt erblickte, hatte der Nachtwächter von Nebra den Keuchhusten, da er aber ein gottesfürchtiger Mann war, schadete es ihm weiter nicht. Hedwigs Jugend war mit Poesie durchtränkt, denn sie befand sich bei einem ehrsamen Schuhmacher in Pflege, der ab und zu ein „Eingesandt" im „Nebraer Boten" veröffentlichte und auch sonst starke Beziehungen zur Literatur hatte. Schuhmacher haben ja alle etwas von einem Hans Sachs an sich. Die Pflegemutter hingegen war immer nüchtern und sorgte für zähe Ausdauer bei jeder Arbeit, womit sie in dem Kinde den Grundstein zu unbeugsamer Energie legte. Solche Pflegemütter sind selten.

Hedwig Courths-Mahlers erste Arbeiten blieben leider gänzlich unbeachtet. Sie verkehrte nicht in Journalistenkneipen. Trotzdem warf der Rothbart-Verlag in Leipzig bald sein scharfes Auge auf sie, so daß sie schamhaft errötete und sich dem Willen des Stärkeren beugte.

Reklame für sie machten in Wirklichkeit erst ihre giftgeschwollenen Neider, die ihr das Zeilenhonorar mißgönnten. Ihre erbittertsten Gegner sind übrigens nicht unter den wirklichen Größen des deutschen Schrifttums zu suchen; Leute wie Gerhart Hauptmann und Arnolt Bronnen fanden immer anerkennende Worte für sie, da ihnen die Dichterin seelenverwandt ist. Sie spüren wohl die Gottsucherin in ihr.

Hedwig Courths-Mahler hat bis vor kurzer Zeit nur ihrer fruchtbringenden Arbeit gelebt, ohne sich um die Wirklichkeit zu kümmern. Nur schwer konnten ihre Freunde sie dem stillen Örtchen entreißen, wohin sie sich zurückgezogen hatte. Seitdem sieht man sie gelegentlich bei großen Berliner Festlichkeiten, aber niemals denkt sie daran, die berühmte Frau zu spielen. Sie ist von einer geradezu rührenden Bescheidenheit und verschmäht es nicht, sich mit der Toilettenfrau zu unterhalten, während das Rauschen des Wassers sie an das lustig plätschernde Bächlein ihrer Heimatstadt erinnert.

Nach wie vor ist ihr Tag der Arbeit gewidmet. Denn sie weiß, daß jede Arbeit auf dieser Welt ihren verdienten Lohn findet. Aus Portiers werden Fabrikbesitzer und aus Warenhausmädchen stolze Gräfinnen. Der Herrgott hat alles herrlich eingerichtet.

Im Sommer gönnt sie sich einige Erholungswochen an der See. Sie lebt dann gänzlich zurückgezogen in einem Strandkorb. Und die neugierige Sonne erschrickt fast immer vor dem seligen Glanz dieser blauen Frauenaugen.

„Also Sonntag wird einer kommen und um mich anhalten. Sonntag um diese Zeit werde ich Braut sein. Braut! Wie ganz anders habe ich mir das immer gedacht. Braut! – Wieviel Träume – jauchzende, sonnige, sehnsuchtsvolle, in Seligkeit zitternde Träume umgaukelten dies Wort."

Solche herrlichen Worte dichtet Hedwig in ihrem Strandkorb.

„Mein Liebster – mein törichter, lieber Schatz. Ich könnte dich doch nimmer lassen – nie mehr. Sei doch wieder froh und glücklich, mein Herzensmann. So lieb bist du, wenn du lachst und fröhlich bist, so warm wird mir da ums Herz. Sag ehrlich, mein Herbert, bist du gar nicht ein wenig eifersüchtig auf meine erste Liebe? Jetzt, da du mein Höchstes, mein Liebstes bist? Schäme dich, böser, herzlieber Mann, schäme dich. Jetzt hast du niemand mehr zu fürchten, mein Herz gehört dir – nur dir allein für alle Zeit."

Solche Perlen wirft diese gottbegnadete Frau vor uns Säue. Mag ihr das Herrgöttle noch ein recht langes Leben bescheren.

Aus: Die Ente 4/1932

– anti
Die Eroberung Berlins

Ich ging im Westen so für mich hin,
Kultur zu suchen, lag mir im Sinn.
Auch Geist und Humoristika,
Echte Satire, Ironie etcetera.
Ja, Kuchen –
Da kannst du in Berlin lange suchen.
So kam ich auch an den Kurfürstendamm.
Da wurde mir höchst flau und klamm
Vor lauter Kitsch und Pseudokultur,
Vor Snobismus, Geilheit und Unnatur.
Vor Schiebern, Spießern, Koko- und Koketten
Konnte man sich kaum noch retten.
Zwischendurch als grüner Farbklecks ein Sipo
Machte das Bild auch nicht froh.
Schließlich stand ich der bekannten Ecke vis-à-vis,
„Café Größenwahn", wissen Sie?
Die Wiege der modernen „Literatur" und „Kunst".
(Kommt meist nicht vom Können, sondern von Bluff und
                                                  blauem Dunst.) –
Doch da inmitten all dieser trüben Erscheinungen,
Diesem Chaos von Stilarten, Gestalten und Meinungen
Fällt mein Blick auf den Zeitungsstand
Drüben an der Caféhauswand.
Und von dort durch dieses problematische Gegenwartsdunkel
Schimmert es in verheißungsvollem Gefunkel:
Hellgelb, kampflustig und lebensfroh,
Querüber mit bunter Bauchbinde und so.
Da hängt neben einem Bild von Zille –
„Die Pille!"
Wie ein Schlachtruf, Fanfarenstoß und Programm,
Mitten auf dem Kurfürstendamm!

Ein Lichtblick im Stumpfsinn und Armut an Witz,
Im Geistesfinstern ein Hoffnungsblitz!
Ich mußte die Gelbe mir gleich erstehen –
Das war mal ein freudiges Wiedersehen!
Von der Leine bis an die Spree –
Ach nee!
Das nennt man einen tüchtigen Sprung –
Bravo! Beifall! Begeisterung!
Nun muß sich alles, alles wenden,
Mucker und Spießer müssen verenden!
Nun sollen die Berliner mal sehn, was es heißt:
G e i s t !
Alles, was faul und morsch ist, muß sterben –,
Die Pillenser sind die lachenden Erben.
Und bald von der Neppdiele bis zur Destille
Nimmt man nichts andres mehr ein als „Die Pille".
Und wer ihre Schärfe nicht kann vertragen,
Verderbe sich gründlich an ihr den Magen!
Nieder, was muffig, verknöchert, verstaubt ist!
Es lebe, was schocking, verpönt, nicht erlaubt ist!
Frech, witzig, unparteiisch sei weiter die Brille
Der „Pille"!
In diesem Zeichen wirst du siegen
Und die Berliner Großschnäuzigkeit unterkriegen.
Und schon als überwältigende Vision
Seh' ich die nächste Revolution:
Die Eroberung Berlins durch die „Pille" –,
Auflage 100 Mille!
In diesem Siegeslauf semper avanti!
– anti

Aus: Die Pille 7/1921

Hardy Worm
Berlin! Berlin!

Der Reporter macht sich reisefertig.
Ich soll über Berlin schreiben. Das ist nicht schwierig, aber es ist eine undankbare Aufgabe. Ich soll leicht verständlich schreiben. Das ist schon schwieriger. Ich würde viel lieber über Städte schreiben, die ich nicht kenne. Die erscheinen mir viel schöner. Ich bilde mir ein, dort etwas zu finden, was ich in Berlin angeblich suche: so etwas wie Kultur! Berlin hat keine Kultur, noch nicht einmal eine verlogene. Weder in seinen Salons, noch in seinen Konzertsälen. Weder in seinen Vortragsräumen, wo Söhne und Töchter gutsituierter Eltern den Ausführungen irgendeines Menschlichkeitsapostels, der in Wirklichkeit nur ein „ausgekochter Christus" ist, lauschen, noch in seinen Skatklubs, die sich fast alle „Kulturliga" nennen. Nirgends ist Kultur. Weder bei Minister soundso, noch bei Schulzes oder Meyers. Überall Brutalität ohne den Mut zur Offenheit. Immer: ein Schießen aus dem Hinterhalt. Berlin hat keinen Elan, keine Angriffsfreudigkeit. Es herrscht eine stickige, eine staubige Atmosphäre. Eine Müdigkeit, die ihre Ursache hat in der Sterilität der sogenannten führenden Geister.

Gehen wir zum Beispiel in die Nachtbars. Gehen wir nun schon mal dorthin, wohin man als Berliner gehen muß, wie die langweiligen, stillosen, kitschigen Berliner Zeitschriften behaupten – überall grinst uns diese Leere an, die man mit Flitterkram zu verdecken sucht. Da sitzen junge und alte Menschen mit sehr viel Geld. Sie haben's von ihren Eltern oder sie haben's erschoben. Sie haben die feinsten Kleider an, aber sie passen nicht hinein. Sie werfen mit Geld umher, aber es imponiert durchaus nicht. Sie sprechen über alles, aber sie wissen nichts. Sie sind nicht dekadent – ach, wären sie's nur! –; sie sind dumm und wollen das mit Blasiertheit verdecken. Mit einem Worte: Die Leute, die in Berlin den Ton angeben, sind langweilig und steif. Über die zu schreiben überlasse ich meiner speziellen Freundin, der Hedwig Courths-Mahler.

Gehen wir in die Theater. Wer hockt auf den besten Plätzen? Wer räuspert sich laut und knattert mit Papier? Wer pfeift auf dem Korridorschlüssel und unterhält sich während der Vorstellung über den neuen Hut der Frau Bauer und über das Privatleben der Schauspieler? Immer diese aufgeschwemmten Gestalten mit Parvenümanieren, jene, die den Logensitz mit einem seidenen Tüchelchen abwischen und nachher mit dem Finger in der Nase bohren. Und sie bemühen sich auch gar nicht, anders zu werden. Sie haben ja Geld. Wozu brauchen sie da noch Bildung? Wozu Geist, wozu Schliff? Haben sie sich etwa darum mit Konjunkturwaren herumgeplagt, um sich auf ihre alten Tage noch mit Dingen zu beschäftigen, gegen die sie seit ihrer Jugend einen tiefen und ehrlichen Abscheu hegten? Ihr Vermögen gibt ihnen ein Gefühl der Sicherheit. Sie fühlen sich nicht getroffen, wenn man ihnen die Peitsche der Satire um die Ohren haut; sie lachen und freuen sich über Chansons, die gegen sie gerichtet sind. Nur dann werden sie ängstlich, wenn auf den Straßen die Handgranaten krachen. Dann zittern sie um ihren Geldsack, um ihr Leben. Dann ziehen sie sogar noch den Rock aus und zeigen sich in schmieriger Unterwäsche.

Es ist, wie gesagt, eine undankbare Aufgabe über Berlin und die Berliner zu schreiben. Immerhin: ich darf mir meine Marschroute selbst wählen. Ich kann schreiben, wie ich es sehe. Ich kann mich auf die noch nicht in die Luft geflogene Siegessäule stellen und über Dächer weit und Höfe, Plätze und Kanal blicken. Ich kann in düsteren Spelunken hocken, wo sich junge Burschen mit dem Messer stechen und wo die Huren kreischen. Ich kann durch alle Straßen der Stadt strolchen. Durch Arbeiter- und Tiergartenviertel. Ich werde mich in schlecht gelüfteten Bierlokalen und auf Halenseer Tanzböden umhertreiben. Ich weiß: ich finde dort ebensowenig

Kultur wie in den Nepplokalen des Westens. Aber ich finde dort noch Urwüchsigkeit und Lärm. Pistolenschüsse in der schlafenden Metropole.

Folgen Sie mir, sagt der sensationshungrige Reporter. Folgen Sie mir in die Lokale der Homosexuellen, auf Rummelplätze, in die Lauben-Kolonie. Wir können auch ruhig mal einen Abstecher in die „Elegante Welt" machen. Aber ich sag's Ihnen vorher: wir kommen nicht auf unsere Kosten.

He, Auto!

Besetzt!

Also fahren wir mit der Straßenbahn und rechnen wir dem Herausgeber eine Autofahrt an. Achtfache Taxe, achtfache Taxe!

Aus: Die Pille 13/1921

Hardy Worm
Abends um zehne

Für die Lautensängerin Annemarie Hase

Sonntag wurd ick Luda achzehn Jahre.
Ick bekam ne Schleefe for de Haare,
Eene Schürze aus Kattun,
Een paar wollne Hosen, vorne offen,
Und mein Bruda Emil war besoffen
Und mein Vater, der war duhn.
   Abends um zehne,
   Keena merkte wat nich,
   Abends um zehne
   Jing ick uffn Strich.

Montag kam son feina schnafta Pinkel,
Zog den steifen Hut im rechten Winkel,
Quatschte mir so eckich an.
Und denn jingen wir int neechste Kaffee
Und denn soff ick Wein aus de Karaffe
Und denn fraß ick Marzipan.
   Abends um zehne,
   Keena merkte wat nich,
   Abends um zehne
   Knutschte er mich.

Dienstag hatt ick Reißen in de Zehne
Und een dollet Zittern in de Beene,
Mir war anders als wie sonst.
Meine Schwesta machte mir een Fußbad
Lechte mir zwee Kissen untert Rückjrat,
Allens war jedoch umsonst.
   Abends um zehne,

Keena merkte wat nich,
Abends um zehne
Erbrach ick mich.

Mittwoch rannte ick zu Mutta Danzig,
Die wohnt Müllastraße zweiundzwanzig;
Fragte sie um ihren Rat.
Lange schielte sie durch die Pupille,
Machte mir ne große, schwarze Pille
Und ne Spritze mit „Probat".
   Abends um zehne,
   Keena merkte wat nich,
   Abends um zehne
   Verjing sie sich.

Jestern fiehlte ick mir wieder bessa,
Las een Schmöka von de Menschenfressa
Und de Gräfin Pimpalöhr,
Abends jingen wir zu Tante Weise,
Bruda Emil sagte zu mir leise:
„Die bekommt jetzt noch een Jöhr!"
   Abends um zehne,
   Keena merkte wat nich,
   Abends um zehne
   Freute ick mich.

Aus: Die Pille 9/1921

Pick Nick
Berliner Ballbericht

Eines Tages fand mich meine Frau nach langem Suchen in meinem Arbeitszimmer und sagte:

"Hör mal, Männe, ich habe eine fabelhafte Idee."

Da Frauen nur fabelhafte Ideen haben, also Ideen, die in Fabeln entwickelt werden, legte ich meinen Bleistift weg, verschloß die Schreibmaschine, packte das Manuskript in die Mappe und sagte:

"Laß hören!"

"Wie wäre es, wenn wir Sonnabend zum Ball gingen?"

Das also war die Idee. Ich war ordentlich stolz auf meine Frau und antwortete begeistert:

"Das machen wir. Auf welchen Ball wollen wir denn gehen?"

"Wie wäre es mit dem ‚Ball der Eintänzer', der in der Philharmonie stattfindet?"

"Wieso?" fragte ich tiefsinnig. "Wird denn dort getanzt?" Meine Frau warf mir einen Blick zu, solch einen Blick, wie ihn Irrenwärter haben, und rauschte hinaus.

Am nächsten Tag rief ich das Ballbüro an und sagte:

"Hier ist die Direktion der Philharmonie. Schicken Sie doch, bitte, sofort eine Freikarte an Herrn Pick Nick. Das ist unser Hausdetektiv. Beim vorigen Ball kam einer Dame eine Perlenkette abhanden, die von den Veranstaltern ersetzt werden mußte. Solchen Scherereien wollen Sie sich doch nicht aussetzen?"

Ich bekam die Karte. Es war eine große gelbe Karte mit dem Stempel "Steuerfrei". Ich gab sie meiner Frau. Zu deren Kostüm paßte die gelbe Farbe am besten.

Am Sonnabend warf ich mich in meinen Frack, steckte mir ein kleines Tablett und eine Flasche Fachinger ein.

"Wozu tust du das?" fragte meine Frau.

„Das wirst du sehen", antwortete ich mit entschlossenem Gesichtsausdruck. An der Garderobe herrschte ein Andrang wie auf einem Inventurausverkauf. Ich schickte meine Frau in den Ballsaal, klemmte mir meine Serviette unter den Arm, nahm das Tablett mit der daraufstehenden Flasche Fachinger in die rechte Hand und stürmte mit dem Schlachtruf: „Vorrseehn, bitte, vorrseeehn!" durch die Kontrolle.

Drin war ich. Aber schon kriegte mich ein Herr am Rockärmel zu fassen:

„Saren Se mal, Sie ham doch hier bedient. Ich will die zwei Pullen jleich bezahln."

Auf dem Tisch stand Berncastler. Ich hatte keine Ahnung, was der kostete, war aber schon auf der Schule ein guter Rechner gewesen.

„Zwei Berncastler à zwölfvierzig macht fünfundzwanzigachtzig plus zehn Prozent gleich neunundzwanzigsiebzig", schnarrte ich und blickte den Herrn durchdringend an. Er gab mir dreißig Mark. Er war ein vornehmer Herr, der nicht so gut rechnen konnte wie ich.

Nachdem ich mich meines Tabletts und meiner Serviette entledigt hatte, blickte ich mich im Saale um. Er war mit Rauch dekoriert. Eine fröhliche, illustre Gesellschaft umgab mich. Man flüsterte sich die Namen der Prominenten ins Ohr. Namen, die Klang haben, soweit die deutsche Zunge reicht. Juhu! Die Damen waren mit Lametta bekleidet. Getanzt wurde vorerst nicht, weil kein Platz vorhanden war. Man wartete sehnsüchtig auf die ersten Ohnmächtigen.

Plötzlich steuerte eine dicke Dame auf mich zu, schlug sich das Lorgnon gegen die Stirn und fragte mich:

„Du, hör mal, wo ist Viktor?"

„Viktor ist vorhin mit einer jungen Dame fortgegangen. Ich glaube, er will mit ihr Gottes Segen bei Cohn spielen."

„Huhu", schluchzte die Dame.

„Tröste dich", sagte ich zu ihr. „Ich kenne die Dame, mit der er verschwunden ist. Es ist die Frau seines Hausdieners."

Da blickte mich die Dame starr an.

„Sie sind ja gar nicht mein Schwager."

„Nein, das habe ich auch nicht behauptet."

Schluchzend verschwand die vielgeprüfte Frau. Gott mochte wissen, wo ihr Viktor steckte. Aber Gott ist verschwiegen; er hält's mit den Ehemännern.

Auf der Suche nach meiner Frau geriet ich an einen Tisch, auf dem sonderbare Gegenstände lagen, Gegenstände, mit denen man früher in den Kolonien die Negerstämme beschenkte, um ihnen begreiflich zu machen, daß es für sie von Vorteil sei, sich von den Weißen ausbeuten zu lassen. Es war die Tombola. Ich kaufte zwölf Lose und gewann eine Kiste voller Sprotten, die sorgfältig abgestaubt wurden. Ich nahm die Sprotten bei den Schwänzen und warf sie in die frohbewegte Menge. „Stimmung!" rief ich. „Noch mehr Stimmung!" Ich erhielt von einem baumlangen Herrn einen Schwinger und einen Leberhaken. Leberknödel sind mir lieber. „Ich werde Sie disqualifizieren lassen", sagte ich würdig und fiel ins Direktionszimmer.

Dort saßen sechs ernste Männer. (Es war das Ballkomitee.) Sie hatten eben die Kasse geteilt und waren nun dabei, um die Hauptgewinne aus der Tombola zu trudeln. Ich merkte, daß ich vollkommen überflüssig war, und ging wieder hinaus. Man soll sich beschäftigten Leuten nicht aufdrängen.

„Wo hast du denn die ganze Zeit gesteckt?" fragte mich meine Frau, die mich endlich erspäht hatte.

„Ich war ein bißchen auf der Straße."

„Auf der Straße?"

„Ja, tanzen. Erst störten die Autos ein wenig, nachher ging's."

Plötzlich blies ein Mann auf der Trompete.

„Paß auf, jetzt ist das Kabarett", sagte meine Frau, die selten auf Bälle geht. „Die Hesterberg, Söneland, Massary, die Waldoff, Valetti und Resi Langer, von der du noch ein Couplet bezahlt kriegst, haben ihr Erscheinen zugesagt."

„Da sind sie alle zusammen", antwortete ich. Sechs „neu

renovierte" Trillergirls stellten sich auf einen Tisch und machten gymnastische Übungen.

Es war ein stabiler Tisch aus der Vorkriegszeit.

„Fabelhaft!" sagten die Herren und klatschten diskret.

Nach dieser Darbietung wurde das Licht ausgedreht. Es wurde also zu spät ausgedreht.

„Paß auf, jetzt kommen die Überraschungen!" flüsterte meine Frau, die eine unverwüstliche Optimistin ist.

In diesem Falle sollte sie recht behalten, denn ich schrie aus Leibeskräften: „Feuer! Hilfe! Feuer!"

Sechs Tote und vierunddreißig Verletzte wurden ausgefegt.

„Bloß sechs Tote?" fragte ein dicker Herr einen dünnen. „Und noch nicht mal ein Prominenter darunter? Das können wir nicht in Fettdruck bringen." Die Herren waren von der Presse.

Aus: Die Ente 1/1932

Max Büttner
Berliner Tauentzienbummel

Mittags um zwölf. Promenade galante.
Ausstellung für alles, was fesch und pikant.
Vorführung der neuesten Hüte und Kleider
Für Kenner und Kritiker, Bewunderer und Neider.
Edelster Wettstreit viel westlicher Nymphen
In Schuhen und Stiefeln, in Beinen und Strümpfen.
Im Kaleidoskop der mondänen Promenade
Wade an Wade, –
Rundlich und mager, schlank, voll und stramm –
Vom K. d. W. bis zum Kurfürstendamm.
Dazwischen, mit Wangen und Haaren aalglatt,
Kavaliere wie aus dem Modenblatt,
Mit übernächtigen Blicken durch Einglasscherben –
Verstaubter Traditionen blasierte Erben.
Hier und da auch, als ganz besonderer Reiz,
Auf völkischer Heldenbrust – Hakenkreuz. –
Sachverständige Musterung
Alles dessen, was hübsch und jung;
Prüfender Blick, wo der kleinste Fuß,
Welche Wade von feinstem Guß,
Welche Strümpfe von dünnster Seide,
Wo der meiste Stoff fehlt am Kleide,
Wo das verführerischste Gemälde winke –
Aus Lippenpomade, Puder und Schminke.
Blick, Zwinkern, Gruß im Vorübergehn,
Zunicken, Gekicher und Hälsedrehn.
Und 27mal auf und nieder
Immer wieder,
Zwischen K. d. W. und Kurfürstendamm –
Vorschriftsmäßiges Tagesprogramm.
Und von jedem Hut, wo sich Damen versammeln,

Muß heute irgend etwas herunterbammeln.
Allgewaltige Diktatur der Mode, –
Wahnsinn zwar, doch mit gewisser Methode.
An der Seite aber Laden an Laden,
Mit Delikatessen, Juwelen, Schokoladen,
Wäsche, Korsetts und intimen Dessous –
Mit allem, was so gehört dazu.
Likörstuben, Kinos und manches Café,
Auch Bars und Neppdielen ganz in der Näh'.
Elektrische, Autobus, Wagengerase, –
Alle Düfte des Orients umspielen die Nase –
Benzinwolken, Blumenfrauen, „Eternité".
Obstwagen am Rande der Lästerallee,
Hundeverkäufer und Musikanten,
Bettler, Krüppel und Simulanten,
Moderne Priesterinnen der Liebe,
Streichholzhändler, Tage- und Taschendiebe,
Zeitungsausrufer und Sipolizisten,
Dekadente Kokainisten.
Schiebertum, Armut und Eleganz
Dicht beieinander in wirbelndem Tanz,
Alle Farben, Gerüche, Klänge, Formen und Maße –
Expressionismus der Tauentzienstraße!

Aus: Die Pille 20/1921

Karl Schnog
Meister Zille!

Du, mit dem struwweligen Heil'genschein,
Wie seltsam hat sich dein „Miljöh" verwandelt,
Die Flimmerfritzen (mögen sie's verzeih'n)
Sie haben deine „Kinder" schwer mißhandelt.

Du hobst den Lumpenhund wie den Prolet
Durch deine Kunst auf hohe Tempelstufen.
Jetzt erscheint der „Fünfte Stand", verdreht, gedreht,
Durch „Die Verrufenen" auch uns verrufen.

Der ganze feine Westen feiert dich
Und meldt' uns, daß er „fürs Volk empfinde" – –
Mach, Meister Zille, einen dicken Strich,
Damit der ganze Leinwandschwindel schwinde.

Aus: Der Kreuz- und Querschnitt 2/1925

Hans Reimann
Prag

Meine Wahlheimat. Wenn ich nicht in Leipzig n i c h t geboren sein möchte, so möchte ich in Prag geboren sein. Kennengelernt hab' ich es erst in der tollsten Inflation und trug manchen Kronenschein heimwärts und werde das nie vergessen und immer wieder Vortragsabende in der „Urania" geben und mich von Professor Frankls Gattin füttern lassen.

Rabindranath weilte Oktober 26 in Prag. Die indische Gemeinde veranstaltete einen Schmaus im Hotel Julis. Zu viert besprach sich das Komitee mit dem Wirt. Und knobelten folgendes Menü aus: Schildkrötensuppe – Fogasch am Rost – Wiener Schnitzel – Zwetschenknödel. Und waren stolz. Und Rabindranath hats gegessen.

Eisenbahnfahren ist meine Leidenschaft. Ich lese ein Dutzend Bücher unterwegs. Und halte mich zur Abwechslung gern im Speisewagen auf. Und wundere mich immer wieder über die nämliche Tatsache: daß die, denen man's nicht ansieht, am meisten vertilgen. Die Dicken futtern relativ wenig. Aber meist sitzt einem ein Mitmensch gegenüber, der auf Zwiegespräche erpicht ist. Da hab ich mir eine glatte Methode zurechtgelegt. Spricht mich mein Gegenüber an, so antworte ich mit einem Satz aus Homers „Odyssee", die ich strafweise auswendig lernen mußte. Dann läßt das Gegenüber erschreckt von der Anbahnung eines Dialoges ab. Und Gymnasialprofessoren betreten den Speisewagen niemals.

Die Speisewagen in der Tschechoslowakei sind besonders empfehlenswert. Liebhaber edlen Bieres machen einen Abstecher nach Pilsen und bestellen daselbst schwarzes Pilsner. Auch verlohnt sich ein Besuch der Brauereien und der Hefe-Tunnel unter der Erde; mystische Pilzkulturen.

Zwischen Prag und Pilsen kippte unser Zug beinahe um. Alle drängten nach der rechten Seite und starrten zum Fenster hinaus. Wir fuhren sehr langsam. Die Waggons balancierten auf einem Bein. Gestern war hier eines von den täglichen Eisenbahnunglücken passiert, und drunten im Wasser sah man die Lokomotive liegen, mit dem Bauch nach oben, und der Zug war kleckerchenweise an der Böschung verteilt. Und das begehrten meine Mitreisenden ganz genau zu schauen. Und wären auf sotane Art beinahe in dieselbe Situation geraten.

In Tetschen wird das Papierschild „Nichtraucher" entfernt. In Gmünd wird es wieder drangepappt.

Unterwegs stiegen zwei Männer in mein Abteil; der eine ein Metzger, der andere ein Kommis. Der Kommis breitete, unmittelbar nachdem er Platz genommen hatte, ein Plaid auf seinen Schoß, und ehe der Zug in Bewegung geriet, hub ein Gimmelblättchen an. „Rot verspielt, Rot verspielt, Grün gewinnt!" sagte der Kommis. „Rot verspielt, Rot verspielt, Grün gewinnt!" wiederholte er etliche Male und machte die drei Karten wandern. Und der Selcher tippte stets auf die falsche Karte und war – unter atemloser Spannung der übrigen Insassen – im Handumdrehen 1600 Kronen los. Und wurde von grimmigem Eifer gestachelt. Und schrie: „Jetzt weiß ich's!" Und setzte kecken Mutes 200 Kronen. Aber es war wiederum Rot. Und als der Schaffner kam, mußten die beiden Schluß machen, und der Kommis schmunzelte trocken: „Morgen wird das Schweinefleisch 20 Heller teurer!"

Im Hotel erblickte ich einen prächtigen Neufundländer, der gierig aus einem Spucknapf Wasser trank. Das gruselte mich, und ich gedachte den Wauwau wegzuzerren, doch buk ich Schliff und sah mich zu bleicher Flucht genötigt. Denn das gestörte Tier wollte mich beißen.

Übrigens sind die Waggons, die zwischen Dresden und Wien „verkehren", in der III. Klasse so scheußlich gemasert, daß es kaum auszuhalten ist. Ich begreife nicht, warum man anständiges Naturholz so verschandelt.

Um zwölf wird man in Prag überall hinauskomplimentiert. Das Nachtleben tut das Gegenteil von blühen. Hingegen sind sämtliche Kaffeehäuser schon des Morgens in vollem Betriebe. Die Eleganz, die mir noch vor drei, vier Jahren stark auffiel, hat einem soliden Anstrich Platz gemacht. Frankfurt ist eleganter. In Königsberg tragen von zwanzig Frauen mindestens zehn Prozent schwarze Schuh und Strümpfe. Berlin ist eleganter als Prag. Prag jedoch verfügt über die schönsten Frauen. Und Leopold Kramer, der Theaterdirektor, belebt den Wenzelsplatz durch sein blitzendes Monokel.

Im „Prager Tagblatt", dessen überaus sympathischer Chef der Dr. Blau ist, fungiert einer der fähigsten Redakteure Mitteleuropas, still und bescheiden und von starker Begabung: Herr Thomas. Auch der Dr. Brod wirkt am „Prager Tagblatt". Als Theaterkritiker. Seiner Wohnung gegenüber schläft der alte jüdische Friedhof, den sie neuerdings mit einer wenig stilvollen Mauer umfriedet haben. Im Nebenhaus wird, es ist unheimlich, stets Wäsche aufgehängt, und auf dem Fenstersims prahlen eingemachte Früchte und Gurken.

Gurken kann man auch auf der Straße kaufen (nicht die delikaten Znaimer, wohl aber sauere bekommt man auf allen Bahnhöfen der Strecke Berlin–Breslau, falls man die Route am Riesengebirge entlang einschlägt). Eine Straßenbahnfahrt kostet eine Krone zwanzig. Früher mußte man sich hüten, ein Wort Deutsch zu verlautbaren. Die Schaffner und Polizisten waren besonders rigoros. Das hat sich einschneidend verändert. Man kann hören, wie eine Frau laut und über die Straße hinweg ihre Kinder auf Deutsch ermahnt. Man wird als Deutscher überall höflich behandelt und braucht kein Hehl aus seiner Abstammung zu machen.

Als ich das erste Mal in Zürich war und das Geschäft, in welchem ich Pralinés gekauft hatte, verließ, sagte ich gewohnheitsgemäß „Auf Wiedersehn!", worauf mir ein leicht betontes „Adieu!" nachscholl. Das wiederholte sich fünf-, sechsmal. Dann sagte auch ich, leicht betonend: „Adieu!", worauf mir prompt und stark unbetont ein „Auf Wiedersehn!" nachscholl. In Prag verhält sichs ähnlich. Ma uzda bedeutet: meine Ehre. Doch ich rate, nicht „Ma uzda!" zu grüßen. Sie hören auch so, daß du ein Deutscher bist, und du hast gar keinen Grund, das zu verhehlen.

Daß die Leute in der Tschechoslowakei Wilde seien, exotische Sonderlinge, Beutestücke John Hagenbecks, greuliches und verlaustes Gesindel: das ist ein Irrtum. Im Gegenteil. Die Tschechoslowakei wimmelt von Deutschen, von Kerndeutschen, die (ohne das „rheinische Mädchen" oder das „verlorene Herz von Heidelberg" zu grölen) deutsche Art und deutsche Sitte pflegen. Wie deutsch ein Teil der Tschechoslowakei ist, beweist die Reaktion, die sich mausig macht wie allerorten, auf Hitler schwört und sich rechtser als rechts gebärdet. (. . .) Alles das war nur ein Vorwand, um endlich auf Jaroslav Hašek zu kommen, den Dichter der Tetralogie „Die Abenteuer des braven Soldaten Schwejk während des Weltkrieges", eines Werkes, von dem die drei ersten Bände in deutscher Sprache vorliegen und durch jede Buchhandlung (Verlag Adolf Synel in Prag) zu beziehen sind.

Der Schwejk, dieser Clown Gottes, Sancho Pansa und Don Quichote in einer Person, steht auf der Höhe des Rabelais, des Shakespeare, des Grimmelshausen. Hašeks Papa war Schriftsetzer an einer tschechischen Zeitung, Hašek selbst fristete sein Leben als Hundehändler, als Redakteur, als Kolporteur. Er gab auch eine einschlägige Tierzeitschrift heraus, die er mit selbsterfundenen Viechern (Popolarfloh) füllte. Seine Manuskripte gab er jedem, der sie haben wollte. Pro Blatt eine Krone. Eine einzige Photographie existiert von ihm, und die befindet sich im Archiv der Geheimpolizei; denn er galt als Hochverräter. Er war zweimal rechtens verheiratet. Er hat einen Sohn. Ehe dieser geboren ward, renommierte er damit, daß seine Frau niedergekommen sei. Mit einem männlichen Sprossen. Mit einem Mädel. Er log teuflisch. Und als das Kind hernach wirklich kam, glaubte ihm keiner. Da lud er sein Knäblich auf den Buckel und reiste mit ihm, dem Neugeborenen, von Kneipe zu Kneipe. Fünf Tage lang. Und wies ihn allen vor. Derweilen die Mutter zuhause in tausend Ängsten schwebte und sich zu Tode härmte.

Er schnorrte Kinderwagen. Zwanzig Stück bekam er zusammen. Die versteigerte er alsbald öffentlich. Dann begab er sich zu einem Mäzen und versicherte, nächste Woche ein Konzert steigen zu lassen. Der Mäzen lieferte leihweise einen idealen Flügel. Hašek verkloppte ihn. Während des Krieges diente er als Einjährig-Freiwilliger beim I. R. 91, erhielt die Sterndl und im Felde die kleine silberne Medaille für Tapferkeit, wurde von den Russen gefangen, trat in den Bolschewismus hinein und wurde Gouverneur eines Landstriches, der dreimal so groß war wie die Tschechoslowakei. Vorher ein ununterbrochener Quartalssäufer, entsagte er dem Alkohol und benahm sich wie ein normaler Funktionär.

Plötzlich brach der alte Adam durch, er schmiß alles hin und wanderte nach Prag. Eine Weile hauste er mit Lada, der seine Schriften herrlich illustriert hat, und mit Kudej in einer Bude. Er pennte in der Badewanne und markierte tagsüber den Diener, zu welchem Zwecke er einen türkischen Schlafrock überziehen und einen Krummsäbel in die Faust nehmen mußte. In einer Vorstadt wohnte ein Schulfreund. Den besuchte er zuweilen. Aber es war öde. Obwohl der Freund eine liebliche Schwester sein eigen nannte. Die Eltern waren Abstinenzler. Und schlugen Spatzen. Das heißt: sie schlummerten nach dem Abendessen ein. Eines Abends, als Mama grad aus tiefen Träumen blinzelte, erhob sich Hašek und sagte: „Gnä Frau, ich bitte um die Hand Ihrer Tochter!" Die Tochter wurde herbeizitiert, der Gatte geweckt, Bier geholt. Wegen des Gesöffs war die Verlobung entriert worden. Oder überhaupt zur Aufmunterung. Nachdem er genügend vertilgt hatte, empfahl sich Hašek. Nachts um drei läutete er an der Haustür und begehrte unter Hinweis auf die Tatsache, daß er rechtmäßiger Bräutigam sei, den Abortschlüssel. Seine Aufzeichnungen, die in Fortsetzungen erschienen, hat er selbst ausgetragen. Im Volk verschlang man die Büchel. Der ordentliche Buchhandel hielt es für entsetzlich unter seiner Würde, sich mit Hašek zu befassen. Hašek war minderwertig. Er diskreditierte die Tschechen. Er war unbequem und liederlich. Er war ein Hetzer. Er war Defätist. Und selbst die, die innigen Genuß heimsten bei der Lektüre Hašeks, genierten sich, waren zu feige, waren zu enghorizontig, ein lautes Preisen anzuheben. Er war nicht gesalbt. Er war nicht höhernorts bestätigt. Er war kein poeta laureatus. (Dabei vergessen die Ochsen, daß alles das lediglich eine Frage der Distanz ist. Vergleicht, wie wir in Deutschland zu Shaw stehen, mit dem Standpunkt seiner Landsleute! Bedenkt, daß Max Reinhardt so hehr ist, weil er sich rar macht! Seid überzeugt, daß Knut Hamsuns Nachbarn nicht von dem schlechthin himmlischen Poeten sprechen, sondern ihn für einen arroganten, ekelhaften Schubbjak halten!)

Max Brod unternahm es als erster, auf Hašek hinzuweisen als auf eine literarische Offenbarung allerersten Ranges. Galt er den Tschechen bis dato ähnlich wie Mikosch den Ungarn, so erfuhren sie mit eins, daß hier ein Genie höchster Ordnung ... gestorben sei. Denn Hašek war inzwischen in die Ewigkeit eingegangen und wankte stolpernd den dummen Stollen entlang, den wir alle entlangtappen müssen; der eine als Antialkoholiker, der andere als hemmungsloses Urgewächs. Und nun hat sich Grete Reiner daran gemacht, Hašek zu verdeutschen. Sie hat es brav gemacht. Wir wollen nicht mit ihr rechten. Hašek nämlich war ein Wortschöpfer. Nicht wie Maximilian Harden, der mit der Sprache umging, wie Max Pallenberg umgeht – freilich ohne Pallenbergs komische Tücke. Und Hašeks Neuschöpfungen, dem Pöbel aus dem Maul und wieder retour gedrechselt, sind platterdings unübersetzbar. Arme Grete Reiner, die du nächtelang Lexika gewälzt hast, wir wollen dir nicht zürnen. Und auch die Druckfehler deines leider allzu wenig rührigen Verlegers wollen wir ignorieren. Denn Hašek ist zwar Literatur und dennoch Leben, lebendiges Leben, Leben mit jeglichem Unrat, Kot, Mist, Rosa, Blaßblau und Gold. Bei Hašek weiß man nicht, ob man brüllen soll vor Lachen oder heulen vor Leid. Er ist ein Dichter von unbegreifbarem Format.

Aus: Das Stachelschwein 2/1927

Jan Altenburg
Leipzig

Leipzig ist sehr schön, denn man erreicht von dort aus in knapp zwei Stunden das anmutvolle Dresden. Was Leipzig selbst anbelangt, so möchte ich dort nicht meine Photographie begraben lassen, geschweige denn leben. („Freiwillig in Leipzig zu leben, ist unmoralisch", sagte mir ein Bildhauer, der die Stadt von ein paar Jugendjahren her kennt.) Der Scherbelberg... Halt!

Halt. Seitdem vor zwanzig Jahren verhöhnende Essays von Gustav Meyrink über Prag und Montreux erschienen sind, ist kaum eine Stadt von Köln bis Kattowitz, von Konstanz bis Königsberg von Nachahmern der meisterhaften Meyrinkschen Satiren verschont geblieben. Es ist allzu bequem und billig, mit ein paar schnoddrigen Witzen irgendeine Stadt als besseres Negerdorf zu charakterisieren. Ganz unangebracht ist es bei Leipzig, das keine lächerliche, sondern eine tragische, tief melancholische Angelegenheit ist.

Dostojewski war schlecht beraten, als er ein paar Jahre in Dresden verlebte. In Leipzig hätte er wohnen sollen! Die Raskolnikow-Stimmung der physiognomielosen, nüchternen und grauen Stadt mit ihrer ganz trostlosen Umgebung ist ohne Musik.

Leipzig ist die Musikhochschule der Welt! Amerikaner, Ungarn, Italiener kommen hierher, um auf dem Konservatorium zu studieren und gleichzeitig deutsch zu lernen. (Infolgedessen sprechen – grausige Groteske! – ausländische Mozartsänger leipzigerisches Sächsisch.) Es ist nicht schwer, aber sicherlich falsch, mit Phrasen wie „Wienerwald", „österreichische Anmut", „Theater an der Wien", „Heurigenseligkeit" (und so) scharfsinnig nachzuweisen, warum Wien musikgesättigt ist. Wie Leipzig zur Musik gekommen ist, das bleibt in jeder Hinsicht unfaßbar.

Das vornehmste Bürgertum Leipzigs übt das freieste und geistigste Gewerbe aus: Leipzig ist Zentrale des großen deutschen Buchhandels. Ich kenne diese Gesellschaftsschicht nicht aus persönlichem Verkehr, da ich kein vornehmer Mann bin. Eine Dame aber, die in diesen Kreisen ein und aus, immer ein und aus geht, sagte mir: Diese Händler haben keine inneren Beziehungen zu den von ihnen verlegten sogenannten geistigen Werten. Sie könnten ebensogut Bierverleger sein.

Leipzig ist häßlich. Nicht nur in den Arbeiter-Vororten, auch in der Gegend des alten Bayerischen Bahnhofs, in der Seeburgstraße, Alexanderstraße oder Eisenbahnstraße hat man den Eindruck, die Häuser stehen verkehrt, mit der Hinterfront der Straße zu.

England, Frankreich und Italien haben der Welt Garten- und Parkgestaltung vorgemacht, Amerika und England vorbildliche Sportanlagen geschaffen. In Deutschland hat nur Leipzig das Verdienst, mit einer originalen Idee in die Gestaltung der Landschaft eingegriffen zu haben. Leider auf seine Weise, indem es das Kunststück fertigbrachte, die Verhältnisse und Stimmungen einer engen Mietskaserne mit ihrem Gerümpel, Parteienzank und Muff in die Natur hinauszutragen: es ist der Ursprungsort der Schrebergärten.

Die Bevölkerung der Stadt ist, wie die Sachsen überhaupt, gemütlich.

Die gemütlichen Sachsen und insbesondere die gemütlichen Leipziger Arbeiter und Kleinbürger sind von jeher die radikalste Elitetruppe der Sozialdemokratie gewesen, als sie noch revolutionäre Partei war. Hier wirkte die scharfe Leipziger Volkszeitung, und Bebel hat die entscheidenden vierzehn Jahre seines Daseins in Leipzig verlebt.

Preußen, das aus irgendeinem Grunde Sachsen böse war, legte mit Raffinement die wichtigen Eisenbahnlinien nicht über die Großstadt Leipzig, sondern über das benachbarte Halle.

Der Verkehr hat sich trotzdem in Leipzig so entwickelt,

daß es Europas gewaltigsten Bahnhof bauen konnte. (Wie weit hierbei Größenwahn mitsprach, bleibe ununtersucht.)

Auf einem Gebiete, auf dem man mit „dennoch" und „trotzdem" nicht weiterkommt, das Werke und Menschen nicht zwiespältiger Natur, sondern aus einem Guß verlangt, mußte Leipzig versagen. Auf dem Gebiete der Kunst. Die beiden Genies, die hier geboren wurden und echte Repräsentanten der Stadt sind, Max Klinger und Richard Wagner, beweisen es. Sie sind „Genies ohne Talent", das heißt ohne Leichtigkeit, Anmut, Takt und Geschmack. Ein Künstler jedoch, der nicht über die Grenzen hinausstrebte, die ihm als geborenem Leipziger gesteckt sind, der nicht Griechenland oder Walhall mit der Seele suchte, der kleinbürgerliche Gehässigkeit zu schärfster Satire, Scheelheit zum „bösen Blick" steigerte und die Häßlichkeit der Umwelt nicht verleugnete, sondern grausam aufzeigte, mußte groß und bedeutend werden. Er wurde es: Thomas Theodor Heine.

Es ist nicht schwer, von vornherein Sympathien zu erwecken, wenn man Rheinländer oder Pfälzer ist. („Schmitz, da gibt es doch nischt zu grinsen, weil Herr Quellmalz sagt, daß er aus Leipzig ist!") Die Oberbürgermeister in München, Dresden, Hamburg oder Düsseldorf, die Verkehrsvereine in Rothenburg oder Heidelberg haben es sicherlich leichter als die in Leipzig.

Wenn diese gott-, natur- und kunstverlassene Stadt ein imponierendes Gebilde geworden ist, das zwar keine klare Form aufweist, sondern nur eine verwaschene Vorstellung erweckt und beinahe einen Gattungsbegriff „Leipzig" und „leipzigerisch" bedeutet, so ist das achtunggebietend genug (Regie-Bemerkung: Auf der Bühne wird an dieser Stelle ein von der Konditorei Felsche hergestelltes Marzipanmodell des Völkerschlachtdenkmals hereingebracht. Das Orchester spielt den Einzugsmarsch der Gladiatoren).

Aus: Das Stachelschwein 5/1928

Erich Weinert
Leipziger Sängerstammtisch

Es saßen drei Männer im eigenen Kreis;
sie saßen harmonisch und brummelten leis.
Es war der Dreimännerchor „Edelweiß".

Der erste, der nahm seinen Kehlkopf her
und stimmte an wie von ungefähr.
Es war ein Tenor wie aus Camembert.

Der zweite, der schloß die Augen sogleich;
da quoll es ihm aus der Brust so weich.
Es war ein Bariton, seelenreich.

Der dritte, der sang wie aus tiefem Faß.
Er rollte einen metallischen Baß
und sang sich den ganzen Vollbart naß.

Sie sangen vom klingklanggoldnen Pokal.
Es wurde leichenstille im Saal.
Da sangen die drei dasselbe nochmal.

Es hatten die drei gut aufgelegt.
Neun Lieder waren vorbeigefegt.
Es saßen die Gäste und lauschten bewegt.

So sangen die dreie bis nachts um zwei.
Da kam die Patrouille der Polizei.
Die kehrte sich ab und weinte dabei.

Aus: Das Stachelschwein 2/1928

Walter Mehring
Ein Tag Paris

Führer für Eilige
So mancher Geschäftsreisende, dem es teils die Verhältnisse, teils die richtige Gattin nicht gestatten, sich länger als einen Tag in der Franzosenhauptstadt aufzuhalten, steht beklemmt an der Gare du Nord mit der Frage: „Wo muß ich rasch hin, um bis heut abend als unverwelschter Pariser und Fachmann für deutsche Außenpolitik heimzudampfen?" Den ganzen Baedeker durchzuackern, fand er auf der Fahrt keine Zeit. Solchen Wißbegierigen widmet der Verfasser ergebenst diese gedrängte Übersicht.

Geschichte der Stadt
Die Stadt Paris wurde am 1. März 1925 vor Christi Geburt von Nathan dem Weisen, Häuptling der Kelten, angelegt und hat seitdem so viele Veränderungen durchgemacht, daß aus dieser Epoche nur das Café de la Rotonde und der Stein vor dem jetzigen Hause No. 17 Rue Visconti übrigblieben. Einige Zeit später veranstaltete man anläßlich eines Linksputsches die feierliche Zerstörung der schönen Bastille, eines komfortablen Gefängnisses im Stile der Strafanstalt Ohio. Der berühmte korsische General Buonaparte I. bereicherte die Stadt um den Pavillon Mascotte und den Schlüssel für das Versailler Schloß zur Schließung von Friedensverträgen nach einem Entwurf des Bildhauers Verlaine. Über die weitere Geschichte von 1870 bis auf den heutigen Tag siehe: „Neubauers Lehrbuch für Mittelklassen" und den „Berliner Lokalanzeiger".

Sehenswürdigkeiten
Wer Geld hat, nimmt sich ein Billjet bei dem Rundfahrtbüro „Fromage". Wer keins hat, wird einen Spaziergang zu Fuß

vorziehen. Die Pariser sind äußerst höflich und geben gern
Auskunft. Man wendet sich am besten an einen Eingeborenen (kenntlich durch ein Henriquatre-Bärtchen) oder einen
Schupo (kenntlich durch eine rote Rosette im Knopfloch).
Zunächst wird man den Montmartre, wo das vielberühmte
Laster zu Hause ist, besichtigen wollen. (Man frage: lehsapasch ssihlwuhpläh!) Doch ist es geraten, dies gefährliche
Viertel mindestens mit den notwendigsten Argot-Ausdrücken
(siehe Anhang) bewaffnet zu betreten.

Zuoberst steht Sacre-cœur. Südlich davon der Boulevard,
eine verkehrsreiche Straße, die man zweimal auf und ab
gehen muß. Erst in diesem Augenblick darf man behaupten,
daß man Paris wirklich kennt. Über den Eintrachtsplatz
durch die Elysiums-Felder gelangt man zum Triumphbogen,
von Napoleon I. zum Einzug Kaiser Wilhelms des Großen
errichtet. Indem man die vielfach gewundene Seine überschreitet, befindet man sich auf einem zweiten Feld, dem sogenannten Marsfeld, und erkundige sich nach dem Eiffelturm, der uns an die Niederlage der Franzosen in der Eiffel
im Jahre 1866 gemahnt. Vor hier aus wende man sich nach
links zum Montparnasse, wo man nicht versäume, das

Café du Dôme
und den französischen Expressionismus zu studieren, der hier
seinen National-Sitz hat. Gleich am Eingang links am Pfeiler
der Bildhauer Achmed ben Levy, der Torso der Diseuse
Anne Leman, die siamesischen Kunstgewerbzwillinge Dollysisters; im Nebengeschoß der Surréaliste Ibsen und der Néobuddhiste Frédérich d'Unerue. Im Keller der Lavabo mit seiner weltberühmten Autographensammlung an den Wänden.

Zum Schluß noch rasch einen Blick in das historische

Louvre,
das vornehmste Pariser Kaufhaus, berühmt durch die Statue
der Venus von Professor Bégas und die Deckengemälde von
W. Trière.

So ist der Abend herangekommen, und man kann die übrigen zwei Stunden bis zur Abfahrt darauf verwenden, das einzigartige

Pariser Nachtleben

gründlich mitzumachen. Es folgt hier eine Aufzählung der nur Eingeweihten (!) bekannten Stätten des Vergnügens und der Ausschweifung, die man sich selbst entsprechend den eigenen Belangen aussuchen mag. Für haushälterische Reisende sind die Preise angegeben.

In der finsteren Rue de la Paix No. 83 Hof links befindet sich der Dancing „A la vache qui danse". (Eine Flasche echter „Mont de cuivre" kostet 15–21 Fr., femmes à discrétion.) Im Hallenviertel das Hotel „La fesse jolie" (Entrée 5 Fr.), frequentiert von den Gräfinnen des Faubourg St. Germain, und sehr zu empfehlen für Herren, die Connexionen mit der Haute volée suchen. Besonders teuer, nämlich 200 Fr. (!!), gestaltet sich der Zutritt zu einem delikaten Nackttanz, ausgeführt vom gesamten Ensemble der Comédie Française nach Schluß der Vorstellung. (Man erkundige sich diskret beim nächsten Polizeirevier nach der jeweiligen Adresse.) Den Anhängern orientalischer Betäubungsmittel sei die arabische Bar „Cocco" empfohlen (Rue des Abatoirs). Auf breiten, üppigen Diwanen liegen hier die Träumer ausgestreckt und frönen dem Genuß des verbotenen „As Pirine" und des berauschenden „Eau de Seltz". Zartbesaitetere endlich finden Herzenstrost in der „Brasserie du Monsieur Platon".

ANHANG:
Sprachführer (Mehla Mehring langue)
Nur wer die intimen Reize der gallischen Sprache beherrscht, wird einen wirklichen Genuß haben. Es ist ratsam, sich möglichst vieler Argot-Ausdrücke zu bedienen, um jeden Anschein eines Ausländers zu vermeiden. Die Worte sind nach einem Phonolautsystem geschrieben.

Anmerkung: A = Apachenwort.

F = Verkehr mit Damen.
Sch = Ausdrücke des Pöbels
Ah (A): Ruf des Erstaunens. (Im Deutschen: Oh!)
Ähdwuh ong bosch? (F): Sind Sie Amerikaner?
scheh moa: ssang gjähn (F): bei mir: Eva!
Garssong ohn apehritief (A): Ober, eine
Bilzbrause!
Ühn kokott (A): Hühnchen (beliebtes Gericht).
Ladissiong ssihlwuhpläh (A): Das Beschwerdebuch
bitte!
Öng pikassoh (A): ein Originalbild von Ingres.
Längternassionahl (Sch): die Schwerindustrie.
ssnobism (Sch): die Kunscht.

Letzte Winke
Außer mit einem Paß versehe man sich mit einem Empfehlungsschreiben an den gerade amtierenden Ministerpräsidenten, das bereitwillig irgendein Freund im heimischen Café ausstellen wird. Hat man Schwierigkeiten mit der Verständigung in Restaurants, so bestelle man allein Hors d'œuvres, die so schwer und reichlich sind, daß man für einen Tag damit auskommt, zumal wenn die vorsorgliche Gattin belegte Brötchen eingepackt hat. Von französischen Zeitungen lese man die „Action Française", um sich an die heimatliche Lektüre zu erinnern, von deutschen erhält man den „Fridericus" nur an den größeren Kiosken. In Gesprächen über Politik sei man vorsichtig und versuche z. B. nicht, Franzosen zum Eintritt in eine deutsche Jugendsportgruppe zu bewegen.

Sollte es trotz allem Mißverständnisse geben, so konsultiere man den großen Dictionnaire der Académie, um den genauen Sinn des strittigen Wortes zu ermitteln. Befolgt man alle diese Ratschläge, so kann man, gesetzt, daß man Sonnabend früh abgereist ist, bereits Montag abend im Familienkreise oder vor geladenem Publikum über die Lösung der deutsch-französischen Krise ein sachliches Referat erstatten.

Aus: Das Stachelschwein 5/1925

Hans Otto Henel
Merkwürdige Begegnungen

Graf Hermann Keyserling, alleiniger Inhaber der Weisheit einer Schule in Darmstadt, sprach vor einiger Zeit wieder einmal in Leipzig. Was in ganz Leipzig sich zu tout Leipzig rechnet, war dabei – also gegen 200 Personen. Alle politischen Parteien, denen das noblesse oblige kein leerer Wahn ist, waren mit ihren philosophischen Köpfen vertreten, von Prof. Hans Driesch ganz links bis zur äußersten Rechten, die Herbert Hübner vom Stadttheater mimt. Hauptsächlich aber mit Köpfinnen, denn Graf Keyserling ist nicht nur der Duzbruder Rabindranath Tagores, sondern auch ein Philosoph, der sich sehen läßt. Und er verdient die Beachtung der Damen, denn er hat Lebensart, ist soviel Aristokrat, daß er um nichts in der Welt etwa in der spänebedeckten Schürze des Philosophen-Handwerkers vor ein Auditorium träte. Er versteht es im Gegenteil vortrefflich, den Buddha-Nabel außerhalb der täglichen acht Meditationsstunden unter einem soignierten Cut zu verbergen. Es war also wirklich ein gesellschaftliches Ereignis, als der Graf unter dem Beifall der Damen feststellen konnte, wie recht doch Thales von Milet mit seinem Spruch habe: „Man steigt nicht zweimal in denselben Fluß", und daß Heraklits des Dunkeln Beobachtung „Panta rhei!" immer noch zu Recht bestünde. Das Ganze, reichlich mit den Worten Buddha, Laotse und Harmonie der Sphären durchschossen, verbreitete helles philosophisches Licht und wurde unter dem Titel „Tod und Wiedergeburt" von den Erleuchteten bejubelt.

Ich aber entging nur mit Mühe der Lynchung durch zwei vor mir sitzende ältere Damen, weil ich fröhlich lachte, als mir mein Freund ins Ohr flüsterte: „Tod und Wiedergeburt" sei gräflicherseits eigentlich „wieder eine Totgeburt". Nun, wir verstanden es, unterzutauchen, als sich tout Leipzig vor der Garderobe zusammendrängte, und uns zum Ausgang zu retten.

Dort aber erwartete uns wiederum ein Philosoph, – auch einer, der die Menschen ergründet hat und das Leben von der profitablen Seite zu nehmen weiß, und zwar weiblichen Geschlechts. Den Hörern Keyserlings gingen noch Buddha, Kungfutse, Thales und Anthroposophie im Kopfe herum, als sich ihnen aus der Nische des Toreinganges die Hand einer graubekapuzten Gestalt entgegenstreckte und ihnen mit diskretem „Pst!" ein Kärtchen in die Finger drückte. Ein Kärtlein, auf welchselbigem, überstrahlt von einem gummigedruckten Dreiauge Gottes, zu lesen war:

Graphologie / Chiromantie / Astrologie
Leipzig, Südstr. 15
Honorar mäßig

War das nicht ein Witz, wert der lautesten Belächelung? Und ich lachte, lachte so laut, daß mein Gelächter von der gegenüberliegenden Synagoge als Echo zurückkam. Aber erst, nachdem ich noch vernommen hatte, wie die eine der beiden hinter mir gehenden Damen zur anderen sagte: „Südstraße? Aber das ist ja ganz in unserer Nähe! Was meinst du, Bertha, gehen wir morgen nach der Sitzung im ‚Frigga-Bund' mal hin? Astrologie und Chiromantie – das ist ganz modern."

Im Lichte der nächsten Laterne drehte ich mich um. Ich war neugierig, wie die Damen wohl aussähen, die fortgesetzt hinter mir hertuschelten, daß die Männer von heute doch furchtbar flach seien und alles Hohe und Tiefe im profanen Gelächter erstickten. Siehe da, es waren die beiden Keyserling-Enthusiastinnen, die mich oben im Saale am liebsten gelyncht hätten. Mein Lachen floß aufs Neue, und erst der Anblick eines Schupomannes gab mir die Besinnung, lieber keine Anzeige wegen ordnungswidrigen Gebarens zu riskieren.

Aus: Das Stachelschwein 4/1925

Bernhard Gröttrup
Achgottenee!

Das Café war mit Damen überfüllt. Zum Glück fand ich noch ein Plätzchen an einem Tisch, an dem nur 4 Damen saßen. Von rechts nach links: Frau Rechnungsrat, Frau – bloß! – Schulze, Frau Assistent und Frau Kanzleirat, ich.

Frau Rechnungsrat fand während der Unterhaltung sogar noch Zeit, in der „Woche" zu blättern. Nicht sehr interessiert. Nur man so. Da fiel ihr Blick auf ein fesselndes Bild: Wie der Zar ermordet wurde.

Frau Rechnungsrat war empört. „Fürchterlich! – ganz schrecklich! – pfui! über die rohen Menschen. Sehn Sie doch mal, Frau Assistentin, dies Bild – ist das nicht furchtbar?"

„Entsetzlich!"

„Dieser arme Zar und seine herrliche Gemahlin – nein, wie schlecht doch das Volk ist."

„Furchtbar."

Die Damen waren sichtlich empört und in guter Stimmung.

„Achgottenee, unser armer Kaiser muß auch in der Fremde leben."

„Fürchterlich."

„Wie undankbar doch das niedere Volk ist."

„Abscheulich."

„Achgottenee, wie mag unsern armen Kaiser das Heimweh schmerzen. Es muß ganz furchtbar sein, so verlassen in der Fremde leben zu müssen." Frau Rechnungsrat wischte aufrichtig das sauber gewaschene Taschentuch über ihre Augen. Das war unvorsichtig, denn man sah ein daumengroßes Loch in dem Tüchlein, was von der Frau Assistentin gebührend beachtet wurde.

Frau Assistentin entfaltete darum ihr Spitzentuch und trocknete eine ungeweinte Träne.

Frau Kanzleirat war in Verlegenheit. Sie blickte erschreckt

in den Pompadour, der aber leider ohne das notwendige Trauerbezeugungsobjekt dunkel antwortete.

Frau – bloß! – Schulze, war bescheiden genug, ihr tiefes Mitgefühl mit dem ermordeten Zaren und dem heimatlosen Kaiser in solcher Gesellschaft durch ein Nicken ihres Kapotthütchens geziemend anzudeuten.

Und ich dachte des Elends Millionen deutscher Kinder und der fadenscheinigen Armut meiner Tischgenossen.

Aus: Die Pille 2/1921

Blonde Deutsche, schließt die Reih'n!

Deutschlands allerletzte Hoffnung
„Mit drei Worten verpflichte ich mich, unser armes Vaterland gesund zu machen!... Gefunden habe ich sie allerdings noch nicht. Abgesehen davon, daß man mich noch gar nicht aufgefordert hat –"
Zeichnung: Lino Salini in „Der Scharfrichter" 2/1924

Kurt Tucholsky
„Deutsch"

Wenn heute einer in Glauchau geboren und in Insterburg gestorben ist, dann rühmen ihm die Nekrologe nach, er sei ein „echt deutscher Mann" gewesen. Was soll er denn sonst gewesen sein? Ein Neger? Ein Kalulu-Indianer? Ein Eskimo? Natürlich war er echt deutsch. Aber man trägt das jetzt so.

Die ganze Borniertheit des Nationalismus spricht aus diesem Adjektiv. Es genügt, irgendeinem Krümel des Epitheton „deutsch" anzuhängen, und Kaffeemaschine, Universitätsprofessor und Abführmittel haben ihr Lob weg. Der Ursprungsort, der in den meisten Fällen selbstverständlich ist, wird in eine positive Bewertung umgelogen, und das ganze Land kriegt mehr mit der Zeit den Größenwahn. Man kann keine Zeitschrift aufschlagen, ohne daß einem auf jeder Seite dreimal versichert wird: Dieses sei deutsch, jener habe deutsch gehandelt, und der dritte habe nach deutscher Art Konkurs und sonstwas gemacht.

Darin liegt nun nicht nur: Lob des Deutschtums – was noch erträglich und verständlich wäre, sondern der Ausschluß der gesamten übrigen Welt von obgesagten guten Eigenschaften. Das Kinderlied „Deutschland, Deutschland über alles" mit seinem Sammelsurium von deutschen Weinen, deutschen Zigarrenkisten und deutschen Fehlfarben hat da viel Unheil angerichtet. „In echt deutscher Treue..." Gibt es südamerikanische Treue? Malaiische? Hinterborneosche? Vielleicht gibt es sie, aber sie ist nicht so schön, nicht so garantiert regenfest, nicht so „echt-deutsch". Ford kann für seine Wagen keine marktschreierischere Reklame machen als diese Echt-Deutschen.

Rührend ist an den Kirchturm-Nationalisten, daß sie alle wähnen, die gesamte Welt sei mit ihnen einig, bewundere, liebe und fürchte sie. Der Lieblingspoet meines Reichspräsidenten (ich weiß nie, ob er auch noch andre deutsche Dichter kennt), der echtdeutsche Hoffmann von Deutsch-Fallersleben, hat es ja schriftlich: jene von ihm benannten Substantive „sollen in der Welt behalten ihren alten guten Klang".

„Moi, je prends une orangeade, mais une allemande!" sagen die Pariser Chauffeure.

Aber es gibt ein altes Gesetz: je kleiner die Stationen sind, desto lauter werden die Namen ausgerufen. „Lippoldswerder!" brüllen die Schaffner, achtmal. In Berlin ruft keiner. Es versteht sich von selbst.

Aus: Das Stachelschwein 7/1924

Hans Reimann
Deutschland

Ich belauschte folgendes Bruchstück eines Sommerfrischengesprächs: „Ja, wir sind sehr gut untergebracht. Ihr Mann war Postbeamter und ist im Kriege gefallen. Das ist doch schrecklich. Wenn man bedenkt, daß er heute schon Oberpostsekretär sein könnte..."

Aus: Das Stachelschwein 7/1927

Walter Mehring
Rundfragen

„Kann ein Franzose heut eine Deutsche heiraten?" wollte „Paris-Soir", die pazifistische und vornehmste Pariser Abendzeitung von der Prominenz des Geistes wissen. Und wenn überhaupt in der Presse aller Völker eine Rubrik großer und kleiner Zeit zu sagen gibt, was und woran sie leide, so sind es die „Eingesandt", die „Briefkasten" und die „Rundfragen". Denn während in den ersten beiden Fällen ein p. p. Publikum, das über die Autorschaft von Postkarten, Geschäftsbriefen und Bureauklauseln nicht hinausgedrungen ist, im Bratenrock-Stil festlicher Druckerschwärze wandelt, zeigt sich der Prominente bei Rundfragen gleichsam im Negligé.

Noch blinkert des großen Heldendarstellers Pathos-Prothese im Zahnwasserglas, der bestorientierte Politiker pult gerade in der Gesinnung, und der namhafte Forscher bindet sich den überquellenden Weltruf weg, da erkundigt sich schon eine eifrige Redaktion und ein begieriger Leserkreis:

Wie denken Sie über Pfingsten?

Halten Sie poröse Wäsche der Geistesarbeit für dienlich?

Kann ein Franzose heut eine Deutsche heiraten?

Aber ganz gleich, wie die Frage gestellt wurde, jeder fällt auf sein Lieblingsthema, und nur der Dreh bleibt von Interesse.

So antworteten im „Paris-Soir" ein Professor vom Institut Pasteur: „In den Werken Pasteurs finden sich keinerlei Andeutungen, die eine solche Heirat irgendwie bedenklich..."
Und Professor Voronoff (Frankreichs Steinach): „Auf meinen Reisen im Sudan traf ich in einer Schäferei auf eine Herde weißwolliger Ziegen, die..."

Und ein Mitglied der Comédie Française: „Ich erinnere mich an einen Satz Molières, der..."

Hingegen die Dichterin Colette: „Wenn ich bedenke, daß ein Fremder mit ausländischem Akzent zu mir: ‚Je vous aime'..."

Und der Pazifist Professor Basch: „Ich bin für alle Vereinigungen zwischen den Völkern..."

Und Courteline ganz kurz: „Ich glaube an den Frieden..."

Und die Dichterin Rachilde ... ja, die Rachilde hat etwas sehr Häßliches gesagt, das unzitiert bleiben soll in Achtung mancher intelligenter Dinge, die sie einst schrieb. Jedenfalls wurde die alte Dame tags darauf für diese Äußerung von einer jungen Künstlergruppe heftigst insultiert. Denn es ist in Frankreich völlig unmodern, etwas gegen Deutschland zu sagen.

Aber man mag fragen, soviel man will, und antworten, so verschieden man kann, was herauskommt, ist der Nonsens dieser Epoche. Jede Zeit stellt ihre Rundfragen sehr präzis, und die einen negieren sie, und die andern empören sich: „Wir sind Künstler. Wir scheren uns einen Dreck um aktuelle Probleme!" Und alle zusammen gebrauchen den Dreh ihrer „künstlerischen Eigenart", um auf ihr Leibthema zu fallen.

Wir haben in moderner Literatur an die zwanzig Stil-Kostüme, die es den Worten gestatten, so verkleidet herumzulaufen, daß keiner mehr ahnt, wo sie hingehören. Es bleibt eine Privatangelegenheit, ob einer völkisch oder kommunistisch, für oder gegen Massenmorden sei; nichts Privates ist es, wenn einer schreibt und hinter der Szene oder zwischen den Handlungen eines Romans Maschinengewehre auffahren läßt. Er soll nicht Dogmatismen predigen – Gesinnung ersetzt das Können nicht –, sondern er hat zu konstatieren, so detailliert zu konstatieren, daß die Antwort sich mathematisch eindeutig auf jedes Problem ergeben muß. Er kann sagen: „Ich bin gegen Kapitalismus. Ich schreibe, hei! ein Revolutionsdrama", und er schreibt es so gewendet, daß der Zuschauer eine soziale Gänsehaut kriegt und mit dem Begeisterungsrufe: „Zwölffuffzig für 'ne Loge ist trotzdem 'ne Unverschämtheit!" an die tägliche Schiebung flüchtet. Kunst, nämlich, ist eine Ausrede geworden!

In Wahrheit hat sich noch niemand jemals um die Antwort herumdrücken können; rebelliert wurde immer, nur die Rundfragen variierten, ob sie nun lauteten: „Sind Sie für oder gegen Pfaffentum?", „Sind Sie für oder gegen Aufklärung?" oder „Sind Sie für oder gegen Sozialismus?"

Augenblicklich z. B. gibt es in der Dichtung aller Nationen den Großindustriellen, oder den Schieber! (Morand: Léwis et Irène – Heinrich Mann: Der Kopf – Sinclair Lewis: Babbitt). Das ist dann immer ein Mann, der am Telephon sitzt und Riesen-Abschlüsse in Dollars tätigt. Und man sagt: „Ein verfluchter Kerl!" Was heißen soll: „Verflucht sei er! – aber: alle Achtung vor dem Köpfchen dieses Babbitt und seiner Irène!!!" Aber daß da ein Stückchen Sorgensülze auf einem Lederpolster klebt – nicht ein Devisen-Napoléon, nicht ein Industrie-Wotan, – sondern eine Gallertmarionette – um so gefährlicher, je hilfloser sie ist –, dirigiert von der Totalität des Kapitals: das sagt keiner, das will zum mindesten keiner wissen: „Ein verfluchter Kerl! Verflucht – aber: alle Achtung! Räuberhauptmanns – aber Männer der Tat! Schufte – aber oho!" Das wollen sie hören. Das ist die gewünschte Antwort auf die Rundfrage: „Wie denken Sie sich einen Kapitalisten!"

„Kann ein Franzose heut eine Deutsche heiraten?"
„Darf ein Kapitalist heut die Tochter armer, aber anständiger Proletarier ehelichen?"
Ja, mein Junge, du sollst sogar! Denn der Staat braucht Soldaten, und die Menschheit Schieber!
Und das Moralische versteht sich immer von selbst!

Aus: Das Stachelschwein 14/1925

Erich Weinert
Der Republizist

Er fügt sich der Majorität im Staat
Und windet dauernd Verbrüderungsranken
Und predigt seinen gemischten Salat
Vom demokratischen Grundgedanken.

Der Friedenswille, für den er kämpft,
Das ist sein täglicher Pumpernickel;
Und der wird täglich begenft und besenft
Mit zweimal gewendetem Leitartikel.

Die Hand, dereinst zu Schwüren gereckt,
Wird keinen auch noch so Minister kränken,
Sie wird nur dauernd entgegengestreckt
Und darf das heil'ge Vergleichsbanner schwenken.

Er setzt sich im Schrebergarten zur Ruh.
Von ferne pfeifen die kleinen Kaliber.
Er zupft seine Quecken und denkt: Nur zu!
Das schleicht ja alles wieder vorüber! –

Doch wenn es mal wieder ums Ganze geht,
Dann bleibt er daheim und verbarrikadiert sich,
Dann hockt er auf seinem Gemüsebeet
Und liest die Geschichte von 48.

Aus: Das Stachelschwein 4/1927

Erich Weinert
Die große Zeit

*Lese- und Vortragsstück
für bessere Schulbücher*

Kaiser Wilhelm fuhr ganz heiter
Nach Rominten und so weiter,
Von der Etsch bis an den Belt.
Deutsch im Dichten, deutsch im Trachten,
Sang an Aegir, malte Schlachten
Als ein Kaiser und ein Held.

Ein augustisch Alter blühte
Unter Wilhelms Messingtüte.
Dieses war die kleine Zeit.
Und auch Östreichs greiser Kaiser
Hielt es mit dem Friedenspreiser.
Das erweckte Feindbundneid.

Schon umkreisten mit Geheule,
Unsre schöne Friedens-Säule
Russenbär und gallscher Hahn.
Wilhelm schwur dem Franz aufs neue;
Denn die Nibelungentreue
Ist kein Oberlehrerwahn.

Während schon (Gott strafe England!)
Unserm Kaiser sein Cousinland
Heimlich Bajonette schluff!
Wilhelm klappte mit den Hacken.
Mit metallisch hartem Nacken
Rief der Sohn schon: „Feste druff!"

Ha, wie zog der Friedenskaiser
Gegen alle Deutsch-Einkreiser
Siegreich in den Heldentod!
Jeder, der sich redlich nährte,
Griff zur Leier und zum Schwerte
Gegen sichres Höchstgebot.

Während man den Feind zerfetzte,
Brachte jedermann das letzte
Oberhemd, das kaum noch ganz.
Und den opferwill'gen Kreisen
Gab der Kaiser Gold für Eisen
Am Altar des Vaterlands.

Alle, die noch kriechen konnten,
Drängten siegreich an die Fronten.
Ach, sie kamen oft nicht weit.
Und der Drang zum Heimatlande
Galt als schnöde Schmach und Schande.
Dieses war die große Zeit.

Ludendorff, der edle Ritter,
Mähte als ein Kaiserschnitter
Ganze Divisionen ab,
Die das Feindland bis zum letzten
Hauch von Roß und Mann besetzten,
Bis ins kühle Massengrab.

Und so wurden sechs bis sieben
Neue Feinde aufgetrieben,
Endlich auch Amerika.
Wilhelm dankte, Tirpitz lachte
(Der uns X für U-Boot machte),
Und der Sieg war schrecklich nah.

Doch so dicht vor dem Patentsieg,
Fünf Minuten vor dem Endsieg
Wurden, schon im Feindesherz,
Unsre unentwegten Stürmer
Durch entdeutschte Hinterwürmer
Angefault und rückenwärts.

Düster tragisch war das Ende.
Die erdolchten Schlachtverbände
Kehrten um und allerseits.
Wilhelm nur mit seinen Besten
Schlug sich siegreich durch gen Westen,
Bis nach Holland und der Schweiz.

Kinder, so ist das gewesen!
Fragt die Leute mit Prothesen!
Wer was andres sagt, der lügt.
Deutschland steht in jeder Branche
Fest geschlossen zwecks Revanche,
Hinterdolcht, doch unbesiegt.

Aus: Das Stachelschwein 2/1924

Bernhard Gröttrup
Wie Noske wurde

> Der Münze gleich, aus lauterm Gold geprägt,
> Von Hand zu Hand gegeben – hingelegt
> Zuletzt in einer Truhe dunklen Schoß
> Und dann vergessen dort – ist guter Taten Los!
> Doch – wenn ich jetzt ans Licht des Tages hebe,
> Was manches Jahr vergessen hat gelegen,
> So sprech ich nicht von eines Königs Ruhme –
> Nur von des Menschen stillem Heldentume.

Ein braves, biederes, fleißiges Völkchen, diese Hannoveraner. Baut seinen Kohl, mästet Gänse, Schweine und Preußen und verbringt seine Freizeit am liebsten auf dem Stahlroß. Nirgends kann man das besser. Nein, die Hannoveraner sind nicht untalentiert. Durchweg sogar hochgebildet. Hannover ist das klassische Land der gebildeten Verbeugungen. Jeder hier beugt und verbeugt sich. Als ich gestern einem hannoverschen Wachtmeister auf die Hühneraugen trat, machte der Mann eine Verbeugung, als sei ich General und habe den Krieg verloren. So sind die Hannoveraner. Sie haben eine große glorreiche Vergangenheit und die Heldenverehrung steckt ihnen im Blute.

Diese große glorreiche Vergangenheit schläft jetzt in der Rundestraße und wartet in alter hannoverscher Treue und Gemächlichkeit auf bessere Zeiten. Die bedeutendste Charaktereigenschaft der Hannoveraner ist nämlich die: sie warten. Bei Kröpcke oder in der Rundestraße. Warten! warten! warten!

Worauf? Auf den ersten Hannoveraner, der klüger ist, als der dämlichste Preuße. Ja, im Ernst. Dieses alte, große hannoversche Volk ist fabelhaft unfähig. Lauter Lakaien, weiter nichts. Unter Millionen nicht ein Mann, der befähigt wäre, die Geschicke unseres Landes oder nur die Geschicke unserer alten Residenz Hannover zu lenken und zu leiten.

Gelobt sei der Herr, der uns irgendwo in Sachsen einen Mann zur Welt warf, der sich zur Freude aller stammestreuen Hannoveraner bereit fand, unser Oberbürgermeister zu werden. Hab Dank, braver Leinert, der du uns jetzt noch dieses Opfer bringst!

Gelobt sei der Herr, der uns irgendwo in Brandenburg einen Mann zur Welt warf, der sich zur Freude aller stammestreuen Hannoveraner bereit fand, unser Oberpräsident zu werden. Habe Dank, braver Gustav Noske, der du uns jetzt noch dieses Opfer bringst!

Mir aber vergebt, daß in meiner schwarzen Seele der Wunsch keimt, diese hannoversche Schmach zu tilgen. Der wahnsinnige Gedanke läßt mich nicht los, ich sei der Hannoveraner, dazu berufen, dem preußisch-sächsischen Zwillingspaar nachzueifern. Wohlan! Ich bin vermessen genug, nach Hannovers Oberpräsidentensitz zu trachten.

Ich will Noske werden. Das ist nämlich gar nicht so schwer, wie viele denken. Ich habe es hier für 1 Mark und 80 Pfennige schwarz auf weiß: „Wie Noske wurde". Getreulich folg' ich seinen Spuren.

Welch ein Glück! Schon im Stammbaum haben wir beide Berührungspunkte. Noskes Urgroßvater rodete Urwald in Podolien, der meine Heide in der Grafschaft Bentheim.

Eine ganze Anzahl von Noskes Verwandten hat „bis in die neueste Zeit gesessen". Noske betont das in seinem Buche mit beachtenswerter Offenheit. Wenn ich erst Oberpräsident bin, werde ich aller Welt verraten, daß mein Großvater als 48er Revolutionär im Spritzenhaus zu Schüttorf gesessen hat.

Noskes Vater „erfreut sich noch heute mit seinen 81 Jahren einer außerordentlichen Gesundheit und geistigen Frische", – meiner auch. (Da ich Oberpräsident werden will, muß das ja alle Welt interessieren.)

„Was aus den Geschwistern meines Vaters geworden ist, ist mir nicht bekannt." So Noske. Hier kann ich leider nicht mit.

Ich streiche mir dafür ein Minus an, das ich aber damit glattzumachen hoffe, daß ich erkläre, einen Ahnen gehabt zu haben, von dem ich nicht weiß, ob er am Suff oder an der Syphilis gestorben ist.

„Meine Mutter ist in Brandenburg a. H. geboren. Ihr Vater war Hannoveraner." So Noske. Ich nehme alles zurück. Mütterlichergroßvaterseits fließt in Noskes Adern brandenburgisch-wolhynischpodolienischhannoversches Blut. Ganz so rasserein bin ich nicht. Mein Großvater ist in Bentheim geboren und meine Mutter in Schüttorf.

„Ich bin am 9. Juli 1868 in Brandenburg a. H. geboren, und wenn ich mich recht erinnere, in irgendeinem ganz niedrigen Hause." So Noske. Ist das nicht fabelhaft interessant! Der Mann hat ein Gedächtnis. Ich wette, er erinnert sich noch, wie er „abenitten" wurde.

Er war kein Musterschüler, ein rechter Dutzendjunge, dem kein Mensch anmerkte, zu welch hohen Dingen er berufen ist, und er las mit Vorliebe Indianergeschichten.

Wie wir uns ähneln!

Im Juli 1882 wurde Noske Korbmacherlehrling. (Geschichtszahlen für die Prima.) Aber leider war Noskes Eindruck von der Werkstatt der denkbar unerfreulichste. Schon in dieser Zeit mußte der junge Noske unter Mißgunst der Verhältnisse leiden. Nämlich sein Meister soff, und Noske bekam die rote Nase. Die hieb ihm die Meisterin, weil er, der brave Noske, Schmugroschen machte für den meisterlichen Schnaps.

„In unserer Familie war stets Wert gelegt worden auf guten Ton." So Noske. Da nun der schlechte Ton bei Korbmachers die gute Erziehung in Frage stellte und Noskes Oberpräsidentenlaufbahn gefährdete, lief er davon. Nun lernte Noske Kinderwagen bauen.

Noske war damals schon so klug, daß er die Fortbildungsschule nicht besuchen brauchte. Er setzte sich auf die eigene Faust und lernte Oberpräsident: Französisch, Englisch und Nationalökonomie.

Eine besondere Schwäche Noskes war seine Talentlosigkeit im Klinkenputzen auf der Walze. Da er aber kein Geld hatte, auch beim Klauen nicht erwischt wurde, und auch auf seiner ausgedehnten Wanderschaft nicht verhungert ist, muß er es wohl doch noch gelernt haben.

Die erste politische Tätigkeit Noskes bestand in der Inszenierung eines Streiks. Von da an gings bergauf. Als Vierundzwanzigjähriger wurde er schon als Vorsitzender des sozialdemokratischen Vereins gewählt. Die Korbmacherei hing er an den Nagel und wurde Redakteur. Das war zwar ein härteres Los als die Korbmacherei, aber Noske kannte nie etwas anderes als das Wohl der Arbeiterschaft. Sein eigenes Ich galt ihm schon damals nichts.

Er war ein Kämpfer. Diese prächtige Kampfnatur Noskes entpuppte sich hervorragend erst im Kriege: Stehen sie auf, verehrte Leser, und hören Sie von dem Helden Noske.

„Ich war einer der ersten Zivilisten, der in einem Unterseeboot fuhr und tauchte."

Das tat Noske!

Hören Sie weiter.

„Ebenso machte ich eine unvergeßliche Fahrt mit einem der ersten Zeppelinluftschiffe, unter Führung des Kapitänleutnants Hanne, der bald darauf bei Helgoland, in den Fluten der Nordsee, den Tod fand."

Wie leicht hätte das Noske passieren können. Doch es kommt noch besser.

„Während des Krieges habe ich Wert darauf gelegt, möglichst viel vom Leben unserer Truppen im Felde durch eigenen Augenschein kennenzulernen. Schon 1914 war ich an der belgischen und französischen Front, sah der Beschießung von Antwerpen zu, machte den Einzug von Antwerpen mit und war der letzte Mann, der an Bord der ‚Gneisenau' war, die die Engländer kurz vor ihrem Abzug aus Antwerpen auf der Schelde versenkten. Ich fand das Schiff dicht an der holländischen Grenze und sah mir die Verwüstungen an, die dort in mutwilligster Weise angerichtet worden waren. Das Schiff sank mir damals buchstäblich unter den Füßen weg. Vom Boot aus habe ich dann aus nächster Nähe den Untergang des stolzen Schiffes mit angesehen."

Was sagen Sie nun? Ist Noske ein Held oder nicht? Aber es kommt immer noch besser.

„Insgesamt habe ich wohl gegen fünfzehn Wochen unmittelbar an der Front in den Jahren 1914, 1915, 1916 zugebracht, und zwar habe ich auf meinen verschiedenen Reisen immer wieder nach Möglichkeit stundenlange Märsche in den vordersten Gräben gemacht. 1916 bin ich fast nur durch einen Zufall – vor Dixmuiden lagen wir hinter einem Bahndamm eine Weile in schwerem Sperrfeuer – davor bewahrt worden, daß die Engländer mich erwischten, als ich in die sogenannte Bastion gehen wollte, die von ihnen an diesem Morgen gestürmt worden war. Auch in Polen und Kurland bin ich wochenlang an der Front gewesen."

Welch ein Held! Was für ein tapferer, bescheidener Mann!

Jedoch, es kommt noch viel besser.

„Diese rasche Zusammenballung von Truppen leitete ich vom Luisenstift in Dahlem aus. Am Sonnabend, den 11. Januar, marschierte ich an der Spitze von etwa 3000 Mann in Berlin ein. Am Dienstag konnte ich Moabit besetzen lassen, und am Mittwoch fand die Besetzung der weiteren Teile Berlins statt."

Liebe Kieler, liebe Berliner, liebe Preußen, hört auf mich, holt euch euern Noske wieder. Preußen ohne König ist ein Irrtum. Holt euch euern Noske. Das ist euer Mann. Jeder Zoll ein Preußenkönig.

Merkt doch auf. Noske der I. ist der Mann, um euch von dieser roten Lumpenbande zu befreien. Ein Wort, und er stampft Armeen aus dem Boden und erobert Berlin zum zweiten Mal. Zögert nicht. Holt euch Noske wieder. Wir Hannoveraner sind ja gar nicht so. Wir lassen mit uns handeln. Und wenn uns das Herz zerreißen sollte: Ihr sollt ihn haben. Billig.

Sorgt euch nicht um die Hannoveraner, die haben Ersatz.

Seitdem ich weiß, wie Noske wurde, fühle ich es in mir, ich strebe ihm nach. Nein, ich will mich nicht aufdrängen. Ich halte mich bereit.

Aus: Die Pille 9/1920

Georg Noske

Seitdem der gute Justav seinen Busenfreund Eberten die Suppe allein auslöffeln läßt, die er eingebrockt hat (ich empfehle: von Kiel bis Kapp – macht Noske schlapp!), scheint der Zweibund der hohen Herrschaften gelockert zu sein.

Jedenfalls ist es der „Berliner Illustrierten" bislang nicht wieder geglückt, die beiden (weder mit noch ohne Badehosen) tête-à-tête der staunenden Mitwelt zu zeigen.

Dafür bringt sie in einer der letzten Nummern: Noske im Kreise seiner Familie.

Man verschaffe sich das Bild und schreibe darüber:
„Wie ein Arbeiter zum Bourgeois wird"

Dann bewahre man es sorgfältig auf. Vielleicht, daß unsere Kinder etwas nachdenklicher werden als wir ...

Aus: Die Pille 2/1920

Erich Weinert
Femesoldatenlied

Es geht bei gedämpftem Trommelklang,
Kamerad, wir trinken noch eenen!
Der Weg ist so lang, und im Restorang,
Da woll'n wir uns nochmal versöhnen.
Kameradentreue ist sicher wie Gold!
Dann wirst du im Auto vondannen gerollt.
Antreten zur Parole!
Mit Parabellumpistole!

Kamerad, was haste für'n traurigen Blick?
Bei uns ist die Sache sicher!
Zwei Schuß ins Genick und ein Stück und ein Strick,
Dann schwimmste am Grunde wie Blücher.
Keine Angst, Kamerad, wisch ab Dein Gesicht!
Einen schöneren Druckposten gibt es nicht.
Einen Schnaps noch in die Kaldaune!
Soldaten sind fröhlicher Laune.

Wir zittern ja alle vor Jammer und Schmerz.
Kamerad, leg ab die Gamaschen!
Nach dem Heldentod gondelst du himmelwärts,
Drum raus mit dem Geld aus den Taschen! –
Kinn an die Binde! Befehl ist Befehl!
Zwei Schuß ins Genick! Mach keinen Krakehl!
Nun müssen wir dich versenken,
Und deiner in Treue gedenken! –

Was glänzt dort vom Walde im Sonnenschein?
Das sind die schwarzen Gesellen!
Nun laßt uns wieder gemütlich sein
Und zwanzig Schnäpse bestellen!

Kameradentreue ist sicher wie Gold!
Der Oberleutnant, der hat es gewollt.
Wir haben so manchen verschoben.
Die Löhnung, die kommt von oben.

Aus: Der Kreuz- und Querschnitt mit „Britzer hinkendem Boten" 3/1925

Elisabeth Castonier
Es kann wieder losgehen

Am Quai des Belges in Marseille steht jeden Sonntag zwischen Jahrmarktsbuden, Muschelhändlern und Glücksrädern ein Pioupiou – in Deutschland nannte man Kanonenfutter „unsere lieben Feldgrauen".

Der Pioupiou in Marseille trägt Kriegsuniform, verschlissenen Mantel, Stahlhelm, Orden und sieht wie ein dem Massengrab entstiegenes Gespenst aus, denn er hat Gesicht, Haar, Hände mit brauner Bronzefarbe bemalt, die grünen Verwesungsschimmer bekommt, wenn Sonne darauf scheint. Er steht regungslos auf einer Kiste, seine Finger um das Gewehr mit aufgepflanztem Bajonett geschlossen – er steht so regungslos, daß die frisch gefangenen Senegalesen, die Tirailleurs, ihn scheu ansehen, weil sie nicht wissen, ob die Gestalt Mensch, Vorgesetzter oder Gott der Weißen ist.

Erst wenn jemand mal wieder einen Sou auf den Teller vor der Kiste wirft und der Bronzefarbene zwischen den Zähnen hindurch „merci" sagt, ohne daß ein Muskel im starren Gesicht zuckt, gurgeln die Schwarzen ihr Kinderlachen und ziehen beruhigt zur nächsten Bude.

Der bronzierte Pioupiou trägt ein großes Schild auf seiner Brust: „Schwerer Bauchschuß, gasvergiftet, arbeitsunfähig. Die Regierung gibt mir nicht genug, um leben zu können, deshalb stehe ich hier als Bronzemensch und bitte um eine Gabe."

Dieser Pioupiou verkörpert den Dank der Vaterländer, der dem namenlosen Heer der ganzen Welt zugesichert wurde, als man sie Helden nannte und auf die Schlachtfelder trieb.

Man sollte jetzt in der ganzen Welt solche Pioupious nach Marseiller Muster ausstellen, mit einem Plakat auf der Brust, oder mit Megaphonen.

Vorschläge für Plakate und Plattentexte:

„Daily Telegraph berichtet von einem neuen handlichen Maschinengewehr, das 450 Schuß in der Minute abfeuern kann."

„Die Aktien der Hotkins-Werke stiegen von Ende 31 bis April 32 von 1060 auf 1345."

„33 Giftgase sind für tauglich befunden worden."

„An Phosgen erstickt man nicht sofort, sondern erst einige Zeit später. Die Lippen werden blau, das Gesicht grün, dann erst erfolgt langsamer Tod."

„Jeder, der sich über seinen Gastod im kommenden Krieg informieren möchte, muß Dr. Heinrich Müller-Kiel's Buch ‚Die chemische Waffe' gelesen haben."

Und so weiter.

Kommt wirklich wieder Krieg?

Theoretisch ist er schon längst wieder da.

Vorbereitet in den Kinos, wo in jeder Wochenschau Paraden, neue Geschütze, Panzerkreuzer und explodierende Geschosse gezeigt werden.

Liebevoll gezüchtet auf den Industrienährböden der ganzen Welt.

Aus: Die Ente 19/1932

Hans Natonek
Das Parabellum

Ein gewisser Sivispacem, von Beruf Ingenieur, brachte eine Erfindung auf den Weltmarkt, eine Maschinenrepetierpistole, die unter dem Namen „Parabellum" bald in allen Ländern Eingang fand.

Dieses Parabellum war aber nicht eine gewöhnliche Maschinenpistole, durchaus nicht; Ingenieur Sivispacem wurde nicht müde zu propagieren, daß seine Patent-Parabellum-Pistole das garantiert einzige Mittel sei, um den Dauerfrieden zu sichern.

In allen Ländern entwickelte sich im Interesse des Dauerfriedens eine blühende Parabellum-Industrie, und die Sivispacem-Fabrikanten und ihre Ingenieure verdienten damit massenhaft Geld.

Die Arsenale starrten von Parabellum-Maschinenpistolen, es war alles bereit, und nun konnte er ausbrechen, der Dauerfriede; doch statt dessen ging, welch unangenehme Überraschung, eines Tages die Parabellum-Pistole los, der Dauerfriede wurde einstweilen bis auf unbestimmte Zeit vertagt, und die halbe Welt mittels Parabellum in Trümmer gelegt.

Die Sivispacem-Leute traten zusammen und stellten nach langer Beratung fest: Am Parabellum liegt es nicht. Wir haben es nicht gewollt. Wir wollten den Parabellum-Frieden. Es muß ein kleiner Konstruktionsfehler vorliegen.

Darauf beriefen sie eine Reihe von Sachverständigen-Konferenzen ein. Und keiner, keiner stand auf und sagte: Das Patent der Sivispacem-Leute ist von Grund auf verpfuscht. Dieses „Si vis pacem Para bellum" ist eine der niederträchtigsten und verderblichsten Konstruktionen der Weltgeschichte. Immer noch hat das Parabellum den Frieden, den es zu wollen vorgab, ermordet! Jagt die Sivispazifisten samt ihrem Parabellum zum Teufel und meldet den Parapacem-Geist, wiewohl er weder industriell noch geschäftlich auszubeuten ist, als W e l t p a t e n t an!

Aus: Der Scharfrichter 1/1924

Uniformell

Im „Leipziger Tageblatt" wird von der Leipziger Kriminalpolizei geschrieben: In den letzten Tagen sind bei der Polizei Anzeigen eingelaufen über uniformierte Angehörige rechtsstehender Verbände, deren Kleidung mit der Reichswehr verwechselt worden ist, und die in ihrem Auftreten sich militärischer Formen bedienen. Die Erörterungen haben ergeben, daß es sich dabei um Mitglieder des Bundes „Sachsen im Reich" und des „Jungdeutschen Ordens" handelt.

Die Uniform besteht aus feldgrauem Waffenrock mit Knöpfen des früheren bayerischen Heeres, ebensolcher Hose, feldgrauer oder blauer Schirmmütze mit der sächsischen Landesfarbe und der schwarz-weiß-roten Kokarde des alten Heeres, schwarzen Ledergamaschen, Leibriemen mit Taschen, an dem teils ein Infanteriespaten getragen wird. Auf dem linken Arm werden verschiedene Abzeichen, wie z. B. das Abzeichen der MG-Kompanie und des früheren Zeitfreiwilligenregiments „Leipzig" getragen. Die Brust ist geschmückt mit dem Stahlhelm- und anderen Vereinsabzeichen und einem Stern, ähnlich dem türkischen Orden vom roten Halbmond. Diese Ausrüstung wird durch Tornister, auf dem ein gerollter Mantel und Kochgeschirr geschnallt sind, ergänzt. Der Eindruck, den die so uniformierten Leute hervorrufen, ist der schlecht gekleideter Angehöriger der Reichswehr. Mehrfach hat das Publikum sogar angenommen, daß es sich um Reichswehrsoldaten handele. Da anscheinend über die bestehenden *Vorschriften über das Uniformtragen* Zweifel und Unklarheit bestehen, sei darauf aufmerksam gemacht, daß das Recht zum Uniformtragen nach einer Verordnung des Reichspräsidenten vom 30. August 1921 und der Ausführungsverordnung vom 3. Oktober 1921 usw. - - -

Es ist ersichtlich, daß das beim besten Willen nur bei uns

passieren kann, wie wir nicht verhehlen möchten, daß nach Ansicht der Leipziger Kriminalpolizei „ehemalige" Angehörige der bewaffneten Wache nur dann Militäruniform tragen dürfen, wenn ihnen das Recht hierzu „ausdrücklich" verliehen worden ist, und auch dann nur bei Kirchgängen, an den hohen kirchlichen und gesetzlichen Feiertagen, bei wichtigen Familienfestlichkeiten und Dienstjubiläen, bei Leichenbegängnissen von Kameraden, bei der Teilnahme an Festlichkeiten und kameradschaftlichen Zusammenkünften der Reichswehrangehörigen und bei solchen feierlichen Veranstaltungen unpolitischer Vereine, für die der zuständige Wehrkreiskommandeur die Teilnahme von Reichswehrangehörigen ausdrücklich genehmigt hat — wobei dann besonders zu beachten ist, daß die Uniform für die ehemaligen Heeres- und Marineangehörigen mit vorgeschriebenen Abzeichen z. B. Achselklappen, versehen sein muß! Das Tragen von Bändern, Armbinden, Vereinsabzeichen und dergleichen, deren Tragen zur Militäruniform nicht ausdrücklich genehmigt ist, ist nach der Befehlsgabe der Leipziger Kriminalpolizei verboten, doch besteht eine Milderung, denn diejenigen früheren Heeresangehörigen, denen das Recht zum Uniformtragen verliehen ist, haben ohne weiteres die Berechtigung dazu, sobald sie einen Ausweis bei sich führen. Jedoch an dieser Stelle sei eindringlich davor gewarnt, daß Zuwiderhandlungen gegen die „Verordnung" mit Geldstrafen von 500 bis 1000 Mark bestraft werden. Wer aber Uniform trägt, ohne überhaupt „Berechtigung" dazu zu haben, wird mit Gefängnis nicht unter einem Monat bestraft!! — —

Es kann natürlich nur in Deutschland vorkommen, daß jemand ohne Berechtigung Uniform trägt. Jedenfalls seien alle die, die besonderen Wert auf diese Bekleidungsform legen, eindringlichst gewarnt. Sie könnten zu sehr mit den Verordnungen einer hohen Obrigkeit unseres gesitteten uniformkranken Volkes in Konflikt kommen!

Aus: Der Scharfrichter 3/1924

Brief an den Reichspräsidenten

Großer und guter Freund!
Ich glaube mich zu dieser Anrede weit mehr berechtigt wie Alfons. Denn die Freundschaft, die uns beide verbindet, ist älteren Datums. Fast 30 Jahre sinds her; ich war ein armer Skribent, der für 150 Mark monatlich Politik machte und Sie, Exzellenz, freuten sich über jeden Gast, der durstig und lebensfroh Ihre Kneipe betrat.

Es leitet mich wahrhaftig keine böse Absicht, wenn ich heute an diese Epoche Ihres erfolgreichen Lebens erinnere. Gewiß nicht! Vielmehr geschieht dies, um Ihre Erinnerung zu Gunsten meiner Meinung zu beleben, die Ihr Erlaß gegen die Vergnügungssucht mich aussprechen läßt.

Sie wehren sich da gegen die überhandnehmenden Lustbarkeiten, die in so schreiendem Mißverhältnis zu der Not und dem Ernst unserer Zeit stehen.

Bei Gott, Sie haben Recht! Nur, daß Ihr Erlaß sicherlich falsch gedeutet wird. Herr Präsident! Der arbeitende Mensch hat auch in dieser brotlosen Zeit – vielleicht mehr denn je – berechtigten Anspruch auf ein gutes Maß Freude nach harter Fron. Wer 8 Stunden täglich am Schraubstock steht oder eine gleiche Zeit den Büroschemel drückt, will wissen, daß er dafür einige Lebensfreude eintauschen kann. Nur wenn der Arbeit eine entsprechende Lustprämie winkt, werden unsere Arbeiter produzieren, was wir benötigen, um unsere Kriegsschulden abzutragen. Und nun verlangen Sie von Ihren Behörden, daß gegen die Genußsucht eingeschritten werde. Ich bitte Sie, Herr Präsident, lenken Sie Ihre Erinnerung für einige Augenblicke 30 Jahre rückwärts und seien Sie nichts als einer unter Millionen. Treten Sie hinter das Bierbuffet und urteilen Sie selbst darüber, wie die Behörden diesen Erlaß ausdeuten werden. „Herr Wirt, die Tanzerlaubnis wird

Ihnen versagt, der Herr Reichspräsident hat einen Erlaß ergehen lassen ...", so spricht der Herr Polizeirat.

Sie wissen es doch! Der Herr Kommerzienrat wird keine Flasche Sekt weniger trinken; in den Salons der guten Häuser (ich brauche Ihnen das nicht zu sagen) wird keine Gesellschaft weniger gegeben werden und in den Klubs wird man sich nicht um Ihren Erlaß kümmern. Daß Sie, Herr Präsident, jene Leute treffen, die aus dem Fleisch ihrer Volksgenossen Riemen schneiden, werden Sie sich wohl selbst nicht einreden.

Es ist schon so, Ihr gutgemeinter Erlaß wird sich nur gegen die kehren, deren armseliges Vergnügen sehr wohl mit der Not der Zeit in Einklang zu bringen ist. In den Salons werden die Brillanten im Licht ungezählter Lampen weiter berauschende Märchen sprühen, dem kleinen Mädchen aus dem Volke aber wird man die Freude nehmen, am Arm des Geliebten im Tanzsaal die Sonnenseite des Lebens zu genießen.

Nicht wahr, großer und guter Freund, das wollen Sie nicht. Eben darum. Der glänzenden Genußsucht der wohlhabenden Kreise sind auch Sie, Herr Präsident, nicht gewachsen, lassen Sie darum dem Volke seine kleinen Freuden, selbst wenn laute Fröhlichkeit mal die Kreise der Politik stört.

In der Erwartung, baldigst in diesem Sinne von Ihnen zu hören, bin und bleibe ich Ihr kleiner und guter Freund

Bernhard Gröttrup

Aus: Die Pille 10/1921

Hardy Worm
Der selige Schwejk schreibt:

Liebe Ente!
Also, das muß ich schon sagen: Ordnung wird jetzt sein in Preußen. Kann nicht mehr jeder gehn, wie er will, bloß ein Taschentuch vor die intimsten Stellen, und dann laß dich von der Sonne bescheinen. Es war direkt schamlos, wie die Weibsbilder jetzt gingen, ganz ohne Würde und ohne Anstand. Hatten wir eine in Dobzin, die mußt' sich immer ausziehen für fünf Kronen, wenn sie wollt leben. Der Katechet und der Gendarmerieoberst brachten immer ein Stöckchen mit, um sie abzustrafen, aber sie verlangte nachher immer zehn Kronen von der Obrigkeit, und sie sagte, sie wird es in ganz Dobzin erzähl'n, wie sie ihren Spaß ham am Prügeln und der Katechet immer unanständige Wörter braucht.

Eine Regierung muß immer was tun, damit's Volk sieht, daß was geschieht für seine Steuer, und wenn's eine Hetz is. Als ich noch Putzfleck war bein Oberlajtnant Lukasch, war'n wir sehr auf Würde und Ansehn, denn wir hatten es mit feinen Damen, nicht solche, die ein Fünferl nötig hatt'n und jedem Packer Blitzaugen macht'n und nachher beim „Kuklik" sechs Salzbrezeln aßen, daß der Packer anfing, alles zu bereuen und sich dacht, es wär' besser bei seiner Frau zu schlaf'n. Wir hatten eine, das war die Frau eines Auditors, un da mußte das Zimmer immer dunkel gemacht wer'n, wenn sie ihr feines Zeug auszog, von wegen nur ihrer Schamhaftigkeit und feinen Erziehung und weil sie sehr fromm war. Einmal sah ich nach in Schubkasten von Herrn Oberlajtnant, ob wir noch eine Marke im Haus hatt'n wegen einem Brief, den ich ganz eilig zu befördern hatt'. Briefmarke war keine da, nur photographische Aufnahmen von unseren feinen Damen, die immer zu uns auf einen Sprung zu Besuch kamen, weil sie gerade vorüberhupften. Na, muß ich sagen, Bilder sahen so aus, womit der Mackesch immer handelt, wenn er abends in die Butiken geht, und die immer so teuer sind, weil die Polizei scharf is auf sowas, damit die Unsittlichkeit nicht ins Volk dringt. Möcht' dem einfachen Mann so passen, immer nur an Schweinigeleien zu denken, anstatt an seine Pflicht und wie er die Nation wieder hochkriegt.

Auch der Kurat, bei dem ich war, um seinen geistlichen Beruf in Ordnung zu halten, hatte eine Sammlung von Bildern, die ein ekelhaftes Gewirke auf die intimsten Gefühle des ungebildeten Mannes ham. Wenn bein Herrn Kurat Gesellschaft ausn Regiment war, gingen die Bilder immer reihum, wozu die Herren feingeistige Bemerkungen macht'n. Der Kurat sagte, daß diese Bilder nur für kunstverständige Menschen sind und solche, die die Sünde wirksam bekämpfen, weil man ja alles durchgemacht ham muß im Leben, um es besser mach'n zu können. Überhaupt, wo soll hinführen, wenn die Regierung nicht auf die Moral achtgibt. Die Leut' möcht'n sonst einander totschlagen und die Frau'n mit Ausdruck wie „alte Vettel" beschimpfen und sich überhaupt so benehm' wie'n Schwein, was ja keinen Verstand nicht hat und sich im eignen Dreck wälzt wie der Mlitschko, der's Zeug auch nicht mehr halt'n konnt und ein Gespött war und eine Schande für die ganze Stadt. Nein, wo möcht' man wohl hinkommen, wenn alles nackend ins Bad geht und die Mädl gleich alles zeigen, so daß man keinen Reiz mehr drauf hat. Auch das mit die Bilder und Theater is gut für's Ansehn, was ein Staat im Ausland ha'm muß. Sie möchten ihm dann nicht mehr pumpen, wenn sie sehn, wie sich alles im Sündenpfuhl wälzt, und sie wer'n denken, daß das Geld nicht gut angelegt is bei Leute, die nur auf Wein, Weib und Gesang aus sind. Wir ham mal in Prag einen gehabt, der hat die Mädl im Badetrikot bedien' lassen, und die feinsten Herrn war'n bei ihm und große Patrioten war'n sie auch. Die Mädl wurden eingeladen und durft'n essen und trinken, wodurch nur ihre Begehrlichkeit geweckt wurde. Und der Geiger mußte ein Liederl spielen, so was recht Patriotisches, und dann setzten sich die Mädls zu den Herrn auf den Schoß, als wenn sie zusammen die Schweine gehüt' hätten und kein Klassenunterschied wär' zwischen ihn. Nachher hat der Wirt Schwierigkeiten gehabt, weil die Weibsbilder einem Offizier ein wichtiges Schriftstück gestohl'n hatten, und der Ortskommandeur war sehr aufgeregt, und er hat verfügt, daß die Mädl nur ganz nackend bedien' durften, damit man sah, ob sie was gestohlen hatten oder nicht.

Was ein richtiger Staat is, der schaut scharf darauf, daß alles in geregelten Bahnen abläuft, und daß das Volk Respekt hat vor ihm wie vor einem Heiligen, zu dem sie auch beten, wenn sie keine Arbeit ham. In Wien hat auch mal eine gebetet zum Aloysius, daß sie möcht ham eine Nähmaschine. Und am nächsten Tag lernt sie einen feschen Herrn kennen, der war splendid und schenkte ihr eine. Aber hernach kam's heraus, und sie ham ihr sechs Monate schweren Kerker aufgebrummt wegen Diebstahl.

Ich möcht' den Leuten schon geben mit ihrer Zersetzung und über alles reden, daß die Regierung was nicht recht macht und daß sie sich nicht sorgt für Arbeit. Bei'n Feldkurat hab' ich einmal in einem wissenschaftlichen Buch gelesen, daß der Geist den Körper baut und nicht Essen und Trinken. Wer einen schlechten Geist hat, möcht' wohl auch schlecht arbeiten, und wenn der Geist faul is, stirbt der Körper ab, also muß die Regierung den Geist erst reinigen, was mitunter jahrelang dauert.

Schreibt mir doch mal, ob die unsittlichen Postkarten jetzt im Preis steigen, weil ich noch ein Dutzend hab', die ich losschlagen möcht'. Es sind die von Herrn Oberlajtnant, welche er vergessen hat, als er in den Krieg zog, wo sie ihm für die Würde und die Kultur eine intime Stelle wegschossen.

Freundliche Grüße

Euer

Schwejk

Aus: Die Ente 33/1932

besa
Ein junges Mädchen trat dem Wehrminister auf die Hühneraugen

Unsere gottgesegnete Deutsche Republik ist ein merkwürdiger Laden.

Da geht kürzlich ein kleines Mädel in Begleitung ihres Herrn über die nächtliche Kruppstraße. Das ist ein düsteres Quartier, mitten im übelsten Kasernen- und Kaschemmen-Viertel. Aus einer Kneipe johlt dann auch richtig das Flaggenlied. Nicht etwa, daß man vielleicht meinte, das gehöre nicht dahin ... Gerade! „Stolz weht die Flagge Schwarz-Weiß-Rot..."

Als das Pärchen die Stelle passiert, muß gerade mal einer der famosen Sünder, die da drinnen – sozusagen: singen, auf die Straße. Das Mädchen, dem wahrhafte politische Erziehung niemals beschieden war, und dem politische Erfahrung selbstverständlich mangelt, glaubt dem negativen Vaterlandsverteidiger eine kleine, harmlose Höflichkeit schuldig zu sein, und das hört sich so an: „Na, Du bist wohl auch einer von denen, die nicht arbeiten wollen?" –

Eine höchst vernünftige Konstatierung – scheint uns. Der tapfere Zinnsoldat denkt aber nicht also; höchst betroffen und betreten führt er die kleine Sünderin zur Kasernenwache.

Die Kompanie des solchermaßen arg Verunglimpften stellt Strafantrag – wegen Beleidigung des gesetzlich privilegierten Käseladens. Der Wehrminister Geßler fühlt sich ebenfalls persönlich beleidigt und verunglimpft, und muß sich demzufolge wohl der Klage anschließen.

Das Mädchen, das zweifellos aus verbrecherischen Instinkten gehandelt hat, wird vom Landgericht III zu 60 Mark Geldstrafe verdonnert. Der richterliche Vollbart konnte nicht umhin.

Dies der Tatbestand. – Der arme Dr. Geßler, der immer ein dickes Fell hat und die haarigsten Vorwürfe überhört, wenn nur das geringste Risiko mit der Anklageerhebung verbunden ist, hat im vorliegenden Fall ein über alle Maßen edles Rachegelüst an einem armen kriegs- und soldatenfeindlichen Mädel befriedigt. Das stellen wir fest.

Darüber hinaus bleibt die Frage offen, seit wann jedem hergelaufenen Mitglied eines Männergesang- und Turnvereins das Recht zugestanden wird, ein x-beliebiges Individuum, von dem er sich beleidigt glaubt, zur Feststellung der Personalien auf das resp. Vereinslokal zu schleppen. Die Frage bedarf dringend der Klärung, denn es könnte ja schließlich auch einmal der Fall eintreten, daß der Herr Reichswehrminister Dr. Geßler, Exzellenz, von den vereinigten Bedürfnisanstaltspächterinnen, denen er zweifellos schon hier und da einmal mißfallen hat, auf irgendeine zurückgezogene Bahnhofsretirade verschleppt wird. Für Damen – – –

Aus: Der Kreuz- und Querschnitt 1/1925

Karl Schnog
Im Wandel der Zeiten

Die illustrierten Blätter sind untrügliche Spiegel der Zeit. Mag der Text einer Zeitschrift auch noch so sehr frisiert sein, die photographische Platte lügt nicht. An Hand dieses unbestechlichen Materials, mit Hilfe unseres Auges, lassen sich – von keinerlei Kommentaren beeinflußt – die Fortschritte feststellen, die wir im letzten Jahrzehnt gemacht haben.

Bitte blättert in alten Journalen, schlagt eine „Woche" von 1915 auf oder eine bebilderte Beilage des „Lokal-Anzeigers". Was leuchtet Euch entgegen? Seite 1: Der Kaiser, den Marschallstab in die Hüfte geklemmt, zurückgelehnt, im Fond eines pompösen Automobils; Seite 3: Der Kaiser in der Uniform des Oberbefehlshabers vor einer endlosen Reihe in der Luft hängenden Paradebeinen.

Und nun vergleicht. Schaut heute einmal die Blätter. Netzt Eure Finger für die Seiten der „Illustrierten" oder den „Aktuellen Bilderdienst" Eures Leibblattes. Was leuchtet Euch entgegen?

Seite 1: Der Präsident, den silbernen Spazierstock in die Hüfte geklemmt, zurückgelehnt, im Fond eines pompösen Autos;

Seite 3: Der Präsident in der Uniform des Oberbefehlshabers vor einer endlosen Reihe in der Luft hängender Paradebeine.

Wahrlich bei diesem Anblick müssen wir ausrufen:

„Die Republik marschiert!"

Aus: Der Kreuz- und Querschnitt mit „Britzer hinkendem Boten" 3/1928

Max Kolpe
Die alte Burschenherrlichkeit

Es hat sich nichts geändert...
Sie toben buntbebändert
   auch in der Republik.
Sie hau'n sich in die Fressen
Und woll'n ihn nicht vergessen,
   den frisch-fromm-forschen Krieg.

Sie dünken sich stramm erwachsen
Und treiben nur kindische Faxen,
   jeder Kultur zum Hohn.
Sie mästen ererbte Bäuche,
So pflegt man altdeutsche Bräuche
   aus Liebe zur Tradition.

Sie sind die Elite des Geistes,
Der Schmiß und die Klappe beweist es,
   Wenn man auch gar nicht studiert.
Doch soll an ihrem Wesen
Die Republik genesen,
   Wenn sie nicht vorher dran krepiert!

Es sind die gleichen Paraden,
Die Jahrmarktsmaskeraden.
   Sei deutsch in Kleidung und Gruß!
Sie tragen die Fastnachtskappen,
Die alten Landsknechtslappen,
   Weil sowas doch imponieren muß!

Sie bilden mit Kegelvereinen,
mit Jungfrau'n, die nur so scheinen,
   Das nationale Spalier.

An Gräbern und fürstlichen Wiegen
Träumt man von kommenden Kriegen,
   Und gegenwartet in Bier.

Ob grüne, ob blaue Mützen...
Sie wollen den Rhein beschützen,
   Mit Hurra, dran und druff!
Sie reden vom Trutzen und Trotzen
Und müssen so schrecklich viel kotzen...
   Es lebe der deutsche Suff!

Aus: Die Weltbrille 1/1928

Lütje Lagen

„Blonde Deutsche,
   schließt die Reih'n,
  Streiter des Lichts
   laßt uns sein!"

Blonde Männer und Frauen germanischer Rasse und aristokratischer Gesinnung finden Aufnahme im Germanenorden. Bild, Bürgschaft, Lebenslauf und Haarprobe u. H. 1315 an Ann.-Exped. Carl Ludewig, Georgstr. 23

    Blond bin ich. Wenn Bentheim in Deutschland liegt, bin ich auch ein Deutscher. Halt, noch die germanische Rasse. Irgendwo habe ich mal gelesen, Germanen sind edeldenkend, groß, und so gegen den Kommerz, daß sie oft Pleite machen. Über die Größe und Pleite ließe sich reden, über das „edeldenkend" müßte ich doch erst mal mit dem Meister menschlicher Untadelhaftigkeit, Woldemar Schwarzschild, sprechen; er würde vielleicht die erforderliche Bürgschaft übernehmen.
    Ob ich nun mang die Jermanen jehe? – Ich kann ja jarnicht! Das Pech! Vorgestern habe ich meinen Künstlerkopf zum jermanischen Leuchtschädel rasieren lassen.
    Allgütiger! Laß mich nicht meinen teutschen Stolz vergessen. Laß mich deutsch sein: Ich krümme mein Hakenkreuz und zeige euch, o Germanen, die verschwiegene Blondheit meines aristokratischen P . . . s.

Aus: Die Pille 8/1920

Eine phänomenale Partie

In den „Hamburger Nachrichten" bietet ein Vater seine Tochter wie folgt an:

Für meine Tochter, 26–27 J., suche passenden
                L e b e n s g e f ä h r t e n
Kaufm., Rechtsanw., Arzt nicht unter M. 30 000 Jahreseink. Das Mädchen ist gesund, hat ganz jugendl. Aussehen, weil ganz solide und weil es mit Männern noch nicht umhergeschweift hat. – Es kann als Schönheit angesehen werden, hat höhere Töchterschule besucht und ist in jeder Weise gebildet.

Die j. D. ist ganz häuslich erzogen, schruppt, kocht und hackt den ganzen Tag, ist musik. seit dem 9. Jahre hochgebildet. – Sie ist so phänomenal mus., daß sie fast alle Sachen so ohne weiteres vom Blatt spielt u. gleich dazu singt, ohne zu üben. Z. B. die Opern Mignon, Martha, Freischütz, Lohengrin, Tannhäuser, Hochz. d. Figaro etc. dürften selten od. nie auf dem Klavier so vollendet wiedergegeb. sein, wie sie es macht.

Ich habe an Noten nahezu alle Meisterwerke aller Komponisten der Welt angeschafft und der Zukünftige kann mit Entzücken u. Erschauern dem einstündigen Vortrage am Abend lauschen. 4 Jahre dauert es, bis alle Stücke durchgespielt und gesungen sind.

M. Tochter lebt bei uns in eigener Villa, in glänzend. Verhältnissen, aber Mädchen müssen einmal heiraten, darum würde sie vorteilhafte Partie gerne annehmen.

Off. unter O. D. 1125 an die Geschäftsstelle d. Bl.

Aus: Die Pille 8/1920

Juristisches Abc

Armut – ein Verbrechen, für das es im Klassenstaat keine „mildernden Umstände" gibt.

Beleidigung – schwere Straftat, wenn sie gegen Mitglieder des ehemaligen Herrscherhauses gerichtet ist.

Camera obscura – geheime Reichsgerichtsverhandlung, in der etwas „verdunkelt" werden muß.

Dummheit – eine staatserhaltende Eigenschaft.

Ehrlichkeit – ein sittlicher Mangel, der bei kleinen Dieben mit Zuchthaus bestraft wird.

Familie – Grundlage der sittlichen Weltordnung.

Geld – das heiligste der „heiligen Güter", steht hoch über der Gerechtigkeit und hat die angenehme Eigenschaft, daß es nicht stinkt.

Himmel – sagenhafter Ort, wo das Unrecht wieder gutgemacht werden soll, das hier auf Erden im Namen der Gerechtigkeit begangen wird.

Inquisition – Zeugniszwangsverfahren aus der „guten alten Zeit", durch „moderne Humanitätsduselei" abgeschafft.

Justizmord – Erfindung von Schriftstellern.

Kommunisten – gefährliche Individuen, die unter allen Umständen verknackt werden müssen.

Liebe – standesgemäßes, aber teures Vergnügen; Quelle zahlreicher Alimentations- und Scheidungsprozesse.

Maß, zweierlei – juristischer Gummiartikel, der im Verkehr mit Madame Justitia unentbehrlich ist.

Not – faule Ausrede von Arbeitern.

Obstruktion – etwas „Unfaßbares", das man aber hoffentlich bald wird „fassen" können.

Polizei – das „Auge des Gesetzes", das man nach Belieben zudrücken oder aufmachen kann.

Quatsch – populäre Umschreibung für Juristendeutsch.

Redakteur (von Linksblättern) – Füllmaterial für Gefängnisse.

Sozialdemokraten – Leute, auf die man jetzt keine Rücksicht mehr zu nehmen braucht.

Tinte – das dunkle Etwas, in das der Staatsanwalt den Angeklagten zu bringen hat.

Umsturz – Novemberverbrechen.

Vaterlandsliebe – mildernder Umstand.

Welt – etwas, was der Jurist nicht zu kennen braucht, wenn er nur die Strafgesetzparagraphen kennt.

Zuchthaus – ein Haus, das der Frack nur mit dem Ärmel streift, an dem der Kittel aber hängenbleibt.

Aus: Die Ente 20/1932

Roda Roda
Die Erzählung eines Arztes

Nach dem Bulgarischen des Georg Stamatoff

„Ich hatte nie den Vollzug der Todesstrafe mitangesehen – weil ich dem Schauspiel auswich und weil die Behörden ihr Werk ebenso heimlich tun wie die Verbrecher selbst – auch sie scheinen ein Gericht zu fürchten. Ich bin immer nur – als Kreisarzt – ins Amtsgebäude gegangen, wenn das Entsetzliche vorbei war – um festzustellen, daß die Behörden die juristische Operation vollführt hatten, wie es sich gehört.

Einmal aber – und ich entsinne mich keines abscheulicheren Augenblicks in meinem Leben – einmal sagte ich dem Staatsanwalt: „Morgen früh komme ich rechtzeitig." – Mir war, als hätte ich versprochen, eine ausgepichte Gemeinheit zu begehen.

Nächsten Morgen war im Gefängnishof alles bereit. Schutzleute mit Gewehren bildeten einen engen Kreis – mitten darin ragte, neu gezimmert, der Galgen. Zwischen zwei aufrechten Balken stand ein Weinfaß; einst hatte es Menschenherzen erfreut – nun war es für die schrecklichste Stunde im Leben eines Menschen vorbestimmt.

An dem Galgen machte sich ein altes Männchen zu schaffen – so gleichmütig, als gelte es, einen Triumphbogen zu bauen. Das Männchen war selbst ein Sträfling, einst zum Tod verurteilt, doch zu ewigen Ketten begnadigt. Vielleicht derselbe Staatsanwalt, der vor Jahren seine Blitze gegen den Kopf des Mörders geschleudert hatte, gab ihm nun auf, seinen Nebenmenschen zu hängen. Dachte der Begnadigte, durch seinen Fleiß das Verbrechen von damals zu sühnen? – oder dachte er gar nichts? Zehn Jahre hatte er schon im Kerker verbracht – wie lange wird die Ewigkeit noch währen? Welche Gedanken wird sie zeugen?

Daneben der Pfarrer. Ich kannte ihn – von einer Hochzeit; schon da war mir sein teilnahmsloses Gesicht aufgefallen.

Nach einer Weile gab man Befehl, den Verurteilten herbeizubringen. Es kam, von Wächtern geführt, ein stattlicher Bursche, noch ganz jung; wird kaum das verhängnisvolle 21. Jahr vollendet haben. Ein Herr vom Gericht las das Urteil; las es so ausdrücklich, als hinge sein eignes Leben, das Leben aller Anwesenden davon ab.

Die weltlichen Behörden hatten nun mit dem Verurteilten nichts mehr zu tun. Nur der Henker erwartete ungeduldig den Abschluß der Geschichte.

Der Pfarrer näherte sich dem Burschen.

„Mein Kind", sprach er, „du mußt jetzt diese sündige Welt verlassen und in das ewige Leben Gottes eintreten. Fürchte nichts, mein Sohn! Für dich ist noch nicht alles aus. Dort oben", sagte der Pfarrer und wies nach dem Himmel, „dort..."

Der Unglückliche blickte empor und sah den Galgen.

„Der Strick, Vater...", flüsterte er zitternd, verzweifelt.

Vergebens tröstete ihn der Pfarrer mit Versprechungen der andern Welt – der Junge schrie, umklammerte die Hände des Pfarrers: „Der Strick... dieser Strick, Vater..."

In zwei Worten drückten sich die Schauer der Leiden aus. – Die Behörden beeilten sich. Henkers-Gehilfen packten den Verurteilten, um sich seiner zu bemächtigen – er aber klammerte sich an den Talar des Pfarrers.

„Mein Kind", stammelte der Pfarrer erschrocken und bemühte sich, seine Kleider loszubekommen. „Mein Kind..."

„Der Strick...", jaulte der arme Sünder, „dieser Strick..."

Endlich riß man den Verurteilten los. – Der Pfarrer trocknete sich bebend den Schweiß auf der Stirn.

Ich habe viele Menschen sterben sehen, habe so oft das Auslöschen des Organismus von Minute zu Minute verfolgt. Doch das waren immer Körper, die ich mit all meiner Wissenschaft nicht retten konnte – ich, der Arzt, mußte ihren unvermeidlichen Tod erwarten. Dieser Tod aber, der da vor mir erfolgen sollte, machte jeden Nerv in mir schwingen. Jahrhunderte sammelten Erfahrungen, das Leben um Sekunden zu verlängern – hier soll ein starker Leib, der ein Jahrhundert leben könnte, in einer Sekunde vernichtet werden – man trifft vor meinen Augen kunstreich alle Anstalten dazu, vor mir, dem Arzt, dessen Beruf das Helfen ist ...

Endlich gelang es ihnen, ihn auf das Faß zu heben. Er, mit blödem Ausdruck in den Augen, wollte zum Pfarrer.

Da rief der Staatsanwalt neben mir plötzlich und feierlich in die Stille: „Seine Majestät schenkt dir das Leben."

Ich sah verwundert auf den Staatsanwalt. Er glich jetzt Christo, der Lazarum aus dem Grab ruft.

In mir hallte es nach: „... schenkt dir das Leben ...". Und ich dachte: was schenken sie? – durften sie es denn nehmen?

Die Schutzleute stießen dem Verurteilten in die Rippen: „Schrei doch: ‚Hurrah'! Schrei: ‚Hoch Seine Majestät!'"

Gott weiß, aus welchen Gründen, fingen sie selbst zu schreien an: „Es lebe Seine Majestät!"

Die Henker, erstaunt, zogen sich zurück – aber sie schrien weder Hurrah, noch ließen sie jemand hochleben.

Der Verurteilte hockte immer noch auf dem Faß; sah die Gesellschaft rundum blöd, unsinnlich an und murmelte: „Der Strick ... dieser Strick, Vater." – Der Mann gehörte nicht mehr ins Gefängnis; vielmehr ins Irrenhaus. – „Was bedeutet das alles?" fragte ich den Staatsanwalt.

„Ach, nicht viel", antwortete er lächelnd. „Wir haben schon gestern das Telegramm aus Sofia bekommen, daß er begnadigt ist; aber wir wollten ihm ein bißchen bange machen – zur Belehrung."

„Wissen Sie auch, Herr Staatsanwalt, daß er irrsinnig geworden ist?"

„Wozu braucht er Verstand?" meinte der Staatsanwalt leichthin und wandte sich zum Gehen.

Wozu braucht er Verstand?

Eigentlich hatte er recht, der Staatsanwalt.

Aus: Das Stachelschwein 15/1925

Erich Weinert
Die Klingel

Sie hing über meiner Korridortür
und war ein entzückend sensibles Ding.
Ich war überzeugt, daß von ihr zu mir
eine metaphysische Welle ging.
Sie verfügte über ein Klangregister
vom schrillsten Staccato bis zum Geflüster.
Mal klang sie dünner, mal klang sie voller;
mal kriegte sie den Crescendokoller,
mal war sie nur eine Schwingung im Äther,
wenn eine sehr zarte Hand sie berührt.
Sie hat immer individuell reagiert
wie ein kunstvoller Psychometer.
Und wie sie sang und wie sie schnarrte,
ich wußte, was draußen meiner harrte. –
Doch einmal, da hat sie schrecklich geplärrt.
Da hatte sie jemand kaputtgezerrt.
Das war der in Ewigkeit verdammte
gerichtliche Vollziehungsbeamte.
Der legte nämlich ganz gemein
ein preußisches Kommando hinein.
Meine arme Klingel kriegte den Schreck
und starb unter traurigem Gewimmer,
und auf einmal war ihre Seele weg. –
Ja ja, ihr Leute, so geht es immer,
wenn sich der Staat, als ungebetener Gast,
mit unserem Seelenleben befaßt.

Aus: Das Stachelschwein 4/1926

Der Bankdirektor

Der Bankdirektor (Homo aeris alieni cupidus) gehört dem Geschlechte der Raubtiere an. Er ist höchst fromm, der Eingang zu seiner Höhle ist mit erbaulichen Sprüchen geschmückt. Das Vertrauen anderer Menschen ist für ihn wertlos, wenn es nicht in Depots zum Ausdruck kommt. Aktien und Makulatur sind für ihn gleichbedeutend. Sein Nachahmungstrieb ist ungeheuer; er kann nicht nur fremde Handschriften nachmachen, sondern er versteht es auch, die Gestalt anderer anzunehmen, besonders, wenn er auf Reisen geht. Er ist ungemein flüchtig, besitzt aber einen ausgebildeten Heimatsinn und pflegt manchmal in männlicher Begleitung zurückzukehren, wenn er sich mit weiblicher Begleitung entfernt hatte. Bescheiden, wie er ist, geht er allen Wiedersehensfeierlichkeiten aus dem Wege und schließt sich von der Welt ab. Wie harmlos er im Grunde trotz seiner Raubtiernatur ist, ersieht man aus seinem Umgang mit den Aufsichtsräten, die man in Deutschland zu den ungefährlichsten Individuen rechnet. Jedenfalls gehört der Bankdirektor zu den gesuchtesten Persönlichkeiten unserer Zeit und ist besonders bei Redakteuren beliebt, weil er dafür sorgt, daß ihnen nie der Stoff ausgeht. Es gibt keine Zeitung, die nicht mindestens einmal täglich einen Beitrag zur Naturgeschichte des Bankdirektors lieferte.

Aus: Die Ente 20/1932

Vertrauliche Mitteilung

Ein Minister läßt sich von seinem Geheimrat breitschlagen, einem bestimmten Chefredakteur „vertrauliche Mitteilungen" zu machen.

Der bestimmte Chefredakteur rast heran und ist ganz Ohr.

Nachdem er ihn dick mit Wohlwollen bepudert, dreht der Minister die diskreten Angelegenheiten einer klotzig aufsehenerregenden Angelegenheit auf.

Schwer beladen wedelt der Chefredakteur ab.

Drei Tage tropfen geräuschlos aus der langen Leitung. Die erwartete Indiskretion ward nicht begangen.

Der Minister ballt sich langsam in die Höhe und ruft zornig den Geheimrat: „Ihr Chefredakteur, den Sie mir empfohlen haben, ist ein Versager!"

Von Verzweiflung geschüttelt, stammelt der Geheimrat kleinlaut und ein wenig enttäuscht: „Er hat bedauert, daß ihm die Zunge gebunden sei!"

Drauf der Minister: „Glaubt denn dieser Esel, ich habe ihn gerufen, um Monologe zu halten?!"

Aus: Die Ente 21/1932

Erich Weinert
Stresemann

Herr Stresemann ist sowas wie ein Bankert,
Der viel ererbt von vielen Vätern hat.
Herr Stresemann ist überall verankert;
Für ihn ist jede Rechnung hinten glatt.

Herr Stresemann kann niemals nicht verrosten.
Er läuft als Rad der Zeiten, gut geölt.
Herr Stresemann ist immer auf dem Posten,
Wo ein bedeutender Charakter fehlt.

Herr Stresemann zieht, streng realpolitisch,
Nur stets die vorvorletzte Konsequenz.
Herr Stresemann, der Name wirkt schon mythisch,
Wie ein Prophet des alten Testaments.

Herr Stresemann tenort in allen Lagen,
Wenn er in deutschem Idealismus reist.
Herr Stresemann, das wäre sozusagen
Kristallisierter deutscher Einheitsgeist.

Herr Stresemann, ein Geist von Militärschnitt,
Doch eine Seele wie ein cand. theol.
Herr Stresemann, das ist der deutsche Querschnitt;
Er ist so voll und ganz wie ganz und voll.

Herr Stresemann ist unser Leumundszeugnis.
Das halbe Vaterland heißt Stresemann.
Das Unzulängliche, hier wird's Ereignis!
Das Stresemännliche zieht uns hinan.

Aus: Die Weltbrille 4–5/1928

Schwierigkeiten

Da saß also ein Deutschnationaler im Gefängnis, woraus gebildete Leser ersehen werden, daß die Geschichte erlogen ist. Wenn ich nun erwähne, daß es ein politischer Sträfling ist, so riskiere ich die Schande der Lächerlichkeit obendrein. Wenn ich nun aber behaupte, daß er ganz anständig behandelt wurde, so werden wohl alle wieder beruhigt sein.

Eines Tages kam ein Glaubensgenosse auf Besuch, eine knappe halbe Stunde nur. Der fragte, wie es ihm denn nun gefalle. „Ganz gut", sagte der Häftling. „Essen und Schlafen und überhaupt – alles ist nett und behaglich hier. Sorgen habe ich auch keine. Nur weißte, eins ist schrecklich; es ist einfach unerträglich: ich kann nämlich keinen hier von der Schuldlosigkeit Deutschlands am Ausbruch des Krieges überzeugen."

Aus: Das Stachelschwein 6/1928

Erich Kästner
Karpfen blau

Tief im Süden des Deutschen Reichs
liegt eine kleine, bescheidene Stadt,
die sich mit Hilfe des dortigen Teichs
folgende Sache geleistet hat.

An dem Ufer stehen viele Gebäude,
kleine und große, und dicht dabei,
schornsteinbehaftet, der Gegend zur Freude,
eine Aktienbierbrauerei.

Neulich goß man aus vielen Fässern
schlechtes, verdorbenes Bier in den Teich.
Und die Fische, die darin wässern,
schluckten Bier und Wasser zugleich.

Etwas später fuhren im Kahn
Leute vorüber und waren betroffen,
Denn wohin sie auch fuhren und sah'n,
überall waren die Fische besoffen.

Sämtliche Karpfen und alle Forellen
fanden, ihr Gleichgewicht sei gestört.
Und sie torkelten durch die Wellen,
wie sich das für Trinker gehört.

Man begann zu locken und schmeicheln.
Und die Fische schwammen ans Boot,
standen still und ließen sich streicheln.
Karpfen blau – und doch nicht tot ...

Kurz und gut, ein paar Tage später
brachten sämtliche Mittelpartei'n
bei der Stadt durch ihre Vertreter
folgenden dringlichen Antrag ein:
Unverzüglich, der Fische wegen,
das Gewässer trockenzulegen!

Aus: Die Ente 1/1933

Egon Erwin Kisch
Über die Möglichkeit folgender
Nachrichten

Wolffbureau vom 15. Juli 1914: „Richtigstellung. Unsere vorgestern gebrachte Nachricht über den in Hannover dahingeschiedenen pensionierten General der Infanterie war, wie uns die Familie mitteilt, durch einen Hörfehler verstümmelt. Der Verstorbene hieß nicht ‚Renckendorf', sondern Paul von Beneckendorff und Hindenburg. Ein Sohn des Verstorbenen dient als Rittmeister beim 6. Ulanenregiment, zwei Töchter sind gleichfalls an Offiziere verheiratet."

„Berliner Tageblatt" vom 1. Dezember 1914: „Der österreichische Thronfolger in Frankreich. Aus Wien wird uns gemeldet: Die Erkrankung an Grippe, die den österreichischen Thronfolger Franz Ferdinand bekanntlich im Sommer befallen und zu der im letzten Augenblick erfolgten Absage seiner Sarajewoer Reise gezwungen hat, ist nun so weit zurückgegangen, daß sich Erzherzog Franz Ferdinand an die französische Riviera begeben kann. Er wird mit seiner Gattin und seinen Kindern in Château Bonlieu bei Nizza Aufenthalt nehmen. Der französische Ministerpräsident Clémenceau, mit dem sich der Erzherzog während der diesjährigen Karlsbader Kursaison besonders angefreundet hat, hat das Schloß für seinen hohen Freund gemietet und wird während des ganzen, auf drei Monate berechneten Séjours dessen Gast sein."

„Vorwärts" vom 1. Februar 1917: „Sterbefall. In Zürich ist, wie uns von dort geschrieben wird, der russische Genosse Wladimir Uljanow gestorben. Er hat der Sozialdemokratie Rußlands angehört und unter dem Pseudonym ‚Lenin' eine Reihe von Artikeln in der Parteipresse geschrieben; wirren, vollständig utopischen Radikalismus vertretend, machte er sich mitschuldig an der Spaltung der russischen Partei, indem er die Fraktion der ‚Bolschewiki' (Mehrheitler) gründete, die zwar eine Zeitlang Zulauf an unzufriedenen Elementen zu verzeichnen hatte, aber durch ihre wirklichkeitsfremden Forderungen von vornherein zur Unwirksamkeit verurteilt war. Mit dem Tode ihres ‚Führers' wird diese bedeutungslose Sekte – denn etwas anderes waren die Bolschewiki nicht und konnten sie niemals sein – zur schnellen Auflösung schreiten."

„Neue Freie Presse" vom 2. März 1923: „Geburtstag und Jubiläum". Unser Kollege, Herr Karl Kraus, feiert am heutigen Tage seinen fünfzigsten Geburtstag und gleichzeitig sein dreißigjähriges Journalistenjubiläum. Diese ganzen drei Jahrzehnte hat er – von einer kurzen Unterbrechung im Jahre 1899 abgesehen – der ‚Neuen Freien Presse' angehört, als Mitarbeiter Theodor Herzls und Hugo Wittmanns, nach dessen Tode er die Feuilletonredaktion unseres Blattes übernahm. Wer Karl Kraus ist, brauchen wir unseren Lesern nicht zu sagen, seine geistsprühenden, wie Honigseim auf den Lippen zerschmelzenden und oft auch leicht sarkastischen Satzprägungen sind für jeden unserer Leser eine wahre Delikatesse. Uns aber, den Kollegen, ist Karl Kraus mehr: seine fanatische Hingabe an unseren verstorbenen Herausgeber Moritz Benedikt, seine Liebe zur Wesensart der ‚Neuen Freien Presse' in unwandelbarem Blattgefühl, und seine freundliche, kameradschaftliche Hilfsbereitschaft machen ihn liebenswert für uns alle. Diese kollegiale Wertschätzung drückt sich auch in seinen Ehrenstellen aus, – u. a. ist Redakteur Kraus Vizepräsident der ‚Concordia' und Kurator des Lippowitz-Preises – die er bei zahlreichen wohltätigen Korporationen bekleidet, und bei denen ihn seine liebenswürdige Gemahlin, Frau Fraenze Kraus-Biach, rege unterstützt. Ad multos annos!"

„Hannoverscher Kurier" vom 10. August 1923: „Selbstmord oder Verbrechen? In seiner Wohnung in der Leinestraße wurde gestern der Inhaber der Detektei ‚Argus', Herr Friedrich Haarmann, erhängt aufgefunden. Obwohl die Lage der Leiche einen Selbstmord nicht ausschließt, besteht die

Möglichkeit, daß an Haarmann ein Verbrechen verübt worden ist, da sich im Zimmer zahlreiche Blutspuren vorfanden, möglicherweise von Verwundungen herrührend, die H. bei der Abwehr eines Überfalls dem Täter zugefügt hat. Man fahndet nach dem Mörder hauptsächlich in politischen Kreisen, da Herr Haarmann bei den Kommunisten verhaßt war, deren Rädelsführer er wiederholt der Polizei übergeben hat, wie er überhaupt einen der werktätigsten und wertvollsten Mitarbeiter des Polizeipräsidiums darstellte. Nicht genug daran, daß in letzter Zeit durch das rätselhafte Verschwinden so vieler Menschen unsere Stadt in Unruhe gestürzt wird, scheinen sich die Banditen nun sogar gegen Polizeiorgane zu wagen, um sie umzubringen. Herr Haarmann war in der ganzen Nachbarschaft hoch geachtet, er beschenkte die Armen mit Fleisch und Kleidungsstücken und hat wiederholt durchreisenden Handwerksburschen Obdach gewährt; möglicherweise war es ein solcher, der sich, von politischer Verhetzung getrieben, für die erwiesene Gastfreundschaft mit einer Untat dankbar erwiesen hat. Die Beerdigung findet morgen von der Stadtkirche aus statt."

Aus: Die Weltbrille 7/1928

Karl Schnog
Katalog der Firma Paul Arendt,
Sulzbach-Oberpfalz

Für Hitlerversammlung und Bittprozession,
ob öffentlich oder gesperrte,
mach ich zu christlichster Kondition
beiliegende Vorzugsofferte:

Totenkopfhemden in Fleischfarbe (braun),
Breeches, Fabrikmarke Hitler,
nägelbeschlagene Latten vom Zaun,
Ruten für jüdische Krittler.

Patronentaschen und Stöcke mit Blei,
Dolche, um Ordnung zu schaffen.
Zwei Schlagringen liegt je ein Dinterbuch bei!
Garantierter Erfolg meiner Waffen!!

Walterpistolen mit blauweißem Griff,
Ludendorff-Hartgummi-Schläger,
Trillerpfeifen mit Borkumlied-Pfiff,
Mantelgeschosse für Jäger.

Es kaufe der völkische, kerndeutsche Sproß,
damit er das Bayernland förder,
sein Ehrenkleid nebst dem Dumdumgeschoß
im „Kaufhaus zum billigen Mörder"!

Aus: Das Stachelschwein 12/1927

Eins in die Fresse, mein Herzblättchen?

„Unsere SA-Männer wurden in den Arbeitervierteln jubelnd
begrüßt und mit Blumen überschüttet." – „Der Angriff"
Zeichnung: Rudolph Herrmann in „Die Ente" 29/1932

Eins in die Fresse, mein
Herzblättchen?

Der Leser des „Angriff" erfährt nichts von der Welt. Es ist ein Blatt für geistig Minderbemittelte. Alle zwei, drei Tage erschrickt einen Herr Dr. Goebbels durch seine Leitartikel. Dieser kleine hysterische Mann schreibt einen sehr eigenartigen Stil. Bei seinen Artikeln scheinen ihm immer ein Konfektionär und ein Kompagniefeldwebel zu helfen. „Wie wir an anderer Stelle melden (s. 3. Beiblatt)" – „(siehe oben!)" Dieser Herr Doktor Goebbels ist immer in Eile. Er kotzt Leitartikel. Und so riechen sie denn auch. Was für ein Getue! „Das ganze Land fiebert vor Aufregung nach unserer Entscheidung." Der einzige, der fiebert, ist der Leitartikler des „Angriff".–„Wir lassen uns auf keine Kompromisse mehr ein. Wir wollen auch keine Versprechungen. Wir verlangen Ware für unser Geld. Ist das deutlich genug?" Natürlich ist das deutlich. Es ist die Sprache eines aufgeregten Börsenjobbers, der fürchtet, sein Geld zu verlieren. Bei ihm geht's immer um Sein oder Nichtsein; das ganze Vokabularium eines Kriegsberichterstatters läßt er auf einen los. Der Mann hat einen Minderwertigkeitskomplex, den er abreagiert. Er hat schwache Nerven. Alten Frontsoldaten imponiert er nicht. Aber am unerträglichsten wird er, wenn er die Gemütsplatte auflegt. Das macht er bei Beerdigungen. Sowas von Courths-Mahlerei in der Politik ist noch nicht dagewesen. Das ist verlogenes Pathos, ist übelste Kolportage, die natürlich auf Hohlköpfe wirkt.

Die Nationalsozialisten sind keine Revolutionäre. Das sind wildgewordene Spießer. Man achte mal darauf, wie der „Angriff" in der letzten Zeit um das Wohlwollen der Polizeibeamten buhlt. „Es muß hervorgehoben werden, daß sich die Polizei außerordentlich korrekt verhielt." Da wissen wir dann natürlich immer, daß etwas faul war. Und dann die Anbiederung bei Herrn Groener. „Herr Groener, packen Sie zu!" – „Was sagt Herr Groener dazu?" – „Wir empfehlen Herrn Groener ..." Ich sehe da immer den sogenannten Musterschüler vor mir, der seinen Finger hebt und sagt: Herr Lehrer, der Meier hat sich eben unanständig aufgeführt." Und dann kriegt der Musterschüler einen Lobstrich und setzt sich stolz.

„Vor allem tun wir diese Drohungen mit einer Handbewegung ab. Wir kennen unsere Pappenheimer. Wir wissen allzu genau, wie jenes laute Heldenpathos, das auf der politischen Bühne angestimmt wird, hinter den Kulissen klingt. Der Appell an die Angst hat in unserem Herzen niemals einen Widerhall gefunden." Das klingt forsch, nicht? Das klingt kriegerisch. Es steckt aber nichts dahinter.

Das Interessanteste im „Angriff" aber sind die Versammlungsberichte. Da wird egalweg erobert. Die Gegner tauchen in den Berichten immer „mit den finsteren, verbissenen Mienen" auf. Das sind „entmenschte, vertierte Horden". Die Nazis sind natürlich fanatisch, der Gegner hat's nicht zu sein. Der „Gegner leiert seine eingelernten Phrasen herunter und erntet nur Gelächter". Die Nazis strotzen natürlich von Geist. „50 SA-Leute jagten 200 von der feigen Kommune in die Flucht." Haut aber die Kommune wieder, dann werden die Gebetsmühlen in Tätigkeit gesetzt. Ein Soldat kämpft, aber er schwatzt nicht. Herr Goebbels ist kein Soldat, Herr Goebbels ist ein Schnatterlieschen. Herr Goebbels ist kein Landsknecht, er ist eine Marketenderin. Er ist ein Schwätzer, ein Aufschneider, ein Petzer, ein Pimperl Wichtig.

„Plötzlich erstarren die Glieder zu Erz.

Der Führer kommt!

Ernst betritt er die Tribüne. Doch in stolzer Freude flammen seine stahlblauen Augen auf, als er den Blick über die starrenden Mauern seiner Kämpfer gleiten läßt."

„Direkt neben dem Führer sitzen auf ihrer Ehrentribüne die Verwundeten der SA. Jedem reicht Adolf Hitler die Hand, und unter der erschütternden Gewalt seines mächtigen

Auges schießt den tapferen Jungens das Wasser in die Augen. Sie werden diesen Tag nie vergessen."

Diese Beweihräucherung ist nur zum Speien. Und es sieht traurig aus um die Leute, denen diese „geistige Kost" zusagt. Wie sagte doch Herr Goebbels an anderer Stelle? „Wir wissen allzu genau, wie jenes laute Heldenpathos, das auf der politischen Bühne angestimmt wird, hinter den Kulissen klingt." Hohl klingt's. Herr Goebbels mag Heeresberichte fabrizieren, aber darauf kommt es bald nicht mehr an.

Aus: Die Ente 4/1932

Warum Hitler nicht redete

Adolf Hitler wird erwartet. Die SA-Stürme stehen schnurgerade ausgerichtet, das Publikum grölt komische Lieder, die Herren Unter- und Oberführer rennen umher, knallen die Hacken zusammen und tun so, als hätten sie zu tun. Endlich verkündet ein Trompetensignal das Nahen des Führers. Adolf schreitet gravitätisch aufs Podium, er stellt sich vors Mikrophon, Stille tritt ein, aber Adolf redet nicht, sieht sich nur suchend um.

„Was ist los? Warum fängt er nicht an?" fragt ein Staf.
„Die Hauptperson fehlt noch!" entgegnet ein Gauführer. „Der Photograph Hoffmann."

Aus: Die Ente 29/1932

Wenn man Glück hat

Kennen Sie die Geschichte: Fritzchen und Elschen bekommen einen Bonbon geschenkt und sollen drum losen, wer ihn auflutschen darf. Fritzchen nimmt den Bonbon in die eine, einen Kieselstein in die andre Hand, verbirgt die Hände hinter dem Rücken und sagt: „Links hab' ich den Stein und rechts den Bonbon. Willst du links oder rechts, Elschen?" „Rechts!" ruft Elschen, und Fritzchen gibt ihr den Bonbon und spricht bewundernd: „Hast du aber Glück!"

So hat vergleichsweise auch Adolf Hitler ein Mordsglück. Denken Sie bloß mal, wenn der Mann Carl von Ossietzky hieße! Da sollte er mal behaupten, Deutschland sei mit einem Aufrüstungsprogramm vor die Welt getreten; es habe die Forderung nach einer 300 000-Mann-Armee erhoben; es habe ferner den Bau von Großkampfschiffen usw. gefordert! Meinen Sie, Herr von Papen hätte dann nichts weiter getan, als öffentlich festgestellt, „daß Herr Hitler in seinem offenen Briefe vom 20. Oktober unwahre Behauptungen erhoben hat, die geeignet sind, das Bild der deutschen Außenpolitik zu verfälschen und damit das Interesse des deutschen Volkes auf das schwerste zu schädigen"? Meinen Sie, „das Urteil über dieses Verhalten des Herrn Hitler" überließe die Regierung auch dann „dem deutschen Volke"?

Mitnichten fürwahr! Sie überließe das Urteil, wenn Hitler Ossietzky hieße, dem Reichsgericht, wie sie es ihm auch im Falle der Boxheimer Dokumente überlassen hat. Aber auch Herr Dr. Best hat ein Mordsglück, daß er Nationalsozialist und nicht Kommunist ist. Oder meinen Sie, wenn ein Kommunisten-Best das Programm aufgestellt hätte, mittels dessen, natürlich vorausgesetzt, daß die verfassungsmäßige Regierung zuvor durch eine ungesetzliche Naziherrschaft ersetzt wäre, jeder Widerstand gegen eine Anordnung der kommunistischen Regierung mit Erschießen bestraft, alle Lebensmittel enteignet und die allgemeine Wehrpflicht für den Roten Frontkämpferbund eingeführt würde, – meinen Sie, das Reichsgericht hätte dann auch das Verfahren wegen Mangels an Beweisen eingestellt?

Glück muß der Mensch haben! Es empfiehlt sich, immer dem Beispiel des klugen Elschen zu folgen und rechts zu wählen. Denn rechts ist stets der Bonbon, links der Kieselstein.

Aus: Die Ente 43/1932

Wahlrechtsreform überflüssig

Wir unterhielten uns über die mannigfachen Reformen, mit denen die Ära Papen schwanger geht.

Auch über die Wahlrechtsreform natürlich.

„Manche Kreise in der Regierung denken ja sogar wieder an die Einführung des Pluralwahlsystems!" sagte einer.

„Aber das haben wir doch schon immerzu!" erwiderte Paul.

Die anderen machten fragende Mienen: „Du bist wohl nicht bei Trost? Wir haben doch das gleiche, gehei – – "

„Ich weiß!" nickte Paul. „Aber eine deutschnationale Stimme gilt soviel wie zehn andere!"

Aus: Die Ente 44/1932

Bernhard Gröttrup
Knigges Umgang mit Unmenschen
(Der gute Ton für Naziführer)

A.   Bei Wahlversammlungen, SA-Bierabenden, Volksveranstaltungen.
Anzug: Möglichst schlechter Anzug ohne Bügelfalte, weicher Kragen oder Halstuch, Mütze.
Maulweite: So groß wie möglich, doch nicht unter 50 cm.
Auftreten: Grob, kantig, proletarisch. Keine Ausdrücke wie: „gehorsamst", „gnädige Frau", „Verehrteste" usw.
Redethemen: „Es lebe der nationale Sozialismus", „Nieder mit den feinen Leuten", „Hitler, der Arbeiterführer", „Sowjetgreuel".
Allgemeine Winke: Privat- und Stabskraftwagen ein paar Straßen weiter halten lassen. Diskussionen durch SS ersticken. Kleine Führer unter 1,50 m Militärmaß nur von ausgesuchten SS-Leuten mit mindestens 1,90 m Größe eskortiert auftreten. Waffen nicht vergessen!

B.   Bei offiziellen Frühstücken, Konferenzen, Audienzen und Interviews.
Anzug: Straßenanzug oder Cut mit gestreifter Hose, abends Smoking. Damen kleine Chiffonwolke, Hoheitsabzeichen der NSDAP, kleine Ordensschnalle.
Mundweite: Den Umständen angemessen, doch nicht über 30 cm.
Auftreten: Teils selbstbewußt, teils verbindlich, diplomatisch, doch mit großen Gesten.
Unterhaltungsthemen: Verhandlungsbereitschaft, Koalitionsbereitschaft, Zahlungsbereitschaft, Hitler, das Wirtschaftsgenie, Sowjetgreuel.
Allgemeine Winke: Falls selbst Gastgeber, wenige, aber ausgezeichnete Gerichte, nur deutsche Weine, keine proletarischen oder SA-Manieren. Falls Damen dabei, Handkuß nicht

vergessen. Eventuell Hausmusik mit deutschen Rundtänzen (Deutschland-Lied).

C. Bei Cercles, Hofbällen, Fürstenhochzeiten, Empfängen bei Hofe und dergleichen.
Anzug: Frack mit weißer Binde und Lackpumps oder Uniform der alten Armee, möglichst nicht SA-Uniform. Sämtliche Orden und Ehrenzeichen. Damen große Chiffonwolke mit Hakenkreuzen.
Mundweite: –
Auftreten: Zackig-ergeben (Hackenklappen üben), offizielle Anreden genau studieren (ob: Kaiserl.-Kgl. Hoheit oder nur Kgl. Hoheit, Durchlaucht usw.).
Konversationsthema: Errungenschaften und Not der deutschen Fürsten, Wiederkehr der Monarchie, Hitler, der ergebene Freund der angestammten Herrscherhäuser, Sowjetgreuel.
Allgemeine Winke: Nicht von Sozialismus sprechen. Tiefe Verbeugung bzw. Hofknicks einüben. Text von „Heil dir im Siegerkranz" lernen. An- und Abfahrt nicht ohne Begleitung zuverlässiger SS (gegen unliebsame Publikumsäußerungen).
Von großer Wichtigkeit: Am nächsten Morgen einen flammenden Artikel über den nationalen Sozialismus in der völkischen Presse.

Aus: Die Ente 49/1932

Erich Gottgetreu
Die irren Richter

In Frankreich ist festgestellt worden, daß der Stand der Richter im Verhältnis zu andern Berufen prozentual am meisten Irre stellt. Da die innere Technik des Richterberufs und seine allgemeine Voraussetzung überall die gleiche ist, wird es in den übrigen Ländern nicht wesentlich anders sein. Manches Urteil, das uns unmenschlich schien, wird so erklärlich. Denn bei manchem Spruch fragten wir uns, ob Irrtum, den wir wohlwollend unterstellten, so weit führen könne – Irrentum kann es. Darf aber alles verstehen alles verzeihen heißen, wenn Unschuldige leiden?

Das Richtertum schnappt natürlich beleidigt ein, wenn man ihm erklärt, daß viele von der Kollegenschaft übergeschnappt sind. Die Grenzen zwischen normal und abnorm sind freilich gerade medizinisch schwer zu ziehen und nur relative Begriffe. Trotzdem ist angesichts der genannten Statistik und obwohl es auch recht gute, recht gesunde Richter gibt, der Wunsch begreiflich, daß als Gerichtsberichterstatter, die ja in erster Linie Gerichtskontrolleure sein sollen, nur medizinisch vorgebildete Literaten Zutritt erhalten.

Es ist anzunehmen, daß dieser Vorschlag niemals gute Wirklichkeit werden wird. Aber wieviel ist schon böse Wirklichkeit geworden, weil welche vor den Schranken der Beschränkten standen?

Aus: Die Weltbrille 6/1928

Die Verrückten

Ein Student der Rechte wurde neulich an der Universität einer Prüfung unterworfen. Obwohl er emsig gebüffelt hatte, war er bei der mündlichen Prüfung so verdattert, daß er bei Beantwortung der Fragen das Nächstliegende übersah. So kam es, daß, als ihn der Professor fragte, wer nach dem Strafgesetz als unzurechnungsfähig gelte, er die wichtigste Gruppe, die der Sinnesverwirrten, vergaß.

Der Professor will ihm eine Gedankenbrücke bauen und sagt: „Sie lesen doch täglich die Zeitung. Und da werden doch in den Prozeßberichten häufig Angeklagte erwähnt, die bei Begehung des Verbrechens weder minderjährig noch betrunken waren, die auch nicht in Notwehr gehandelt haben und dennoch fast ausnahmslos von den Gerichten freigesprochen werden."

Dem Studenten perlt der Schweiß von der Stirn. Plötzlich atmet er auf und sagt triumphierend: „Die Nationalsozialisten, Herr Professor!"

Aus: Die Ente 23/1932

Fritz Bernhard
Horrido – Joho!
Eine Montage

Der Erste Chargierte des Korps Saxonia: „Korpsdiener, Stoff her! Silentium strictissimum! Kommilitonen!

Soeben erreicht uns ein Kartengruß unseres hochverehrten Alten Herrn, des Herrn (.....) aus der Rominter Heide. Das Korps bringt seinem verehrten Protektor einen Ganzen. Ad salamandrum exerzitiies – – – eins! – zwei! – drei! – Prost!

Silentium! Zu Ehren unseres allverehrten Alten Herrn (.....) singen wir einen frischfröhlichen Jägerkantus, Kommersbuch Seite 153. Es steigt die erste Strophe:
Im Wald und auf der Heide,
Da such' ich meine Freude,
Ich bin ein Jägersmann!
Die Forsten treu zu pflegen,
Das Wildbret zu erlegen,
Mein' Lust hab' ich daran!
Halli, hallo, halli, hallo,
Mein' Lust hab' ich daran!"

Kleine Anfrage der nationalsozialistischen Landtagsfraktion:
„In der Presse wurde in den letzten Tagen bekanntgegeben, daß sich der Reichskommissar für Preußen, Herr Reichskanzler von Papen, nach Ostpreußen begeben habe, um dort die ‚Not der ostpreußischen Landwirtschaft' im einzelnen festzustellen. Tatsächlich hat Reichskommissar von Papen entsprechend dem Vorbild seines großen Vorgängers, des Herrn Ministerpräsidenten Dr. h. c. Otto Braun, in der Rominter Heide Hirsche gejagt, was wohl nicht direkt mit der ‚Not der Landwirtschaft in Ostpreußen' in Verbindung steht..."

Der Erste Chargierte des Korps Saxonia: „Kommilitonen! Das Lied fällt mit der sechsten Strophe:
> Wenn sich die Sonne neiget,
> Der feuchte Nebel steiget,
> Mein Tagwerk ist getan!
> Dann zieh' ich von der Heide
> Zur häuslich stillen Freude,
> Ein froher Jägersmann!
> Halli, hallo, halli, hallo,
> Ein froher Jägersmann!
> Schöner Kantus ex est!"

Zeitungsmeldung:
... Der nationalsozialistische Landtagspräsident Kerrl hat an den Staatssekretär für Forsten einen Brief gerichtet, in dem er sich bitter darüber beklagt, daß der Staatssekretär dem Freunde Kerrls und nationalsozialistischen Reichstagspräsidenten Göring nur einen sehr dünnen Hirsch in der Oberförsterei Neu-Glienicke und keinen dicken in der Romintener Heide zum Abschuß zugewiesen habe. Kerrl spricht zum Schluß seines Schreibens die Hoffnung aus, daß im nächsten Jahre die Nationalsozialisten die fetten Hirsche in der Romintener Heide verteilen werden ...

Im SA-Lokal. Der Sturmführer: „Achtung, alles mal herhören! Mir wird soeben der Befehl zugestellt, morgen bei der Abreise des Herrn Hauptmann Göring, der zur Jagd fährt, mit der Sturmabteilung die Ehrenwache am Bahnhof zu übernehmen.

Wir werden Herrn Hauptmann bei dieser Gelegenheit eine besondere Freude bereiten. Wenn der D-Zug die Bahnhofshalle verläßt, singen wir alle das schöne Lied: ‚Ich schieß' den Hirsch im wilden Forst, im tiefen Wald das Reh.' Aber stramm und zackig, bitte ich mir aus. Daß mir morgen jeder den Text genau auswendig kann! Rührt euch!"

Zwei Zeitungsmeldungen:

... Der Herr Reichskanzler ist heute aus Ostpreußen, wo er sich mehrere Tage aufgehalten hatte, um die Not der ostpreußischen Landwirtschaft zu studieren, wieder nach Berlin zurückgekehrt ...

... Die Differenz zwischen Reichstagspräsident Göring und dem Herrn Staatssekretär für Forsten ist in durchaus freundschaftlichem Sinne beigelegt worden. Herrn Göring wurde im Rominter Forst ein fetter Hirsch zum Abschuß zugewiesen ...

Aus: Die Ente 43/1932

Stolz weht die Flagge...

Paul findet den Rundfunk jetzt auch zum Kotzen. „Und dann die Programmänderungen immerzu!" sagt er. „Beispielsweise vorigen Freitag, am 10. Februar. Da setzt man uns den ganzen Abend geschlagene zwei Stunden lang naziotischen Stimmungsklamauk aus dem Sportpalast vor..."

„Was sollte es denn eigentlich an dem Abend geben?"

„Ein Hörbild: ‚Unter der Dukatenflagge‘!"

„Na, Mensch, das stimmt doch haargenau. Für die Nazi-Prominenten ist doch die Hakenkreuzfahne wirklich eine Dukatenflagge!"

Aus: Die Ente 7/1933

Das hat die Welt noch nicht gesehen
Die gewaltigste Revue sämtlicher großen Zeiten. Nach bekannten Schlagern zusammengestellt von
Hardy Worm

1. Bild
Wenn untern Linden...
Die Linden. Reges Verkehrsleben in jeder Hinsicht. Im Hintergrunde das Denkmal Friedrichs des Großen.

2 Matrosen:
Solang noch Untern Linden die Bogenlampen glühn,
Sieht man uns strammen Trittes durch die Passage ziehn.
Wenn keiner treu ihr bliebe, wir bleiben ewig grün,
Wir pfeifen aufs Normale und schnupfen Kokain.

Ein Zeitungshändler:
Extrablätter! Extrablätter!
Hindenburg als Deutschlands Retter.
Knatsch in Beuthen. Hitlers Noten.
Republike wird verboten.
Extrablätter! Extrablätter!

1. Bürger:
Stolz weht die Flagge schwarzweißrot.
Wo finde ich den Heldentod?

2. Bürger:
Was so ein Mann im Herbste träumt,
Ist, ach, so doof und ungereimt.
Denn kommen erst Teutonentriebe,
Dann reimt sich alles auf das Wörtchen Hiebe.

1. Bürger:
Ach, Willem, kehre doch zurück,
Du bist mein Stolz, du bist mein Glück.

2. Bürger:
Wer nie sein Brot mit Marmelade aß,
Wer nie in regnerischen Nächten
In einem Schützengraben lag und Erde fraß,
Der kennt euch nicht, ihr alten Mächte.
Im Hintergrunde Volksgemurmel. Pfui-Rufe.

2. Bild
Vielleicht ein andermal
Vornehme Steimeierei. Schwarzweißrot ausgeschlagen. An den Wänden Bilder berühmter Porno-Graphiker. Auf Barstühlen prominente nationale Politiker.

Der erste:
Ich hab' zwölf Stunden im ersten Stock.
Ich hab' sechs Orden an meinem Rock,
Ich hab' ein Köpfchen, und das ist klein,
Ich hab' ein Bäuchlein, und das ist mein,
Ich hab' zwei Stühle – na, Gott sei Dank.
Und wenn's mir paßt – setz' ich mich mang.

Der zweite:
Im Prater blüh'n wieder die Bäume,
In Severing grünt schon der Wein.
Da kommen die seligen Träume:
Ich möchte auch mal Minister sein.

Der dritte:
Gefährlich ist's, Hoffnung zu wecken,
Gefährlich ist Herrn Papens Wahn,
Jedoch der schrecklichste der Schrecken
Ist, wenn ein Mensch will und nicht kann.

Der erste:
Muß es denn gleich Minister sein?

Kann man denn als Landrat nicht auch glücklich sein?
Schad' um jeden Posten, den ein Mann von uns verpaßte.
Nimm dir frech 'ne kleine Pfründe. Was du hast, das haste.

Ein schlanker Herr:
betritt mit einer hübschen Dame die Szene.
Ach, bitte, bitte, verraten Sie mir,
Wo gibt es denn hier ein Großes Hauptquartier.
Denn eine feine Dame mit mir als Kavalier
Sucht für ein Stündchen das Große Hauptquartier.

Alle:
O lalla, wer kommt denn da?
Das ist unser Kronprinz ja.
Vier Meter lang, zwei Meter dick,
So sieht er aus, so nett und schick.
Alle brechen in begeisterte Hochrufe aus.

3. Bild
Ich lieb nur dich allein
*SA-Lokal. An den Wänden phosphoreszierende Hitlerköpfe.
Ein in der Mitte des Tisches steckender Dolch wird ab und
zu zum Nagelschneiden benutzt.*

Ein SA-Mann:
kniet vor dem Bilde Hitlers nieder.
Du hast mein Herz gestohlen,
Drum gib dafür mir deins;
Ich will's mir selber holen,
Zwischen Mitternacht und eins.
Du hast mein Herz genommen,
Nun hast du zwei, ich keins;
Drum sag' mir, darf ich kommen
Zwischen Mitternacht und eins?

Röhm:
betritt die Szene, droht schelmisch mit dem Finger.
Warte, warte nur ein Weilchen,
Dann kommt auch das Glück zu dir.
Mit dem kleinen Hackebeilchen
Klopft es leis' an deine Tür.
Rotes Licht flammt auf. Großer Schlußreigen.

Aus: Die Ente 35/1932

Anhalt schafft Ordnung

Wie die Tagespresse bereits gemeldet hat, plant die neu gebildete nationalsozialistisch-deutschnationale Regierung in Anhalt, das Dessauer Bauhaus wegen „Kulturbolschewismus" zu schließen.

Ein vertrauenswürdiger Gewährsmann teilt uns dazu ergänzend mit, daß man die Absicht habe, das „Fabrikgebäude" seiner „natürlichen Bestimmung" zuzuführen.

Im Kellergeschoß sollen Werkstätten zur Herstellung hohler Hitlerköpfe, und zwar nach einem neuen Verfahren aus Pappmaché, eingerichtet werden. Man verspricht sich dadurch eine nicht unbedeutende Hebung der anhaltinischen Wirtschaft. Das Erdgeschoß wiederum wird Tischler- und Polsterwerkstätten zur Herstellung von Plüschmöbeln aufnehmen. Im ersten Stockwerk sollen mehrere kleinere Werkstätten für die Fabrikation von Portieren, Wandsprüchen, Haussegen, künstlichen Palmen und Blumen, Makartbuketts usw. erstehen. In den Ateliers schließlich sollen nationale Bildwerke aller Formate und aller Techniken, weibliche Handarbeiten für das deutsche Heim, Fahnen, Banner und dergleichen fabriziert werden.

Aus den noch verfügbaren Rohrbeständen für die sogenannten „Bauhaus-Möbel" sollen handliche Spazierstöcke angefertigt werden, die indessen nur an ehemalige Mitglieder der SS und SA abgegeben werden.

Aus: Die Ente 22/1932

Roda Roda
Der Aufruf

Eben lese ich den jüngsten Aufruf der Regierung:
„Ich will Tatsachen; ich wünsche mir Männer, die handeln. Jede Zivilisation, die unsere Religion, die Würde der Familie und die Würde des Volkes nicht antastet, ist mir willkommen, aber der Zivilisation, die unsere Religion, die Würde der Familie und die Würde des Volkes beeinträchtigt, werden wir uns, bei Gott, nicht ergeben; ihr werden wir nicht dienen."

Wer hat das gesagt?

Sie glauben wohl: unser Reichskanzler, Herr Hitler.

Nein.

Es sind die Worte des Königs Ibn Sa'ud von Mittelarabien.

Aus: Die Ente 6/1933

Hardy Worm
Das Gespenst des Kommunismus

Wieder ward ein großer Aufwand schmählich vertan! Wieviel Mühe gab man sich doch, dem deutschen Arbeitnehmer zu beweisen, daß der Bolschewismus die größte Geißel dieses Jahrhunderts sei. Man klebte Plakate mit grinsenden Totenschädeln an die Litfaßsäule, die sozialdemokratische Presse ließ sich von russischen Emigranten Schauerberichte schreiben, Herr von Papen beschwor den Schützengrabengeist herauf und gelobte, den Bolschewismus mit Stumpf und Stiel auszurotten – aber es hat nichts genutzt. Hunderttausende von Sozialdemokraten erkannten den heldenmütigen Kampf der Herren Braun und Severing nicht an, glaubten nicht daran, daß eine Partei, für die sich kapitalistische Ullstein- und Mosse-Blätter ins Zeug legten, ihre Interessen vertrete. In Berlin rannten der SPD, die sich im Dienste des kapitalistischen Vaterlandes aufgeopfert hat, 76 000 Wähler davon.

Nein, sie haben sich wirklich alle Mühe gegeben, um den Arbeitern den Kommunismus zu verekeln. Sie berichteten ihnen, daß in Rußland Kinder geschlachtet und verspeist würden. Den deutschen Arbeiter aber schreckte das nicht ab. Er ißt gerne frisches Kinderfleisch. Herr Gottfried Feder, der Herausgeber der „Deutschen Wochenschau", opferte eine ganze Seite seines wertvollen Druckpapiers, um uns in herzergreifender Weise klarzumachen, daß nicht der Kapitalismus, sondern der Bolschewismus alles zugrunde richte.

„Der Bolschewismus hat durch den Versuch, den Boden zu sozialisieren und die ‚Kommune' zu schaffen, eine furchtbare Hungersnot über das Land heraufbeschworen. Millionen von Landleuten, ganze Dörfer gingen an Hunger zugrunde. Wer noch Kraft genug besaß, flüchtete in andere fruchtbare Teile des Landes, um dort für sich und die Seinen Brot zu fassen. Ganze Schwärme zogen auf den Landstraßen nach Süden –

ins gelobte Land. Viele Hunderttausende starben auf der Wanderung. – Als erste die Eltern, weil sie am schwächsten waren und ihre letzten Bissen für die Kinder opferten. Doch von den Kindern blieben viele am Leben – schutzlos standen sie auf der weiten Welt allein, ohne Heim und ohne Familie. Zu ihnen gesellten sich später die durch die bolschewistische Erziehung verdorbenen Kinder, die ein Vagabundendasein dem Familienleben vorziehen. Der Bolschewismus predigt den Ungehorsam gegen die Eltern, er unterhöhlt die Grundlagen der Familie, indem er die Kinder gegen die Eltern aufhetzt – mit dem Erfolg, daß er ein Heer von 5 Millionen verwahrloster Kinder geschaffen hat, die auf den Straßen herumvagabundieren."

Ja, so geht das in Rußland zu. Sogar in Amerika, dem Lande des von den Nazis geschützten Privatkapitals, greift jetzt der Bolschewismus um sich. Auch dort lungern bereits 7 Millionen Kinder herum, weil sie den Eltern nicht gehorsam waren.

Und dann die Straßenbahnen in Rußland!

„Eine zweite Stadt gibt es wohl nicht, wo so eine Unordnung herrscht und so eine brutale Roheit beim Einsteigen in die Straßenbahn. Im Nu ist der Wagen vollgepfropft. Die hintere Plattform ist so gedrückt voll, daß es keinem Passagier möglich ist, in die Taschen zu greifen nach dem Gelde für das Billett. Aber das Allertollste ist, Mensch klammert sich an Mensch, ein richtiger Bogen von Menschen hängt hinten an der Außenseite des Wagens. So hängen diese Menschen, einer sich an den anderen festklammernd, 10, 15 und auch 20 Minuten lang. Ich habe mehrere Male gesehen, daß dieser Menschenbogen an einen fahrenden Straßenbahnwagen und Pferde rammte; da liegen dann die Menschen, blutend, mit gebrochenen Armen und Händen auf dem Straßenpflaster. Zu Beweis, daß ich die reine Wahrheit über das Verkehrswesen schilderte, nenne ich als Zeugen den Knopfmeister Max Riedel. Er wohnt in Schmölln in Sachsen-Anhalt."

Wie schön hat es dagegen der Knopfmeister in Deutschland. Hier gibts keine überfüllten Straßenbahnen, jeder bekommt für seine 25 Pfennig den ihm zustehenden Sitzplatz, und die Schaffner werden so gut entlohnt, daß sie sieben Tage in der Woche feiern. Und trotzdem haben die Kommunisten in Berlin 867 000 Stimmen bekommen. Die Berliner sehnen sich eben nach überfüllten Straßenbahnwagen. Sie wollen gerne hintendranhängen, unterwegs abfallen und sich ein Bein abfahren lassen. Es sind eben verblendete Menschen, die nichts darauf geben, wenn man ihnen erzählt, daß Stalin der typische Untermensch sei. Sie verschmähen es, sich von einem Landsmann mit Kultur hängen zu lassen. Sie wollen von einem Mann ohne Kultur getötet werden. Wir verstehen die Welt nicht mehr. Wie eindringlich warnte Herr von Papen vor dem zersetzenden Gift des Bolschewismus, der keine Volksgemeinschaft wie den Herrenklub kennt.

„In der Tat, der gottesleugnerische Bolschewismus, der uns um Religion, Familie und Eigenrecht der Persönlichkeit betrügen will, um uns in die Zwangsjacke kollektivistischer Methoden zu stecken, er ist der Tod unsrer jahrtausendealten Kultur."

Diese schönen Worte sind beim deutschen Volke keineswegs auf fruchtbaren Boden gefallen. Es gibt immer noch Menschen in Deutschland, die sich einbilden, daß das Familienleben durch unsere gottgewollte Wirtschaftsordnung zerstört werde, es gibt immer noch Leute, die auf das Eigenrecht der Persönlichkeit pfeifen, das ihnen gestattet für andere arbeiten zu dürfen.

Der Kommunismus marschiert. Und wir werden das Entsetzliche noch erleben – daß nämlich in Deutschland alle arbeiten müssen. Daß man nicht mit Liebe und Vertrauen, sondern mit ganz gewöhnlichen Steinen aufbauen wird. Ein trostloses Leben steht uns bevor. Die so fruchtbare Initiative des Privatunternehmers wird unterbunden werden, alle Arbeitenden werden zu essen haben, und es wird keine Menschen mehr geben, die Unordnung mit Ordnung verwechseln.

Aus: Die Ente 45/1932

Feuilleton des „Völkischen Beobachters"
Die Gottlosen-Tscheka
Ein Roman aus schmachvoller Zeit
Von Schulze-Langendorf
(7. Fortsetzung.)   Copyright by Nationaler Roman-Vertrieb

Albert Wäscher tuschelte, tuschelte leise, wobei ein mordgieriger Blick in seinen Augen aufglomm: „Den Pfaffen müssen wir erledigen. Er vertreibt Opium fürs Volk. Er macht die Leute zufrieden durch sein Gewäsch. Wir aber brauchen die Unruhe, das Chaos. Hahaha!" Es war ein grelles, hohnvolles Lachen.

Willi Fritsche erschauderte bis ins Mark. Er war ja noch nicht lange in der Gottlosen-Bewegung und daher noch nicht völlig verroht. Und wenn er jetzt bei dem Gedanken erschauerte, den Pfarrer Dibelius, der seinem Vater mal Trost zugesprochen hatte, als dieser arbeitslos war, auf qualvolle Weise zu töten, so beweist das nur, daß noch ein guter Kern in ihm steckte. Albert Wäscher betrachtete seinen Genossen mißtrauisch. Er sah aus wie eine Schlange, die sich auf ihr Opfer stürzen will und es vorher hypnotisiert.

„Hast wohl Schiß?" zischte er höhnisch und ungebildet. „Oder glaubst du vielleicht noch an Gott?" Bei diesen Worten zog der kommunistische Unhold eine Pistole aus der Tasche, entsicherte sie und richtete sie auf seinen Genossen. Man sah ihm an, daß er nicht zögern würde, seinem Freunde den Garaus zu machen, war er doch in der ganzen Umgegend als Kinderschänder und Mörder bekannt.

„Heil Moskau!" stammelte der erschrockene Willi Fritsche.

Mit einem satanischen Lächeln steckte der Mordbube den zwölfschüssigen Revolver, den er aus Rußland bezogen hatte, wieder in die Tasche.

„Is gut!" knurrte er wie ein böser Hofhund. „Ich habe dich nur auf die Probe stellen wollen. Also heute nacht Punkt zwölf Uhr an der Kirchhofsmauer. Blut muß fließen."

Wie ein Phantom war er verschwunden.

14. Kapitel. Während Pfarrer Dibelius seine Familie um sich versammelt hatte und mit innigem Tonfall das Abendgebet sprach, das heute länger war als sonst, weil die Pollacken wieder die Grenzpfähle bespuckt hatten, versammelte sich in einem Kellergewölbe in der Republik-Gasse eine unheimliche Gesellschaft. An einem großen Tisch saßen zwölf in rote Kutten gekleidete Gestalten. Es waren die Richter der Gottlosen-Tscheka.

Jeder hatte vor sich einen Totenkopf stehen, den er als Aschbecher benutzte. Erhellt wurde das Kellergewölbe durch große Altarkerzen, die man aus den Kirchen gestohlen hatte. Alles währte einen gespenstigen Anblick.

Die roten Masken erzählten sich mit lauter Stimme Zoten, und ab und zu brandete ein wieherndes Gelächter die Kellerwände hoch. Plötzlich erhob sich der Kommandeur der Gottlosen-Tscheka und klopfte dreimal mit einem riesigen Phallus auf den Tisch. Sofort trat Stille ein.

„Genossen! Gottlose!" hub er an und hauchte seinen Schnapsatem über den Tisch. „Ich habe heute die Tscheka einberufen, weil ein gerechtes Urteil zu fällen ist."

Ein Brummen der Befriedigung wurde laut.

„Heute nacht zwölf Uhr zehn wird das Urteil an Pfarrer Dibelius vollstreckt werden. Zu meiner großen Freude kann ich euch nun die Mitteilung machen, daß die Tscheka auch morgen in Aktion treten kann. Wie ich heute vormittag durch einen Kurier erfuhr, trifft morgen früh der Kirchendiener Glocke in unserer Stadt ein, um hier Einkäufe zu tätigen. Kirchendiener Glocke ist der Mann, der am 5. Februar unseren Genossen Barbe zur Anzeige brachte, weil dieser in der Kirche einige Knallfrösche zur Entzündung gebracht hatte."

„Hängt ihn auf, den Hund!" schrien die Richter und gestikulierten heftig.

„Ich frage das hohe Gericht der Tscheka", fuhr der Kommandeur mit erhobener Stimme fort, „welche Strafe den Kirchendiener Glocke zu treffen hat!"

Sämtliche Richter erhoben sich, legten die linke Hand auf

die Totenschädel, erhoben die rechte zum Schwur und sagten mit Grabesstimme: „Der Tod! Der Tod! Der Tod!"

Daraufhin klopfte der Führer wieder mit dem Phallus auf den Tisch und erklärte die Gerichtssitzung für geschlossen.

Eine Viertelstunde später sah man zwölf Gestalten durch das Dunkel der Nacht schleichen. Sie gingen zum Stadtwäldchen, um dort Mädchen zu vergewaltigen, eine gewohnte Beschäftigung der Bolschewisten.

(Fortsetzung folgt.)

Aus: Die Ente 20/1932

Was wird, wenn ... Reichspräsident wird?

... Duesterberg Reichspräsident wird?
Hugenberg platzt, weil er sich nicht selbst aufgestellt hat. Der Stahlhelm übernimmt trotzdem die Reinigung des Schauplatzes. Orden und Ehrenzeichen sind anzulegen. Täglich große Parade auf dem Tempelhofer Feld. Jungfrauen platzen männertoll. Die Mark fällt um drei Viertel. Das französische Parlament bewilligt 50 Milliarden für Rüstungen. Noch mehr Jungfrauen platzen männertoll. Die SPD erhebt flammenden Protest und verlangt entschiedene Maßnahmen.

Hitler hat sich von seinem Schreck erholt, und Goebbels findet die Sprache wieder. Prälat Kaas und Hitler dinieren im Kaiserhof. Ullsteins Gebrüder bekennen sich weiter zu politischer Neutralität. Hitler wird Oberregierungsrat, Bayern Königreich, Goebbels tobsüchtig.

... Hindenburg Reichspräsident bleibt?
Hitler bekräftigt seine Legalität. SA-Truppen demonstrieren und verprügeln jüdische Schaufenster. Goebbels tobt im Sportpalast und erklärt, die durch Betrug und Fälschung zustande gekommene Wiederwahl Hindenburgs nicht anzuerkennen. „Hitler ist der in Wahrheit Erwählte, und wer sich Goebbels widersetzt, begeht Landesverrat!" Die legale Revolution nimmt ihren Anfang. Die SPD protestiert und verlangte schärfere Maßnahmen gegen links und rechts. SA-Truppen besetzen die Regierungsgebäude. Polizei und Eiserne Front ziehen sich auf das Polizeipräsidium zurück, das von den Kommunisten bedroht ist. Reichswehrminister Groener verlangt Nachprüfung des Wahlergebnisses, und seine Reichswehr steht getreu dem geleisteten Eid zur Regierung, die aber bis auf Groener zur Zeit nicht auffindbar ist. Hitlers Chancen steigen. Die „Germania" schreibt, daß nur ein gemäßigter, romtreuer Katholizismus in der Lage sei,

Deutschland zu retten. In allen katholischen Kirchen finden Bittgottesdienste für Hitlers Erleuchtung statt. Murren bei den Evangelischen. Mit deren Hilfe stürzt Goebbels Hitler. Goebbels Deutschlands Diktator. Hindenburg legt sich hin und tut nicht mehr mit. Neuer Aufruhr und blutige Kämpfe, die bei Redaktionsschluß noch andauern.

... Hitler Reichspräsident wird?
100 000 alte und junge Weiber beiderlei Geschlechts fallen in hysterische Weinkrämpfe. So freuen sie sich. Goebbels macht sich in die Hosen – vor Neid. Hitler spricht im Rundfunk. Ullsteins stellen sich auf den Boden der Tatsachen. Die SPD-Führer halten eine Konferenz ab, auf der sie geschlossen verhaftet werden. Die Grenzen sind gesperrt. Die Zeitungen, soweit sie nicht bereits faschistisch sind, machen sich auch in die Maschine und erscheinen als „Gartenlaube". Das Zentrum bekennt sich zu Hitler. Hugenberg geht mit seinen Mannen in die evangelische Opposition. Die Juden sind vorläufig vom Erdboden verschwunden und knüpfen Beziehungen zum „Dritten Reich" an. Arbeitslosenbataillone formieren sich unter Leitung von SA. Die Preise steigen. Arbeitslosigkeit wächst. Aufflackernde Streiks werden niedergeknüppelt. Hinrichtung von 500 kommunistischen Rebellen. Unzufriedenheit wächst. Enttäuschte Nazis, die nicht in den Staatsdienst übernommen wurden, beginnen zu murren. Verschärfung der Diktatur. Zweihundertfünfundzwanzigste Notverordnung: „Wer öffentlich ein unzufriedenes Gesicht macht, wird erschossen!" Blutiger Aufruhr in Berlin. Standrecht, Abbau der Löhne. Verbot antisemitischer Äußerungen. Bankier Bauchwitz wird Reichsfinanzminister. Frau Goebbels bringt ein lebendiges Kind zur Welt. Das faschistische Regime festigt sich. Die Hungersnot wächst. Frankreich besetzt das Rheinland. Köln feiert wieder Karneval in alter Frische und Freude. Das Königreich Bayern mobilisiert gegen Preußen. Das Braune Haus wird Asyl für jüdische Waisen. Frau Goebbels bekommt noch ein lebendiges Kind. Hitler wird

größenwahnsinnig und ernennt sich zum Herzog. Brüning tritt als Mönch in das Kloster „Zum guten Hitler" ein. Reichsbankpräsident Schacht verwirft das Federgeld und führt den Schachtpfennig ein. Hitler ernennt sich zum Fürsten, und Frau Goebbels bekommt noch ein lebendiges Kind. Frankreich besetzt das Ruhrgebiet. Polen erobert den Korridor. Hitler hält eine Rundfunkrede. Das Volk greift zu den Waffen, die Herr von Rosenberg bereits in das Ausland verschoben hat. Fürst Hitler spricht im Rundfunk, und Frau Goebbels kündigt ihrem Gatten Zwillinge an. Während deren Geburt stirbt Deutschland.

... Thälmann zum Reichpräsidenten gewählt wird?
Thälmann wird verhaftet. Die Kommunisten rebellieren und fordern Thälmanns Freilassung. Die KPD wird verboten. 5000 kommunistische Funktionäre sitzen hinter Schloß und Riegel. Bürgerliche Koalitionsregierung von Breitscheid bis Hitler ergreift die Macht. Kommunistische Arbeiter erklären den Generalstreik, der aber wirkungslos bleibt, weil schon längst alle Arbeit ruht. Ausbruch der kommunistischen Revolution.
(Hier erklärt der Herr Setzer seinen Privatstreik und überläßt das weitere Schicksal Deutschlands der Phantasie des Lesers.)

Aus: Die Ente 10/1932

Herr Goebbels marschiert

Herr Goebbels hat sich einen Kriegsfilm angesehen. Er ist begeistert und tötet Herrn Wulle den Nerv.

„Grandios, dieser Film. Von einer derartig aufrüttelnden Wirkung in einzelnen Bildern, daß ich unwillkürlich mitmarschierte."

„Wirklich?" fragt Wulle spöttisch. „Na, da ist dem Film etwas gelungen, was im Kriege keinem gelungen ist."

Aus: Die Ente 16/1932

Konsequenzen

Goebbels empfing jetzt nach dem Siege einen Freund in den Redaktionsräumen des „Angriff".

Plötzlich unterbrach sich der Besucher und sagte erstaunt: „Nanu, wozu haben Sie denn jetzt einen Spucknapf hier stehen?"

„Mein Gott!" erwiderte der Doktor in stolzer Bescheidenheit. „Wir sind doch jetzt Regierungsorgan."

Aus: Die Ente 6/1933

Genau lesen

Der Plakatankleber Kulicke zieht mit dem Kleistertopf und hundert Exemplaren des Aufrufs der Reichsregierung los. Diesen Aufruf, der mindestens dreißig Millionen Deutsche, darunter zwanzig Millionen Hindenburg-Wähler, beschimpft, wie noch nie ein Volk von einer Regierung beschimpft worden ist.

Kulicke kleistert das Ding an die Anschlagsäule.

Drei Männer schauen zu und lesen gleich mit.

Und dann stößt einer Kulicken in die Seite und sagt:

„Du, Kamerad – det Ding mußte niedriger kleben! Det kann man jar nich jenau jenuch lesen!"

Aus: Die Ente 7/1933

Preußenlandtag aufgelöst

„Und warum haben Sie den Mann erschossen?" fragt der Richter den Angeklagten.

„Ja, sehnse, Herr Jericht, die Sache war nämlich folgendermaßen: Ick treffe ihn und sare: Jeld her, Männeken! sare ick.

Nee! saacht er. Na, un denn ha'ck ihn natierlicherweise een Ding zwischen de Rippen gepfeffat."

„Ja, dann allerdings!" sagt der Richter und spricht den Angeklagten frei.

Der Staatsgerichtshof bestätigt den Spruch.

Aus: Die Ente 7/1933

Hardy Worm
Wir schlagen ein Naziblatt k. o.

Der „Deutsche Montag", ein Naziblatt, das durch seine Überschrift „Menschenfresser in Rußland" die Stammgäste von Irrenhäusern zum Kauf seines Papiers bewegen will, hat die Dämlichkeit begangen, aus dem Hinterhalt einen Stein auf unsere „Ente" zu werfen. Der sittliche Erneuerer, Kampfgenosse von Mördern, Prinzen, Generälen und Kapitalisten, sabbert in Nr. 4 seines komischen Blättchens:

„Schmutz und Schund verbotsfrei?

‚Klappergreise an die Front! Es hat sich seit der letzten Reichstagswahl herausgestellt, daß man noch älter sein kann als Clara Zetkin. – Vorn liegen, da der Herr Reichspräsident selber nicht mitrennen darf, der Januschauer von den Deutschnationalen und der General Litzmann von den Nazis'. (Die Ente Nr. 43.)

Wir fragen den Herrn Polizeipräsidenten von Berlin und Herrn Major a. D. von Papen, ob es heute im Zwickelerlaß-Zeitalter keinen Kampf gegen Schmutz und Schund mehr gibt, ob man heute in einem gemeinen Sudelblatt, wie es diese ‚Ente' darstellt (derlei geistige Exkremente jüdischer Literaten haben mit kritischem Witz und Humor nichts gemein!), ungestraft den Herrn Reichspräsidenten als ‚Klappergreis' bezeichnen und ihn, sowie einen seiner verdientesten Kriegskameraden, den General Litzmann, mit einer kommunistischen Jüdin vergleichen darf. – Man ist doch sonst mit Verboten sehr schnell bei der Hand."

Wir fragen gar nicht, sondern geben Euch gleich die Antwort, die Ihr verdient. Wir werden in der Sprache sprechen, die Ihr versteht, und werden Euch in der ersten Runde zu Boden schicken, so daß Ihr wie Koburger Hochzeitsgäste mit dem Bauch auf der Erde herumrutscht.

Zuerst sei uns die spaßige Feststellung erlaubt, daß Ihr Euch als gelehrige Schüler Eures Propagandachefs erwiesen habt, indem Ihr den Sinn des Zitates durch Weglassen von vier Zeilen vergröbertet. Aber ganz gleich: selbst wenn Ihr mal ausnahmsweise nicht gefälscht hättet, wäre in unserm Artikel keine Beleidigung des Reichspräsidenten, auf dessen Tod Euer Führer wartet, zu erblicken. Aber darüber braucht man sich mit Euch nicht zu unterhalten.

Ihr fragt den Herrn Polizeipräsidenten und den Herrn von Papen, ob es heute keinen Kampf gegen Schmutz und Schund mehr gäbe. Ihr hättet uns fragen sollen, denn wir führen den Kampf. Wir müssen ja jede Woche zwei Spalten unsrer hervorragenden satirischen Zeitschrift mit dem Schund füllen, den wir in nationalsozialistischen Blättern finden. Wir mußten uns sogar mit den pornographischen Briefen Eures Stabschefs Röhm beschäftigen, und das war keine reine Freude. Wir mußten jetzt – um in Eurem Jargon zu sprechen – den vor Geilheit und Perversität strotzenden Roman „Alraune", den Euer Mitstreiter Hanns Heinz Evers fabriziert hat, lesen, um die Feststellung zu treffen, daß Ihr in diesem Literaten sowie in dem Nazionisten Bronnen Kräfte erwarbt, die ausgezeichnet dazu geeignet sind, für Sittenreinheit zu kämpfen. Und da stellt Ihr Euch – allerdings ohne Schwierigkeit – dumm und fragt, ob es keinen Kampf gegen Schmutz und Schund mehr gäbe? Wir reiben uns auf im Dienste des Vaterlandes, uns quält unzählige Male am Tage der Brechreiz, weil wir uns mit den Elaboraten nationalsozialistischer Schreiberlinge beschäftigen müssen, und Ihr erkennt das mit keiner Silbe an. Man wird den Verdacht nicht los, daß Ihr von Jakob Goldschmidt gekauft worden seid, um unsre Verdienste – vor einem Jahre hatten wir sieben, heute haben wir fünfundvierzigtausend Leser – zu schmälern.

Aber Ihr geht noch weiter und behauptet, daß „derlei geistige Exkremente jüdischer Literaten mit kritischem Witz und Humor nichts gemein haben". Eure Führer tragen die schönen Namen Studentkowsky, Chadamovsky, Karwahne,

Eure Führer sind eingewandert, Eure Führer heiraten in Familien hinein, die „Rassenverrat" begangen haben, Euer Prinz Auwi verkroch sich während der Revolution bei einem Juden – und jetzt sind wir, deren Vorfahren als ehrliche Seeräuber die Meere befuhren, ebenfalls Juden.

Wir haben schon Witz, aber wir haben keinen Sinn für Euren knalligen und blutigen Humor, der darin besteht, einem Schlafenden eine Revolverkugel in den Schädel zu jagen. Und was behauptet Ihr Schandmäuler zum Schluß: wir hätten den Namen der Clara Zetkin, einer Frau, die ihr Leben lang für die Unterdrückten gekämpft hat, in einem Atemzuge mit dem des Generals Litzmann genannt? Nie im Leben würden wir eine solche Geschmacklosigkeit begehen. Diese Frau, die Ihr Schützer der Frauenehre jüdische Vettel zu nennen pflegt, steht turmhoch über Euren Gamaschenknöpfen, die die Arbeiter für die Interessen des Kapitals in den Tod hetzten.

Schreit nach dem Staatsanwalt! Brüllt Euch heiser, Ihr Denunziantisemiten. Vielleicht findet sich eine Kreatur, die Euren Honoraretat mit acht Groschen aufbessert.

Die Finger lang, Kerls! Kinn an die Binde! An die Latrine, marsch, marsch!

Aus: Die Ente 44/1932

Hardy Worm
Nazi-Überfall auf die Ente

Was in den kleinen Gehirnen der vier Bravos, die am vorigen Donnerstag in unsere geheiligten Verlagsräume eindrangen, vorging, wissen wir nicht. Wir nehmen an, daß die vier Helden zuviel Nick-Carter-Schmöker gelesen oder zuviel schlechte Detektivfilme der UFA gesehen haben. Das eine wie das andere ist das reinste Gift für unentwickelte Menschen.

Da gaben die vier romantischen Burschen eine Menge Geld für blöde Telephongespräche, Schnaps, Pistolen und ein Auto aus – und der Erfolg war für sie gleich Null. Immerhin müssen wir zugeben, daß ihr Auftreten eines gewissen heroischen Zuges nicht entbehrte. Vier bewaffnete Nazis befanden sich einer Übermacht von sechs mit ihren Reizen bewaffneten Mädchen gegenüber. Trotzdem fiel ihnen nicht das Herz in die Hosen. Sie fuchtelten grauenerregend mit ihren Revolvern in der Luft herum, verliehen ihren Stimmen einen männlich-rauhen Klang und waren anmaßend genug, Herausgeber und Redakteur der Ente sprechen zu wollen. Dieses Projekt zerschlug sich, weil B. G. (= Bernhard Gröttrup) und ich um diese Zeit bei einer Molle saßen und darüber beratschlagten, wie man auf eine zugkräftige, aber billige Art und Weise für die Ente Propaganda machen könnte. Eine Stunde später erfuhren wir, daß uns der Propagandaleiter der NSDAP diese Sorge abgenommen hatte.

Obgleich den vier Kavalieren von den Damen eröffnet wurde, daß wir leider nicht anwesend seien, zogen sie sich nicht zurück, wie es sich für Leute, die Bildung besitzen, geziemt, sondern durchsuchten blitzenden Auges die Verlagsräume.

Es war eine Szene wie aus einem Groschen-Roman. Überschrift: Der Vogel ist ausgeflogen.

Wilde Flüche murmelnd, verließen sie unter Krach und Gestank die Verlagsräume, bestiegen ein draußen harrendes Auto, gaben auf einige Passanten Schüsse ab und brausten davon. Ein kümmerlich aussehender grauer Velourhut blieb auf der Stätte ihres Wirkens zurück. Mir ist er zu klein.

Bis heute ist uns gänzlich unklar, was die vier Hinterwäldler mit uns besprechen wollten.

Den Abonnementsbetrag hätten sie einschicken können.

Schmalz und Fleisch haben wir nicht verteuert.

Wir sind auch keine Börsenjobber, keine Zollwucherer, wir sind nicht Stammgäste des Hotels „Kaiserhof" oder des Herrenklubs, wir sind keine Juden, ja, wir haben noch nicht mal in jüdische Familien hineingeheiratet.

Wir sind also gar kein standesgemäßer Umgang für Nationalsozialisten.

Wir sind bloß alte Frontschweine, die es ablehnen, mit Prinzen, Generälen und Drückebergern, die sich heute national gebärden, eine Volksgemeinschaft zu bilden. Diese Herren haben während des Krieges mit uns zusammen nicht aus einem Kochgeschirr gefressen.

Wir haben noch nicht mal die Absicht, auch nur einen Hosenknopf in die Sammelbüchse der Nazipartei zu werfen. Was also wollten die vier Herren mit uns besprechen?

Wie? Die Herren Nazis wollten uns einschüchtern? Heilige Tüte! Wir heißen doch nicht Ullsteinthal! Nee, da geben sich die Leute – um mit Jupp Goebbels zu sprechen – einem falschen Irrtum hin. Ihr könnt machen, was Ihr wollt. Ihr könnt verbieten, Ihr könnt mit Revolvern drohen, Ihr könnt knallen – aber eins könnt Ihr nicht: uns davon überzeugen, daß wir unrecht haben und Ihr im Recht seid.

Ihr werdet es nicht erleben, daß wir unsere Fahne verlassen.

Wir schreiben und zeichnen, wie es uns paßt.

Und wenn Ihr aufheult, wissen wir, daß wir euch getroffen haben. Eure Führer aber, die immer soviel von deutscher Würde, deutscher Ehre und deutschem Mut faseln, sollten euch beibringen, daß man Frauen nicht mit Revolvern bedroht.

Ihr seid keine Kerls. Ihr seid bloß Jammerlappen!

Wieviel hat man euch für eure schlechte Arbeit gezahlt?

Aus: Die Ente 7/1933

Ladis Laus
Leichenrede

Wir üben keine Kritik
An dir, Republik.

De mortuis nil nisi bene,
Wir wittern Morgenluft,
Und halten nur 'ne kleene
Leichenrede an deiner Gruft.

Hier ist der Frieden, hier ist die Ruh,
Wir sind schlecht bei Kasse –
Sonst bekämest du
Ein Staatsbegräbnis erster Klasse.

„In memoriam" wollen wir setzen
Auf deinen Leichenstein,
Ein deutsches Wort könnte verletzen –
Doch dies ist Latein.

✝

Hier liegt die Ehre
Der Revolutionäre – –

Das könnte man schon zensieren,
Es ist reichlich scharf –
Man müßte in Leipzig appellieren,
Ob man das sagen darf.

Bevor aber die Beschwerde
Den Staatsgerichtshof erreicht,
Beten wir: Die deutsche Erde,
Werde im Himmel dir leicht.

Doch sonst wird im ganzen Reiche
Jede Kundgebung aufgelöst.
Schade, daß deine Leiche
Ohne Nachruf verwest.

Aus: Die Ente 7/1933

Anhang

Nachwort

Erich Kästner, Walter Mehring und Kurt Tucholsky verkehrten in den zwanziger Jahren als Auftragsautoren auch im Hause des Deutschen Literatur-Betriebes, Abteilung Theater, Unterabteilung literarische Großrevuen mit satirischem Einschlag. Selbstverständlich hatte der Generaldirektor des Unternehmens an ihren Texten eine Menge auszusetzen. Für seine merkantilen Zwecke waren sie entweder zu hoch, zu kraß, zu blaß oder gar zu revolutionär. Etwa nach dem Motto: „Das ist ja roter Schund und Schmutz is das ja! Das und das und das muß jestrichen werden oder es kommt jar nich!"

Eines Tages entspann sich nach den kulturpolitisch höchst aufschlußreichen Einwänden des „Generals" zwischen den Revue-Autoren im Treppenflur der während des Weimarer Karnevals schon reichlich ramponierten G.m.b.H. folgender, von Peter Panter auf uns gelangte Dialog:

„Ihr kommt runter. Ich gehe rauf – mein Geld holen."

„Da bemühen Sie sich gar nicht erst nach oben. Geld is nich. Aber Krach."

„Um Gottes willen ... was ist denn da oben los? Man möchte ja meinen, es wäre Mord und Totschlag – wer schreit denn da so – ?"

„Das? Das ist die Zeit. Sie schreit nach Satire –!" (1)

Diese fiktive, aber deshalb nicht weniger bezeichnende Szene aus dem Jahre 1929 korrespondiert auffällig mit Überlegungen, die Kurt Tucholsky schon zehn Jahre früher in einer Betrachtung für das BERLINER TAGEBLATT angestellt hatte. *Was darf die Satire?* – fragte der große Praktiker des Genres am 27. Januar 1919 und: Warum sind die Witzblätter der Deutschen, ihre Lustspiele, ihre Komödien und Filme in der Regel so langweilig und so mager?

Gab es angesichts der Niederschlagung der revolutionären Arbeiter in Berlin, angesichts des Mordes an Rosa Luxemburg und Karl Liebknecht wirklich nichts Wichtigeres? Dichterlaunen in den Tagen der Wahlen für die Weimarer Nationalversammlung, der Zeit beginnender „Umwandlung des junkerlich-bürgerlichen in einen bürgerlich-junkerlichen Imperialismus"? (2) Tucholskys Antwort auf die nur scheinbar abwegige Frage bekundete mehr als seine Sympathie für die revolutionär-demokratische Linie innerhalb der deutschen kritisch-polemischen Literatur. Damit diese Art von Dichtung wieder lebendig werde, brach er nicht zufällig gerade in dem Augenblick eine Lanze für die progressiv-kämpferische Satire, in dem sich die Rechtskräfte in Deutschland anschickten, die ökonomische und politische Macht des Imperialismus und Militarismus erfolgreich zu verteidigen. Tucholsky forderte: Die zeitgenössische Satire müsse wieder *beißen, lachen, pfeifen und die große, bunte Landsknechtstrommel trommeln* lernen, *gegen alles, was stockt und träge* ist. Zwar überwog in seiner beiläufigen Betrachtung zum Zustand der deutschen Satire noch die Klage über den verhängnisvollen Einfluß *Krähwinkels* – etwa, wenn er bemerkte, daß die Satiriker in Preußen und im Kaiserreich immer gezwungen gewesen seien, zwischen *Berufsständen, Klassen, Konfessionen* und *Lokaleinrichtungen* wahre *Eiertänze* zu vollführen; aber dahinter blitzte doch die Ahnung auf, daß zwischen der politischen Fehlentwicklung Deutschlands im neunzehnten Jahrhundert, der steckengebliebenen Revolution und einer „entmannten Satire" enge Zusammenhänge bestehen. Die positive Wendung dieser Tatsache, der immer dann zu beobachtende Aufschwung der Satire, wenn sie in ihren Zielen mit den Zielen revolutionärer Massenbewegungen übereinstimmt, konnte Tucholsky im BERLINER TAGEBLATT nicht vollziehen. Dafür rief er beherzt nach einer kämpferischen, treffsicheren sozialen und politischen Satire wie sie weiland der einzigartige SIMPLICISSIMUS verfocht, „als er noch die große, rote Bulldogge rechtens im Wappen führte" (3) und gegen Typen wie den prügelnden Unteroffizier, den stockfleckigen Bürokraten, den Rohrstockpauker, den fettherzigen Unternehmer, den näselnden Offizier, den polternden Krautjunker usw. erfolgreich Front machte.

Die Revolution von 1918 hatte diese Figuren nicht von der Bühne gefegt. Unter modischeren Kostümen wandelten weiter die alten Herren. Getrost konnten die Kritiker der frühen zwanziger Jahre in ihnen immer noch ihre Schießscheiben sehen. Notwendiger aber war, die neuen, für den schwarz-weiß-rot-goldenen Mischcharakter der Weimarer Republik typischen Gestalten und Themen genau anzuvisieren. Tucholsky hatte bereits im Januar 1919 auf „den dicken Kraken" gewiesen, „der das ganze Land bedrückt und dahockt: fett, faul und lebenstötend". (4)

Schaut man hinter das literarische Sinnbild, zeigen sich die Konturen wechselnder Koalitionen, in deren Verlauf die Arbeiterklasse und die Werktätigen um die Früchte der Revolution betrogen, maßgebliche SPD-Führer in den Staatsämtern korrumpiert, der bürgerlich-parlamentarischen Demokratie „janz pöh-a-pöh" die Demokratie ausgetrieben und entscheidende Teile des deutschen Kleinbürgertums in einen Heil-rufenden Block fanatisierter „Volksgenossen" verwandelt wurde.

Der Fächer der satirischen Thematik in der später fälschlich als „golden" bezeichneten Dekade war so breit wie die gesellschaftlichen und individuellen Konflikte und Widersprüche der Weimarer Republik tief und reif waren. Spätbürgerliche Verfallserscheinungen durchdrangen den offiziellen Kulturbetrieb einschließlich Presse, Rundfunk und Theater. Selbst intimere Lebensbereiche wie Ehe, Familie, sexuelle Partnerschaften blieben davon nicht unberührt. Der Satiriker der zwanziger Jahre sah sich einer Galerie morbider, reaktionärer, verspießerter, pseudorevolutionärer oder gefährlich-naiver Zeitgenossen gegenüber. Da half nur eins: Anprangern, Namhaftmachen und Dokumentieren der Gefahr. Weg mit den Biedermannsmasken vor den Gesichtern der Reichskanzler, Minister, Bankdirektoren und Aufsichtsräte! Schluß mit den scheinrevolutionären Gesten von Partei- und Gewerkschaftsbonzen! Gleichzeitig gehörte es zum Hauptanliegen der kämpferischen Satire, dem deutschen Mittel- und Kleinbürgertum Nationalismus, Chauvinismus, Reformismus und die „Grundtorheit der Epoche" als Gesinnungen vorzustellen, in denen sich mehr oder weniger verhüllt die ideologische Vorbereitung des Faschismus ausdrückte.

Als Reflex auf die revolutionären Nachkriegsjahre und in unmittelbarem Zusammenhang mit der Herausbildung neuer Agitations- und Propagandaformen der Kommunistischen Partei Deutschlands entstanden Mitte der zwanziger Jahre neben der linksbürgerlichen Satire bedeutende satirische Lieder, Gedichte, Feuilletons und Szenen proletarisch-revolutionärer Schriftsteller vom Range Erich Weinerts, Slangs, Karl Schnogs u. a.

Weinert, hervorgegangen aus verrauchten Kabaretts der Messestadt Leipzig und den Künstlerkaffees des Berliner Westens, verstand seine Kunst spätestens ab 1924 als *literarische Sprengpatrone*. Mit der *linken Melancholie* und der *Ecce-homo-Pointe* vieler bürgerlich-humanistischer Satiriker hatte er nie etwas zu tun. Über seine Anfänge 1919/20 berichtete er: „Als ich ... das Bürger- und Kleinbürgertum, das ich in meinem Umgang berührte, wieder in seiner ganzen feigen Arroganz und Verlogenheit sich restaurieren sah, reagierte ich mit Haß. Ich fühlte das Verlangen, diese patriotischen Gehröcke, die sich schon wieder, kaum, daß das Blut der Arbeiter getrocknet war, öffentlich mit den Emblemen der Reaktion versammeln durften, bis auf die Unterhosen auszuziehen, um sie dem Spott der Welt preiszugeben." (5)

Nicht Skeptizismus und Nihilismus, sondern Haß, Zorn und revolutionäre Leidenschaft als Impulse kennzeichnen Weinerts Selbstverständnis und seine Dichtung. Nach seinem Vorbild, in ständiger Korrespondenz mit der Strategie und Taktik der Kommunistischen Partei, entwickelte sich die *rote Satire* rasch zu einer federnden, scharfen Waffe im proletarischen Massenkampf gegen Militarismus und Faschismus, Hunger und Krieg. Sie wuchs auf Versammlungen, in Arbeitertheatern, auf Agitpropveranstaltungen, blühte im Feuilleton der ROTEN FAHNE und gedieh unterschiedlich in der lokalen proletarischen Presse.

Anfang der zwanziger Jahre schuf sich die revolutionäre Arbeiterklasse ihre eigenen satirischen Blätter. Wieland Herzfeldes Zeitschrift DIE PLEITE (1919–1924) kann als ein Vorläufer gelten. Als erste, von der Kommunistischen Partei Deutschlands herausgegebene satirische Arbeiterzeitung erschien von 1923 bis 1927 DER KNÜPPEL. Im April 1928 erfolgte die Gründung des EULENSPIEGELS als ZEITSCHRIFT FÜR SCHERZ, SATIRE, IRONIE UND TIEFERE BEDEUTUNG. Als Nachfolgeorgan des KNÜPPELS bestand DER EULENSPIEGEL bis Ende des Jahres 1932. Dann wurde er umbenannt in ROTER PFEFFER. Der ROTE PFEFFER erschien bis zum Reichstagsbrand Ende Februar 1933 zweimal im Monat auf Zeitungspapier und im Zeitungsdruck zu verbilligtem Preis. Danach gab es nichts mehr zu lachen in Deutschland ...

EULENSPIEGEL und ROTER PFEFFER hatten gleichermaßen um ihre Massenwirksamkeit gekämpft. Ende der zwanziger Jahre sahen sich die Mittel- und Zwischenschichten durch die Weltwirtschaftskrise direkt im Polarisierungsfeld zwischen rechts und links. Keinesfalls durfte das revolutionäre Proletariat sie an den Gegner „überschreiben". Bei aller prinzipiellen Kritik an ihrer schwankenden Haltung, ihrer Anfälligkeit für den Faschismus, galt es, ihnen die Perspektive an der Seite der Arbeiterklasse zu erklären. Erich Weinert zeigte, daß dies möglich war. Als man ihm einmal den Vorwurf machte, er verschwende zu viel Mühe darauf, nichtproletarische Schichten überzeugen zu wollen, antwortete er ungeduldigen Diskussionspartnern: „Es lag mir nicht daran, den Starken das Evangelium der Kraft zu predigen; ich sah eine viel wichtigere Aufgabe darin, in alle diejenigen sozialen Schichten zu dringen, die von unserer Propaganda sonst nicht erreicht wurden ... Uns sollte keiner, abgesehen von denen, die schon aus eingefleischtem Klasseninteresse unser Urfeind sind, zu schlecht sein, daß wir uns mit ihm beschäftigten." (6)

Dieses Anliegen verwirklichte Erich Weinert nicht nur auf zahlreichen Rezitations- und Vortragsabenden, bei denen sich das Auditorium oft überwiegend aus bürgerlichen Intellektuellen, Indifferenten, Mittelständlern, Sozialdemokraten und Bauern zusammensetzte, sondern auch durch seine Mitarbeit an linksbürgerlichen und antifaschistischen Presseorganen, wenn er die Gewißheit hatte, daß sie keine kompromißlerische Linie verfolgten und seinen Namen nicht aus kommerziellen Erwägungen mißbrauchten.

1955 wurde mitgeteilt, daß Erich Weinert zwischen 1921 und 1933 in Deutschland für mehr als vierzig Blätter – 21 Zeitungen und 22 Zeitschriften – geschrieben hat. Diese Zahl erhöht sich, weil auch kleine, kurzlebige, mehr oder weniger unbekannt gebliebene satirische Periodica der Weimarer Zeit in Betracht gezogen werden müssen. So wies Franz Leschnitzer (7) darauf hin, daß die lange als verschollen geltende, im Berliner Dialekt geschriebene und erstmals in der WELTBRILLE (Sonderheft „Der Bürger", 1928, August-September-Heft) veröffentlichte Bühnensatire FEIERABEND (vgl. S. 34) von einem „Benutzer der Deutschen Bücherei in Leipzig" erst Mitte der sechziger Jahre bei der Durchsicht der WELTBRILLE wiederentdeckt werden konnte.

Die Satire in der Weimarer Republik vermochte ihrem umfassenden gesellschaftlichen Auftrag nur durch eine kollektive Anstrengung, durch eine Ensembleleistung gerecht zu werden. Erich Weinert verwirklichte mit ihrer Hilfe ein Kapitel Aktionseinheit zwischen revolutionärer Arbeiterklasse und anderen werktätigen Schichten.

Aus der Gemeinsamkeit der Stoßrichtung linkbürgerlicher und proletarisch-revolutionärer Satire leiteten Herausgeber und Verlag von BIS FÜNF NACH ZWÖLFE, KLEINE MAUS wichtige Auswahlprinzipien her. In dieser Sammlung beschäftigen sich bekannte und unbekannte, bürgerliche und proletarische Schriftsteller mit wesentlichen gesellschaftlichen Erscheinungen und Tendenzen der zwanziger Jahre. Politische Krebsschäden und fauler Kulturzauber werden ebenso unter die Lupe genommen, wie immer wieder das Verhalten des *kleinen Mannes*, sein Existenzkampf, seine Weltanschauung, seine scheinbar privaten Vergnügungen und Sorgen. In wachsendem Maße geriet das

Leben des Kleinbürgers zwischen 1918 und 1933 aus dem gewohnten Gleis. Neben der statischen Mobilität, der Karussellradfahrerei und der Rummelplatzideologie (heruntergekommene Vorstellungen von der Welt als Theater) gerade der Mittelschichten in der Zeit des *Zwischenspiels* macht die Auswahl auch die mögliche Mobilisierung des Bürgers für Aggressionen und sein Abgleiten in die Katastrophe deutlich.

Wie in Egon Erwin Kischs Prosasatire KLEINBÜRGER AUF RÄDERN (vgl. S. 19) der Maurer Syrowattka sich aus einem armen Schlucker, der seine Familie in einem ausgedienten Eisenbahnwaggon unterbringt, in einen saturierten „Eigenheim-Besitzer" und eifernden Reaktionär verwandelt, mauserten sich aus großen Teilen des deutschen Kleinbürgertums wildgewordene Spießer und gewöhnliche Faschisten. Angst vor der angeblichen Kollektivierung des persönlichen Besitzes und bedenkenlos angenommenes „völkisches Bewußtsein" erzeugten auf der Grundlage ökonomischer Verelendung Antikommunismus und massenpsychotische Heilserwartung.

Deshalb betrachteten die linksbürgerliche und die proletarisch-revolutionäre Satire den Kampf gegen die verschiedenen Spielarten deutschnationaler und völkischer Gesinnung (Franzosenhaß, Antisemitismus, Antikommunismus, Antisowjetismus, Rassenwahn) als ein Hauptanliegen. Das spiegelt die Auswahl in beachtlichen literarischen Reflexionen wider. Zeugnisse für das Unterlaufen präfaschistischer und faschistischer Ideologie finden sich in allen Abteilungen der Sammlung.

Die Verwandtschaft von borniertem Nationalismus und aggressivem Größenwahn läßt sich anhand der Texte in allen Phasen anschaulich verfolgen. *Blonde Deutsche, schließt die Reih'n, Streiter des Lichts laßt uns sein* – Was als elitärer Germanenrummel manchem Republikaner 1920 noch wie ein Relikt aus Kaisers Zeiten erschienen sein mochte, hatte sich wenige Jahre später parallel zu blinder Anti-Versailles-Stimmung erneut zu imperialistischem Großmachtsanspruch entwickelt. „Es genügt, irgendeinem Krümel das Epitheton ‚deutsch' anzuhängen", schrieb Kurt Tucholsky 1924, „und Kaffeemaschine, Universitätsprofessor und Abführmittel haben ihr Lob weg ... Man kann keine Zeitung aufschlagen, ohne daß einem auf jeder Seite dreimal versichert wird: Dieses sei deutsch, jener habe deutsch gehandelt, und der dritte habe nach deutscher Art Konkurs oder sonstwas gemacht ... Das Kinderlied ‚Deutschland, Deutschland über alles' mit seinem Sammelsurium von deutschen Weinen, deutschen Zigarrenkisten und deutschen Fehlfarben hat da viel Unheil angerichtet." (vgl. S. 151) Hitler und die Seinen sorgten schon „vor zwölfe" dafür, daß die „garantiert regenfeste", die „echt deutsche Hymne" von den Nachbarvölkern der Deutschen als Symbol des Unheils empfunden wurde.

Insgesamt präsentiert BIS FÜNF NACH ZWÖLFE, KLEINE MAUS originelle, typische und treffsichere Arbeiten von über 40 Autoren. Vor uns entsteht ein buntes, immer mit neuen Arrangements überraschendes Kaleidoskop einer Zeit, die vielen älteren Lesern noch in Erinnerung ist, den meisten jüngeren aber nur noch undeutlich erscheint.

Ausgewählt wurde aus der PILLE (1920 bis 1921), dem GLOSSARIUM (1921), aus dem SCHARFRICHTER (1924), einer „satirischen Streitschrift gegen alle", dem STACHELSCHWEIN (1924–1929), dem KREUZ- UND QUERSCHNITT (1925–1928), der WELTBRILLE (1928–1929) und aus der kleinen, tapferen, von Bernhard Gröttrup und Hardy Worm konsequent antifaschistisch redigierten Wochenzeitung DIE ENTE (1931–1933).

In der Regel handelt es sich um Beiträge, die – inhaltlich bedeutsam – auch heute noch verständlich, etwas vom Geist und Charakter, etwas von den Kämpfen dieser Zeitschriften bewahren konnten. In mancherlei Hinsicht versteht sich BIS FÜNF NACH ZWÖLFE, KLEINE MAUS auch als Fortsetzung von DAMALS IN DEN ZWANZIGER JAHREN – EIN STREIFZUG DURCH DIE SATIRISCHE WOCHENSCHRIFT DER DRACHE, erschienen ebenfalls im Buchverlag Der Morgen, Berlin 1968. Ein Vergleich der Autorenlisten beider Bücher ergibt interessante Aufschlüsse. DER DRACHE, herausgegeben von Hans Reimann und seit 1921 maßgeblich geleitet von Hans Bauer, erschien von Oktober 1919 bis April 1925 in Leipzig. Viele seiner prominenten Mitarbeiter – Erich Weinert, Karl Schnog, Walter Mehring, Kurt Tucholsky, Erich Kästner, Bruno Vogel, Franz Leschnitzer, Erich Gottgetreu, Ossip Kalenter, Hans Natonek, Max Herrmann-Neiße, Hans Reimann, Gerhard Schäke und Hardy Worm – veröffentlichten auch in der PILLE, im GLOSSARIUM, im STACHELSCHWEIN, im SCHARFRICHTER, im KREUZ- UND QUERSCHNITT, in der WELTBRILLE und in der ENTE. Gerhard Schäke, der achtzehnjährige Initiator des GLOSSARIUMS, versuchte sich später noch einmal als Herausgeber einer Zeitschrift WIR JUNGEN. Hans Reimann gründete nach Einstellung des DRACHEN das annähernd ebenso erfolgreiche STACHELSCHWEIN. Franz Leschnitzer amtierte für einige Zeit als leitender Redakteur der WELTBRILLE. Bernhard Gröttrup, Herausgeber und Hauptautor der PILLE, erscheint Anfang der dreißiger Jahre als Herausgeber der ENTE. Und Hardy Worm, dem talentierten Autor origineller Beiträge für linksbürgerliche satirische Blätter, begegnen wir 1931 als Chefredakteur der ENTE noch einmal. Bei vielen Autoren handelte es sich gleichzeitig um geschätzte Mitarbeiter der alten WELTBÜHNE und des in hohen Auflagen erscheinenden sozialdemokratischen Witzblattes LACHEN LINKS (1924–1927). Die Namen von Erich Weinert, Karl Schnog, Kurt Tucholsky, Walter Mehring. Erich Mühsam, Roda Roda finden sich wieder im KNÜPPEL, im EULENSPIEGEL und im ROTEN PFEFFER.

BIS FÜNF NACH ZWÖLFE, KLEINE MAUS widerspiegelt nicht alle Erscheinungen und Tendenzen in der satirischen Produktion der zwanziger Jahre. In diesem Zusammenhang sei an Werner Neubert erinnert, der darauf hingewiesen hat, daß das *objektive Kriterium für den Wert einer Satire* nicht einseitig darin zu suchen ist, ob „ihr Schöpfer ein erklärter Anhänger revolutionärer Umgestaltung war", sondern wesentlich in der Frage liegt, „ob der Satiriker wenigstens eine reale Tendenz der objektiv geschichtlichen Entwicklung zu erfassen, unter Umständen auch nur zu ‚erahnen' und künstlerisch originell zu gestalten vermochte". (8)

In erster Linie soll die Sammlung sein: ein kurzweiliges, amüsantes und doch nachdenklich stimmendes Lesebuch. Allen an der Entwicklung und Wirkung der deutschen Satire in den zwanziger Jahren Interessierten gibt es darüber hinaus Material, das zu vergleichenden kultur-, literatur- und pressegeschichtlichen Betrachtungen einlädt. So findet sich unter den satirischen Gedichten, Skizzen, Kurzgeschichten, Anekdoten, Glossen und Kommentaren nicht zufällig auch eine programmatische Ankündigung der proletarischen Brettltruppe DIE WESPEN um Erich Weinert, Resi Langer und Claus Clauberg, Autor: Karl Schnog. Was sucht dieser Beitrag in einem Satirikon? *Satira* läßt sich zurückführen auf *satura* und bedeutet im Spät- und Mittellateinischen sowohl Tadel als auch Allerlei, Gemengsel, *Vermischtes*. Vermischtes wird geboten. Mehr als die lexikalische Ableitung rechtfertigt jedoch der thematische Bezug den Abdruck dieser Arbeit.

Anfang der zwanziger Jahre war das Kabarett ein bedeutender Nährboden für die literarische Satire. Hier fand, wer auf rasche und überprüfbare Wirkung aus war, ein aufgeschlossenes, kritisches, aber entsprechend der jeweiligen Atmosphäre der Etablissements sozial recht einseitig zusammengesetztes Publikum. Der Proletarier und sein Mädchen mieden ambitionierte Vortragsbühnen und bürgerlich-plüschige Kabaretts. Wer den Arbeiter erreichen wollte, mußte ihm in seine Kommunikationszentren folgen. Nicht wenige der linksbürgerlichen und bürgerlich-humanistischen Satiriker waren nach Krieg und Revolution aus der Sphäre der Tanzdielen und Künstlerkaffees, aus dem Milieu der Inflationsbohemiens aufgebrochen und hatten unter dem Eindruck des Zeitgeschehens und dem Einfluß proletarisch-revolutionärer Kollegen und ihrer Literatur gelernt, auch nach den Ursachen der von ihnen mehr oder weniger konsequent kritisierten Symptome zu fragen. Weinerts WESPEN entwickelten aus der Situation ein Programm. Auf freundschaftliche, in den Jahren gemeinsamen Kampfes gegen Noske, Kapp, Ebert, Hindenburg, Geßler und Stresemann, gegen Fürstenabfindung, Panzerkreuzerbau, Schund- und Schmutzgesetzgebung entstandenen Beziehungen geht zurück, daß Karl Schnog anläßlich der Gründung der WESPEN 1929 in Reimanns STACHELSCHWEIN schrieb: „Wir wollen das Brettl aus der Sphäre der Tanzdielen oder der österreichisch-ungarischen Restaurants mit bunten Einlagen herausführen ... Wir wollen ‚ins Volk gehen‘, wie die Russen das um 1905 herum nannten (wir begannen in einer herrlichen Kaschemme am Alexanderplatz, im ‚Hackebär‘, und kokettierten eifrig mit einer wüsten Budike am Wedding), weil es sich lohnt, vor Menschen zu spielen, die zwar keinen Kragen aber eine Idee mit sich tragen. Vor Leuten, die auch mal von uns (Walter Mehring, Hans Reimann, Ringelnatz, Schnog, Erich Weinert und Tucholsky waren gemeint – R. G.) hören möchten, was sie sonst von uns lesen." (vgl. S. 100)

Der aufmerksame Leser wird vor allem in den Beiträgen von Karl Schnog, Hardy Worm, Kurt Tucholsky und Erich Weinert zunehmende Aggressivität, Zielsicherheit sowie eine immer vollkommenere Beherrschung der satirischen Mittel wahrnehmen. Dem widerspricht nicht, daß die antifaschistische Satire in der Hitze des Gefechts immer persönlicher und dokumentarischer wurde. EINS IN DIE FRESSE, MEIN HERZBLÄTTCHEN? Unter diesem Slogan gab DIE ENTE jeden Donnerstag überwiegend Kommentare zu Pressemeldungen aus Zeitungen des Gegners, die von Terrorakten der SA oder größenwahnsinnigen Ausbrüchen nationalsozialistischer Theoretiker im Goebbels-Stil berichteten. Oft brauchte man die Schlagzeilen der Nazis bloß leicht umzustellen oder anders zu pointieren, um ihre Phrasenhaftigkeit, Gefährlichkeit und Verstiegenheit zu zeigen. Hardy Worm, der zu Beginn der zwanziger Jahre mit gelungenen Parodien, Kabarettrevuen, Glossen und Satiren auf den spätbürgerlichen Kulturbetrieb hervorgetreten war, handhabte 1931/32 den politisch-satirischen Kommentar und die kurze politische Szene sehr wirkungsvoll. Übrigens ist es ein Verdienst von Herausgeber und Verlag, wieder auf diesen Mann hingewiesen zu haben. Hardy Worm, ein intimer Kenner Berliner Milieus, Verfasser populärer Chansontexte (die Annemarie Hase gerne sang), kämpfte an der Seite linksbürgerlicher und kommunistischer Gefährten wie Carl von Ossietzky und Erich Weinert entschieden gegen die wachsende Faschisierung Deutschlands. Unter seiner Leitung verstand sich DIE ENTE als Kampfblatt der antifaschistischen Einheitsfront. In einer seiner letzten Szenen über die politische Gleichschaltung des Rundfunks entlarvte Hardy Worm noch einmal die Hakenkreuzfahne als wahre *Dukatenflagge*. Dann zwangen ihn die Ereignisse zur Flucht. Das Erscheinen des TOLLEN ENTENBUCHES, herausgegeben von Hardy Worm und Bernhard Gröttrup, konnte er Anfang 1933 zwar noch erleben, nachdem es im Annoncenteil der alten WELTBÜHNE wiederholt angekündigt worden war. Aber trotz der Mitarbeit solch bekannter Autoren wie Erich Weinert, Erich Mühsam, Erich Kästner, Roda Roda, Peter Scher und Paul Nikolaus war dem Bändchen mit der schnatternden Ente auf dem von Karl Holtz gestalteten Schutzumschlag kein Erfolg mehr beschieden. Nur in wenigen Exemplaren gelangte es in den Buchhandel. Heute ist es eine bibliophile Rarität und Wolfgang U. Schütte tat recht daran, es für Auswahl und Kommentierung heranzuziehen.

Neben den scharfen Attacken, die einzelne linksbürgerliche Satiriker gegen die *Heerwürger*, *Blutrichter* und *Mordmarschälle* (Albert Ehrenstein) ritten, sind in den Texten der Sammlung Töne der Bitterkeit und Resignation nicht zu überhören. Sie signalisieren die allgemeine Tendenz der spätbürgerlich-humanistischen Satire, dort, wo sie sich nicht zum Verständnis der historischen Bewegung erheben konnte und stattdessen versuchte, mit traditionellen, allgemeinmenschlichen Postulaten den Einzelnen auf den Weg der Selbsthilfe zu drängen, notwendig zum Bewußtsein ihrer Vergeblichkeit, ihres Scheiterns zu gelangen.

Einer solchen Haltung entspricht der Hang zum Fatalismus und zur Annahme einer angeblichen *Wiederkehr des Gleichen* im Geschichtsverständnis einiger Autoren. Deshalb geben wir Walter Benjamins Kritik an Kästners, Mehrings und Tucholskys politischer Lyrik als dem *Produkt einer auf verlorenem Posten stehenden linksradikalen Intelligenz,* sein hartes Wort von der *proletarischen Mimikry des zerfallenden Bürgertums* und seinen Hinweis auf die *Verwandlung des politischen Kampfes aus einem Zwang in einen Gegenstand des Vergnügens* (9) unseren Lesern zu bedenken.

In BIS FÜNF NACH ZWÖLFE, KLEINE MAUS steht neben Texten, die das Unbehagen und die Unzufriedenheit mit der gesellschaftlichen Wirklichkeit in der Weimarer Republik ungebrochen widerspiegeln, auch das eine oder andere Melancholisch-Unverbindliche und Routiniert-Konfektionelle. Es wurde nicht eliminiert, weil es für den Zustand der Satire in den Zwanzigern auch charakteristisch ist. Der an Weinert und Tucholsky geschulte Leser besitzt ohnehin Wertmaßstäbe, mit denen unbekannte Texte zu messen wir ihm das Vergnügen nicht nehmen wollten.

Wenn das Buch auch dazu beiträgt, daß der oder jener Literaturwissenschaftler den vielfältigen Sujet- und Formbeziehungen in der Satire zwischen 1918 und 1933, der wechselseitigen Beeinflussung ihrer Autoren, der großen Ausstrahlkraft Erich Weinerts, ihrer unterschiedlichen Wirkung auf verschiedene Publikumsschichten nachginge, hätte es mehr erreicht als ursprünglich beabsichtigt.

Sollte der Streifzug durch einige satirische Blätter der Weimarer Republik zufällig Gegenwartsspaßmachern in die Hände fallen, empfehlen wir die Sammlung uneigennützig als Zitatenschatz. Vor einem Kurzschluß sei dabei allerdings doch gewarnt: Ein paar Evergreens von Hans Reimann, ein halbes Pfund Papiermehl vom Simpel, ausgelassen Fett von Tucholsky, drei Prisen Kästner und ein Schuß roter Pfeffer ergeben nicht von allein ein *neues* aktuelles satirisches Programm. Der Witz vom Witz liegt allemal im Schöpferischen.

Berlin, Februar 1972   Ruth Greuner

Quellen

1. Kurt Tucholsky, Ausgewählte Werke, Panter, Tiger und andere, Verlag Volk und Welt, Berlin 1957, S. 120
2. Wolfgang Ruge, Deutschland 1917–1933, VEB Deutscher Verlag der Wissenschaften, Berlin 1967, S. 106
3. Kurt Tucholsky, Ausgewählte Werke, Deutschland, Deutschland unter anderen, Verlag Volk und Welt, Berlin 1957, S. 12
4. Kurt Tucholsky, ebenda, S. 13
5. Erich Weinert, Die juckt es wieder, Verlag Volk und Welt, Berlin 1963, S. 118
6. Erich Weinert, ebenda, S. 128–129
7. Franz Leschnitzer, Neue Deutsche Literatur, 1965, Heft 11
8. Werner Neubert, Die Wandlung des Juvenal, Satire zwischen gestern und morgen, Dietz Verlag, Berlin 1966, S. 18
9. Walter Benjamin, Lesezeichen, Schriften zur deutschsprachigen Literatur, Verlag Philipp Reclam jun., Leipzig 1970, S. 255–256

Zeitschriftenporträts

„DIE PILLE" erschien zuerst als „medi-zynische", später als „aktuelle, kritische, freche, unparteiische Wochenschrift" von 1920 bis 1921 in Hannover. Der Vollständigkeit halber sei mitgeteilt, daß 1928 der VIII. Jahrgang (bestehend aus einem Heft) unter dem Titel „W. d. P. – Was die Presse nicht sagt" ediert wurde. Von 1922 bis 1927 ließ sich die Wochenschrift nicht nachweisen.

Herausgeber, Redakteur und Hauptautor war Bernhard Gröttrup. Das große, allerdings nie erreichte Vorbild war der um ein Jahr jüngere „Drachen" in Leipzig. Ursprünglich war „Die Pille" als hannoveraner Lokalzeitschrift gedacht (ähnlich dem „Drachen", der als „Leipziger Zeitschrift" aus der Taufe gehoben wurde), doch diese Absicht ließ sich auf die Dauer nicht verwirklichen, da Hannover nie wie Berlin, München oder Leipzig geistig-kulturelles Zentrum gewesen ist. Die Provinz, auch die geistige, erwies sich hier für die Edition einer Wochenschrift von Dauer als hinderlich. In einer Selbsteinschätzung im zweiten Heft des zweiten Jahrgangs schrieb Gröttrup über seine Wochenschrift: Sie „kämpft gegen die Kulturauswüchse unserer Zeit – und ist selbst solch ein Kulturzeichen; sie kämpft gegen die sittliche Verkommenheit eines Herrn Linge – und hat auf dem eigenen Papier Raum für eine freche Zote; sie kämpft gegen die Schmutzliteratur und bringt (der Wahrheit zur Ehre!) selbst hin und wieder einen Fetzen unseres obscönen Lebens, sie kämpft gegen das Spießertum und hat nicht den Mut, revolutionär zu sein ... Die Pille ist und will sein: ein getreues Spiegelbild der Zeit. Einer Zeit, die, voll des besten Willens nicht die Kraft findet, den geraden Weg des Heils zu gehen." Allerdings stellte hier Gröttrup sein Licht und das der „Pille" doch ein bißchen unter den Scheffel, denn – der Wahrheit zur Ehre! – Zoten und „Fetzen des obscönen Lebens" finden sich selten in dieser Wochenschrift. Dagegen findet der Betrachter auch heute noch lesenswerte Texte, die wir vor allem der Feder und dem Gespür Bernhard Gröttrups sowie dem Talent seiner Mitarbeiter Paul Nikolaus (Peter Natron), Ossip Kalenter und Hardy Worm verdanken.

„GLOSSARIUM – satirische Monatsschrift für Theater, Kientopf, Musik und Bücher" ist der voluminöse Titel einer 1921 in Leipzig erschienenen Zeitschrift. Herausgeber war der achtzehnjährige Gerhard Schäke. Es ging ihm nicht darum, „bestehenden Blättern Konkurrenz" zu machen, vielmehr wollte er „üble Zeitgeister und Errungenschaften unserer fortschrittlichen Kultur glossieren" (Absicht vor Einsicht, Heft 1). Gerhard Schäke, heute in der BRD unter dem Pseudonym Peter Omm bekannter Autor von kulturgeschichtlichen und Sachbüchern, erinnert sich seiner Anfänge in einem Brief an den Herausgeber: „Ich war 18 Jahre alt, als ich die erste Nummer meiner Zeitschrift ‚Glossarium' herausbrachte ... Das zweite Heft enthielt bereits zwei Beiträge von Lion Feuchtwanger. Der gute Wille war da – doch das Ganze war ein bißchen dünn und anfängerhaft. Die neue Zeit, 1921, nach der Revolution von 1918, brauchte, wollte, vertrug Kritik. Die politischen Kabaretts schossen aus der Erde, sie hatten dank erschwinglicher Eintrittspreise großen Zulauf. Viele der satirisch-kritischen Zeitschriften, die damals gleichermaßen dutzendweise erschienen, waren au fond politisch orientiert oder standen im Dienste einer Gruppe. Eine vielgelesene Leipziger Filmzeitschrift wurde von einem Filmverleiher mit allen Konsequenzen ‚finanziert'. Ich wollte ohne Einschränkung sagen, was zu sagen war, und einige Freunde ... waren ähnlicher Meinung und taten gerne mit. Doch es ging manches daneben (wem wohl nicht?), und die Zeitschrift wurde bald eingestellt. Der Verleger, ein ebenso leicht enthusiasmierter wie erfahrener Mann, wollte das Defizit nicht länger tragen ... Aus unerfindlichen Gründen wurde ich jahrelang gedrängt, eine neue Zeitschrift für die Jungen (nicht für die Jugend) zu machen.

Klaus Mann war bereit, für dieses Blatt zu schreiben, sein erster Beitrag erschien in der Null-Nummer von ‚wir jungen'. Doch der Verleger bestand im letzten Moment darauf, als Herausgeber zu signieren. Damit zerschlug sich der Plan. Als ich 22 war, wußte ich, daß Zeitschriftengründen kein Metier war, für das ich begabt war."

„DER SCHARFRICHTER. Satyrische Streitschrift gegen alle" erschien mit drei Nummern 1924 in Frankfurt am Main. Schriftleiter des Blattes, das einen Henker als Titelzeichen führte, war W. Stahn. Man wollte „jede deutsche Philisterseele einschließlich der dazugehörigen Normalwäsche und Gesundheitsstiefel auf das Rad der Lächerlichkeit" flechten, wie es im ersten Heft formuliert wurde. Doch auch hier blieb man in den Ansätzen stecken, nach 3 Nummern war der Atem und sicher auch das Geld ausgegangen. Bemerkenswert aber bleibt die Tatsache, sowohl beim ‚Glossarium' als auch hier, daß die Herausgeber prominente Leute bewegen konnten, für ihr Blatt zu schreiben. War es dort Lion Feuchtwanger, so waren es hier Erich Mühsam und der seinerzeit sehr bekannte Journalist Hans Natonek. Das wenig konturierte Anliegen war eine der Ursachen für die Kurzlebigkeit des „Scharfrichter". Eine andere und nicht minder wichtige war die Existenz einer neuen Zeitschrift, die am gleichen Ort erschien. Doch trotz der kurzen Erscheinungsperiode verdanken wir der Streitschrift interessante Gedichte von Erich Mühsam, Hans Natoneks Feuilleton und Zeichnungen von Lino Salini.

„DAS STACHELSCHWEIN" erschien von 1924 bis 1929. Erster Verlagsort war Frankfurt am Main, später wurde die Zeitschrift vom linken Berliner Verlag „Die Schmiede" ediert. Gründer war der Humorist, Kabarettist und Zeichner Hans Reimann, ein Mann, der dem künstlerischen Leben der zwanziger Jahre manchen Impuls gegeben hat. In unserem Zusammenhang ist vor allem auf zwei wesentliche Leistungen Reimanns zu verweisen. Er war Vater des „Drachen", der dann durch Hans Bauer seine klare politische Orientierung bekam, und er war der Gründer des „Stachelschweins". Die Zeitschrift war bestens redigiert, zuerst von Reimann selbst, später von seinem Freund Dr. Hans Harbeck. Erstaunlich ist die Mitarbeiterzahl. Über den Beginn berichtet Hans Reimann in seinen Memoiren „Mein blaues Wunder": „Am 27. September erschien das zweite, eine Woche vorher das erste ‚Stachelschwein' zum Preis von 50 Pfennig. Siegfried Jacobsohn hatte die Ouverture gedichtet, Pallenberg war ebenfalls in der Eröffnungsnummer vertreten ... Meine Mitarbeiter waren: Jan Altenburg (Dr. Eduard Plietzsch), Hans Bauer, Ralph Benatzky, Max Brod, Walther Brügmann, Fred Endrikat, Herbert Eulenberg, Oskar Maria Graf, Hans Harbeck, Friedrich Holländer, Hellmuth Krüger, Hans Natonek, Leo Perutz, Hans Reiser, Roda Roda, Karl Schnog, Erich Weinert. Als Graphiker betätigte sich Karl Holtz. Erich Kästners erster Beitrag erschien in Heft 11 vom 29. November 1924 (‚Die Hungermayonnaise') und trug den Verfassernamen Peter Flint. Von den Autoren mag man auf die Art der Wochenschrift schließen. Sie konnte kaum anders heißen."

Man spießte alles auf, was man des Aufspießens für wert und notwendig hielt. Reimann bekämpfte vor allem und mit nie erlahmendem Eifer den deutschen Kleinbürger in allen nur denkbaren Varianten. Zwar waren es oft nur Oberflächenerscheinungen der Weimarer Republik, die angegriffen wurden, doch durch Mitarbeiter, die entweder der KPD nahestanden oder Kommunisten waren wie Erich Weinert und Karl Schnog, gelang es gelegentlich, auch tiefer zu loten. Günstig für den Autorenzulauf des „Stachelschwein" war die Tatsache, daß der „Drachen" im April 1925 sein Leben aushauchte. Viele Drachenautoren fanden hier ein neues Betätigungsfeld.

„DER KREUZ- UND QUERSCHNITT" erschien 1925 unter der Redaktion von Leon Hirsch, der gleichzeitig Verleger sowohl dieser Zeitschrift als auch Buchverleger war (er edierte u. a. das erste Buch von Erich Weinert, brachte Karl Schnog,

Hardy Worm und andere linke Autoren heraus). Das Blatt war offensichtlich gedacht als Parodie auf den bürgerlichen „Querschnitt". Das wiederum war ein Unternehmen, das von 1921 bis 1934 herauskam und nach dem „Durcheinander des Salatprinzips" redigiert wurde. Bestreben der Redakteure war es, „das Heterogene aufeinander zu bolzen". Daß sich eine solcherart gemachte Zeitschrift zur Parodie direkt anbot, versteht sich von selbst. Doch bei den Parodisten kam noch der eindeutig linke Standpunkt hinzu, und im Ergebnis hatte man mehr als eine Parodie zu verzeichnen, nämlich eine satirische Zeitschrift mit durchaus eigenem Gesicht, eine Zeitschrift, die in ihrer Kritik an Zeitzuständen auch weit über das Vorbild hinaus reichte. Die ersten beiden Nummern erschienen November und Dezember 1925, die dritte und letzte kam erst 1928. Leon Hirsch behielt den Titel bei, erweiterte ihn jedoch um die Bemerkung „mit Britzer hinkendem Boten", denn Hirsch (wie auch Hardy Worm und andere Autoren) wohnten in Berlin-Britz. Der eigenwillige Leon Hirsch vermerkte in jeder Nummer „Mitarbeiter dankend verbeten", so kam es, daß die drei erschienenen Hefte fast ausschließlich die gleichen Autorennamen aufweisen.

„DIE WELTBRILLE" erschien erstmals im Mai 1928 in Berlin. Ab Nr. 4 übernahm Franz Leschnitzer die Redaktion. Gelegentlich der Wiederentdeckung des Weinert-Textes „Feierabend" erinnerte er sich der „Weltbrille": „Wie sich andere bürgerliche Ehrgeizlinge ein Rennpferd halten, hielt sich im Jahre 1928 der Berliner Zahnarzt Dr. Alfred Posner eine Monatsschrift, die er ‚Weltbrille' benamste. Nachdem er aus eigenen Kräften drei Nummern einer Zeitschrift zustandegebracht hatte, gelangte er zu der Erkenntnis, daß es dem Blatt bekömmlicher wäre, von einem Publizisten – womöglich aus dem Mitarbeiterkreis der ‚Weltbühne' – redigiert zu werden. Er verfiel auf mich; und ich, damals junger Student, konnte derlei Gehaltszuschuß zu einem unvorhandenen Stipendium brauchen. Mit ausdrücklicher Einwilligung Ossietzkys, welcher in der ‚Weltbrille' rechtens keine der ‚Weltbühne' gefährliche Konkurrentin erblickte, übernahm ich im Sommer 1928 die Schriftleitung, die bis zum Oktober desselben Jahres währte, das heißt, genausolange, wie die prokommunistisch-antimilitaristische Tendenz, die ich unter Mithilfe Egon Erwin Kischs, Bruno Vogels, Erich Weinerts und anderer dem Blatt gab, ebendessen nach wie vor nominellen Herausgeber Posner paßte". (Neue deutsche Literatur 11/1965).

Von den Autoren wären noch zu nennen der jugendliche Max Kolpe sowie einige Publizisten, die mit der Zeitschrift „Das Blaue Heft" liiert waren. Als Ausnahmeerscheinung dürfte der Beitrag von Erich Kästner über Walter Mehring gelten, der in einer der letzten Nummern der „Weltbrille" publiziert wurde. Nachdem Leschnitzer die Redaktion abgeben mußte, wurde die Zeitschrift zusehends schwächer, bis sie im Februar 1929 ihr Erscheinen ganz einstellte.

„DIE ENTE" erschien ab 1931 im Auffenberg Verlag, und dieser Verlag war ein Unternehmen von Bernhard Gröttrup – so schließt sich der Kreis. Anliegen des Blattes war es, gegen alle Schattierungen der Reaktion in Wort und Bild zu kämpfen. Gröttrup bot Hardy Worm die Stelle als Chefredakteur an, unter seiner Leitung wurde „Die Ente" eine antifaschistische, satirische Wochenzeitung, die sowohl linksbürgerlichen als auch kommunistischen und sozialdemokratischen Schriftstellern und Zeichnern eine Plattform bot, von der aus sie gemeinsam den Nationalsozialismus bekämpfen konnten. Ständige Mitarbeiter des antifaschistischen Kampfblattes, denn als solches begriff sich „Die Ente", waren Erich Weinert, Erich Mühsam, Erich Kästner, Roda Roda sowie die Zeichner Karl Holtz, Rudolf Herrmann und Kurt Werth. Zwar erschien schon 1932, herausgegeben von Bernhard Gröttrup und Hardy Worm, unter dem Titel „Das tolle Entenbuch" eine Sammlung der besten Arbeiten aus diesem Blatt, die bekannten Zeitumstände sorgten jedoch dafür, daß dieses Buch kaum noch wirksam werden konnte. Da das Buch heute eine bibliophile Rarität ist und angenommen werden kann, daß nur wenige Leser es noch besitzen, sei hier aus dem damaligen Vorwort von Hardy Worm zitiert: „Am 7. Oktober des Jahres 1931 – man merke sich dieses Datum! – klingelte das mir von der Post leihweise zur Verfügung gestellte Telephon und eine elegische Stimme fragte mich, wie mir die erste Nummer des Weltblattes ‚Die Ente' gefalle. Da ich von dieser Neugründung noch keine Kenntnis genommen hatte, entgegnete ich, daß sich natürlich aus dem Blatt etwas machen lasse, daß es drucktechnisch noch nicht ganz auf der Höhe sei, und daß es zuviel alte Witze bringe. Der Herr mit der elegischen Stimme erklärte mißmutig, daß ihm meine freimütige Kritik sehr gefalle, und er nicht abgeneigt sei, mir die Redaktion der neuen Zeitschrift zu übertragen, da man ihn dringend vor mir gewarnt habe ... Und so kam es denn, daß wir pünktlich jeden Donnerstag unsere Enten auf den Markt schleuderten, der davon gar nicht erbaut war. Den Zeitungshändlern gefiel die Zeitung so gut, daß sie sie versteckten. Sie wollten die Ente nur für sich haben. Heute scheint sie ihnen nicht mehr zu gefallen, denn sie halten sie jedem Kunden vor die Nase. Sechs Monate lang experimentierten wir mit dem geduldigen Entenvieh herum, dann endlich fanden wir die richtige Futtermischung heraus, und ein Studienrat aus Bautzen in Sachsen bestellte ein Probeabonnement. Er wurde einer unserer aufmerksamsten Leser. Erst neulich lief bei der Staatsanwaltschaft wieder eine Beschwerde von ihm ein ..."

Eine ständige Mitarbeiterin der „Ente" war die Schriftstellerin Elisabeth Castonier. In ihren Memoiren „Stürmisch bis heiter" berichtet sie: „Mir gefiel das freche, kleine Blatt, das den Nazis verhaßt war, weil sie niemandem erlaubten, über sie zu lachen. Ich erfand für die ‚Ente' die Gestalt einer hysterischen Nazistin, ‚Die fromme Helene aus Hitlershofen', zu der die Nazistinnen Modell gestanden hatten. Helene war eine beschränkte ältere Jungfer, die Verkörperung deutschen Spießertums und der von Hitler gepriesenen ‚echten teutschen Frau'. Helene verehrte Hitler wie einen germanischen Gott, ‚denn er ist Arier, und Gott ist doch ein Jude'. Helene trug nur braune, mit Hakenkreuzen bestickte Kleider, Hakenkreuzbrosche und Hakenkreuzarmbinde und weihte sich dem Germanenkult, indem sie in ihrer Wohnung Füllhörner, Fruchtschalen und Ochsengeweihe auf einem Tisch aufbaute, dessen Mittelpunkt eine kolorierte Hitler-Fotografie war. Brote und Semmeln in Hitlershofen mußten mit Hakenkreuzen verziert sein, alle Türen mit dem Hakenkreuz bemalt werden. Über Hitlershofen leuchtete nachts ein angestrahltes Hakenkreuz, Lakritzenstangen mußten in Hakenkreuzform gekrümmt werden, ‚weil der innere Mensch das germanische Zeichen einverleibt bekommen muß, das schon im Geiste lodert'. Ich erfand endlose Sätze, Parodien auf das bombastische Nazi-Deutsch des ‚Völkischen Beobachters' und des ‚Angriffs', und ein Sondergebet, das alle Hitlershofener abends und morgens auf dem Hauptplatz im Chor sprechen mußten: ‚Wir danken Dir, o unser Führer, unser aller Hort und Stärke, Wahrer des Deutschtums, Vernichter allen zersetzenden Judentums, Erneuerer unserer besten Kräfte, für Deine Fürsorge und geloben, alles zu ehren, was Du ehrest, auf daß wir gereinigt von allem Undeutschen das Tausendjährige Reich errichten können, was Wotan walten wolle.'

Die ‚Ente' wurde von den Naziblättern erbost angegriffen, die fromme Helene als ‚offensichtlich bolschewistisch-jüdisches Machwerk' bezeichnet. Ich ließ daraufhin die fromme Helene, die sich zuerst gesträubt hatte, sich einem PG zu ‚ergeben', ein Kind zur Welt bringen, dessen Arme und Beine in Hakenkreuzform gekrümmt waren. ‚Mein Sohn, mein fleischgewordenes Symbol', rief Helene, als sie dies erblickte, in tiefer Dankbarkeit aus. Und ihr Führer gab ihr den ‚Symbolträgerorden deutscher Frauen'."

In der „Ente" wurde die so bitter notwendige Einheitsfront praktiziert – ein nicht zu unterschätzendes Verdienst. Hardy Worm machte in der Kürze der Zeit ein beachtenswertes Blatt aus der „Ente". In einem Brief an den Herausgeber schreibt er über seine Arbeit: „Als mich B. G. (= Bernhard Göttrup) fragte, ob ich die Redaktion übernehmen wollte, waren ja schon einige kränklich aussehende Nummern erschienen. Ich machte B. G. den Vorschlag, ein linkes Groschenblatt von der Qualität des ‚Simplicissimus' zu schaffen und vor allen Dingen den sich üppig entfaltenden Faschismus zu bekämpfen. B. G., ein leichtversnobter Herr, der aber sehr viel Sinn für Humor und Satire hatte, ließ mir dann völlig freie Hand! Ich war damals der Auffassung, daß man mit einer guten Karikatur mehr sagen konnte als mit einem Leitartikel. Da der Verlag nicht gerade finanzstark war, gelang es mir erst mit der Zeit, gute Autoren und Zeichner für die Mitarbeit zu gewinnen. Autoren wie Weinert, Kästner, Mühsam, Scher, Roda Roda u. a. machten wohl hauptsächlich mit, weil ihnen die politische Haltung des Blattes gefiel. Fette Honorare wie der ‚Simpl' konnten wir natürlich nicht zahlen. Ich war heilfroh, als sich Karl Holtz und Rudolf Herrmann bereit erklärten, für uns zu arbeiten. Herrmann gab ich Sonntagabends telefonisch die Idee für die Kopfzeichnung durch, und er brachte sie montags früh auf die Redaktion und kassierte auch gleich. Ich glaube, er bekam damals für die Zeichnung die horrende Summe von 50 Mark, ein Spitzenhonorar.

Mein Redaktionszimmer war übrigens kleiner als eine Gefängniszelle, es wurde durch einen Bretterverschlag vom übrigen Teil des Ladens, in dem sich die Expedition befand, abgegrenzt. Da sich im Jahre 1932 die Drohbriefe häuften, und ich dicht an der Fensterscheibe meinen Platz hatte, engte B. G. meinen Raum ein, indem er hinter der Scheibe einige Zeitungsballen auftürmen ließ. ‚Damit Sie nicht gleich von draußen getroffen werden', sagte B. G. Er konnte also auch fürsorglich sein. Besucher, die zu mir kamen, starrten immer fasziniert auf meine Pistole, die ich griffbereit neben der Schreibmaschine liegen hatte. Es war wie im Wilden Westen. Und als die braunen Brüder im Februar des Jahres 33 dann doch kamen und den Laden zertrümmerten, saßen B. G. und ich gerade in einer Kneipe und überlegten, ob es ratsam sei, den Nazis noch eins über das Fell zu hauen. Wir brachten noch eine freche

Nummer heraus, dann kam das Verbot, und ich und meine tapfere Frau verließen unseren Wigwam und zogen westwärts. Wir wußten ja, was kommen würde."

Biographische Notizen

(Bei den nicht namentlich gezeichneten Arbeiten handelt es sich um redaktionelle Beiträge der jeweiligen Zeitschrift)

Albrecht, F. B. Erwin, 1897–1971; arbeitet vor 1933 unter zahlreichen Pseudonymen (Fritz Bernhard, Alfred Brandl-Echterding, Jan Peter Lemail) an linken Zeitungen und Zeitschriften mit. Außer in der „Ente" werden seine Beiträge gedruckt vom „Roten Pfeffer", der „Roten Fahne", „Berlin am Morgen" und „Welt am Abend". Seit 1946 ständiger Mitarbeiter des „Eulenspiegel". Neben seiner publizistischen Tätigkeit schreibt er mehrere Romane.
Werke: „Amalienhof", „Dackelmann", „Der Sandskandal", „Marius Siebenpunkt", „Der Tanzleutnant".

Altenburg, Jan (eigentlich Eduard Plietzsch), 1886–1961; Mitarbeiter an verschiedenen satirischen Zeitschriften, in denen sein Freund Hans Reimann (s. d.) publiziert. Betreibt die Schriftstellerei unter dem Pseudonym seiner Heimatstadt nur nebenberuflich, ist promovierter Kunsthistoriker und international angesehener Fachmann auf dem Gebiet der holländischen Malerei. Seine kunstkritischen Schriften über „Vermeer van Delft" und „Frans Hals" sind auch in unserer Republik erschienen.
Werke: „Gérard ter Borch", „... heiter die Kunst" (Memoiren).

besa, das ist Berthold Jacob (eigentlich Berthold Salomon), 1898–1944; Kriegsfreiwilliger im ersten Weltkrieg, kehrt als Pazifist zurück. Hrsg. der Korrespondenz „Zeit-Notizen", Mitarbeiter der „Weltbühne". Weist in einem Weltbühnenbeitrag auf die Teilnahme des ältesten Sohnes des Kronprinzen an einem Reichswehrmanöver hin, darauf muß General von Seeckt, Chef der Heeresleitung, seinen Abschied nehmen. E. E. Kisch (s. d.) beschreibt den aufsehenerregenden Fall in dem Artikel

der Schweiz arbeitet er mit an der „Neuen Zürcher Zeitung", der „Nationalzeitung", Basel, dem Berner „Bund" sowie am „Prager Tageblatt" und der „Prager Presse". O. K. zeichnet viele seiner Arbeiten mit seinen Initialen. In der Schweiz hat er bis 1948 als Ausländer Arbeitsverbot und darf auch nicht publizieren. So erscheinen viele seiner Bücher als „Stundenbücher", „Nachtstundenbücher", „Kanapeebücher" ohne Verfasserangabe. K. wirkt lange Zeit als Präsident des PEN-Zentrums deutschsprachiger Autoren im Ausland. **gest. 1976**
Werke: „Der seriöse Spaziergang", „Sanatorium", „Das goldene Dresden" u. a.

Kastein, Josef (eigentlich Julius Katzenstein), 1890–1946; schreibt Gedichte, Romane, Novellen, Biographien jüdischer Persönlichkeiten und eine großangelegte Geschichte des Judentums. Arbeitet einige Zeit als Rechtsanwalt in Ascona. Emigriert 1933 nach Palästina, wo er 1946 in Tel Aviv stirbt.
Werke (Auswahl): „Süskind von Trimberg oder die Tragödie der Heimatlosigkeit", „Uriel de Costa oder die Tragödie der Gesinnung".

Kisch, Egon Erwin, 1885–1948; bis 1902 Besuch der Staatsrealschule, kurzes Tiefbau-Studium an der Technischen Hochschule, wechselt nach einjährigem Militärdienst zur Journalistik über, wird Volontär beim „Prager Tageblatt". Von 1906 bis 1914 Lokalreporter der „Bohemia", 1913 bis 1914 Mitarbeiter beim „Berliner Tageblatt", Teilnahme am ersten Weltkrieg. 1918 Beteiligung am Wiener Januarstreik, Arbeit in illegalen Soldaten-Räten und Führer der Roten Garde in Wien, zu gleicher Zeit Eintritt in die KPÖ. 1921 Übersiedlung nach Berlin, hier Mitarbeit an der Parteipresse. In der Reichstagsbrandnacht 1933 verhaftet, aufgrund tschechischer Proteste jedoch freigelassen. Setzt seinen antifaschistischen Kampf in Paris im „Schutzverband deutscher Schriftsteller" fort. 1934 Delegierter des Weltkomitees gegen Krieg und Faschismus, Teilnehmer am Antikriegskongreß in Melbourne („Landung in Austra-

und Anthropologie in München und Berlin, promoviert zum Dr. phil. 1908 Theaterkritiker an der „Schaubühne", der späteren „Weltbühne". 1914 in Tunis interniert, Flucht nach Deutschland, wo er sich vorwiegend in München betätigt und Bertolt Brecht kennenlernt. 1925 Übersiedlung nach Berlin. 1933 Emigration nach Frankreich. Aktiver Teilnehmer am antifaschistischen Kampf. 1936 gründet er mit Brecht und Bredel die Emigrantenzeitschrift „Das Wort". 1940 beim Einmarsch der deutschen Truppen in Frankreich interniert („Unholdes Frankreich"). Es gelingt ihm unter sehr großen Schwierigkeiten, nach den USA zu entkommen, wo er bis zu seinem Tode in Pacific Palisades (Kalifornien) lebt. Die DDR ehrt sein Gesamtwerk mit dem Nationalpreis, die Humboldt-Universität verleiht ihm den Dr. honoris causa.
Werke: „Gesammelte Werke in Einzelausgaben".

Fischer, Fiete, geb. 1901; beginnt als siebzehnjähriger Gymnasiast an linksbürgerlichen und sozialistischen Zeitschriften mitzuarbeiten. Als ehemaliges aktives Mitglied der „Deutschen Liga für Menschenrechte" muß F. ab 1933 die freiberufliche Schriftstellerei und Publizistik aufgeben. Arbeitet heute vor allem als Autor von Anekdoten und Feuilletonist an zahlreichen Zeitungen, Zeitschriften und Publikationsorganen mit. F. lebt in Dresden.

Flint, Peter (siehe Kästner, Erich)

Gottgetreu, Erich, geb. 1903; schreibt erste Artikel in der Chemnitzer „Volksstimme", im „Sächsischen Volksblatt" (Zwickau), im „Drachen" (hier auch unter dem Pseudonym Ephraim Quandt) und in der „Leipziger Volkszeitung". 1923 bis 1928 Reisen durch Europa, Berichte darüber im „Vorwärts", im „Börsencourier" und in der „Weltbühne". 1929 Redakteur am „Lübecker Volksboten". Von Januar 1930 bis März 1933 Nachrichtenredakteur am „Sozialdemokratischen Pressedienst". Noch 1932 erscheint in der „Plauener Volkszeitung"

der (später nie in Buchform herausgegebene) Roman „Drittes Reich geheim". Im Mai 1933 Emigration nach Palästina. Hier journalistisch tätig, ab 1935 Korrespondent von „Bourse Egyptienne" und „Progres Egyptien". Von 1942 bis 1967 AP-Korrespondent für Israel, gegenwärtig freier Mitarbeiter für verschiedene Zeitschriften.
Werke: „Haben Sie gelesen, daß...", „Das Land der Söhne".

Gröttrup, Bernhard, 1883–1957; brachte in den zwanziger Jahren mehrere Zeitschriften heraus, die erste war „Die Pille", die letzte „Die Ente". Neben seiner Tätigkeit als Verleger (die Zeitschriften erscheinen meistens in seinem eigenen Verlag) ist er journalistisch tätig und schreibt unter zahlreichen Pseudonymen für seine eigenen Publikationsorgane. Der immer originell wirken wollende G. trägt stets und ständig ein Monokel und steckt auch sonst voller ausgefallener Ideen. Hardy Worm erinnert sich: „Übrigens erlebte Hannover in den zwanziger Jahren eine Sensation. Gröttrup ließ nämlich alle Litfaßsäulen mit einem Plakat bekleben, auf dem ich monokelbehaftet abgebildet wurde und als erster Preis für die Lösung eines Preisausschreibens ausgesetzt war. Die Zeitungen regten sich furchtbar über diese merkwürdige Art von Heiratslotterie auf... Ich hab niemals erfahren, ob mich jemand ‚gewonnen' hatte." (Brief von Hardy Worm an den Herausgeber). Ab 1933 widmet sich G. völlig der Herausgabe von Kriminalromanen, die er z. T. selbst unter dem Pseudonym Bernd Grote schreibt. Ein Versuch, nach 1945 die Tradition der „Ente" wieder aufleben zu lassen, mißlingt.

Hasenclever, Walter, 1890–1940; einer der Wortführer des Expressionismus. Studiert in Oxford und Lausanne, lebt nach dem ersten Weltkrieg als freier Schriftsteller in Paris und Berlin. In den zwanziger Jahren werden seine Dramen, vor allem die den Generationskonflikt zuspitzende Tragödie „Der Sohn", heftig diskutiert. 1933 geht H. ins Exil nach Frankreich, wird 1939, wie viele deutsche Emigranten, durch französische Behör-

den interniert und setzt beim Herannahen der Nazi-Truppen seinem Leben ein Ende.
Werke: „Der politische Dichter", „Der Jüngling", „Tod und Auferstehung", „Jenseits", „Ein besserer Herr", „Ehen werden im Himmel geschlossen", „Christoph Columbus" (zus. mit Kurt Tucholsky).

Henel, Hans Otto, geb. 1888; Mitarbeiter an zahlreichen linken Zeitungen und Zeitschriften. In der Nazizeit schreibt er Unterhaltungsliteratur. Nach 1945 tritt er nicht mehr als Autor oder Publizist hervor.
Werke: „Lichtwärts! Sprechchor", „Thron und Altar ohne Schminke", „Arbeiter und Sekte" (unter dem Pseudonym Skepticus).

Kästner, Erich, 1899–1974; Pseudonym Peter Flint. Ab 1919 Studium in Leipzig, Rostock und Berlin. Schon während des Studiums Arbeit als Redakteur an der linksdemokratischen „Neuen Leipziger Zeitung". 1925 promoviert K. zum Dr. phil. Lebt ab 1927 als freier Schriftsteller in Berlin. Arbeitet an zahlreichen linksgerichteten Publikationen mit. 1933 ist er Augenzeuge der Bücherverbrennung, wo auch Bücher aus seiner Feder den Flammen übereignet werden. Er erhält Schreibverbot und geht in die innere Emigration. 1945 bis 1948 Feuilletonredakteur der „Neuen Zeitung". 1946 Gründung und Herausgabe der Jugendzeitschrift „Pinguin". Von 1952 bis 1962 Präsident, seither Ehrenpräsident des PEN-Zentrums der BRD. 1957 erhält er den Georg-Büchner-Preis.
Werke (Auswahl): „Herz auf Taille", „Lärm im Spiegel", „Ein Mann gibt Auskunft", „Fabian", „Emil und die Detektive", „Das doppelte Lottchen".

Kalenter, Ossip (eigentlich Johannes Burkhardt), geb. 1900; Lebt seit 1924 in Italien, geht 1934 in die Tschechoslowakei, 1939 in die Schweiz, wo er heute noch lebt. In den zwanziger Jahren Mitarbeiter an vielen linksgerichteten Zeitschriften. In

„David und Goliath". J. siedelt bereits 1932 nach Straßburg über, wo er die zweisprachige Korrespondenz „Unabhängiger Zeitungsdienst" herausgibt. 1935 von Gestapoagenten aus der Schweiz entführt und in das berüchtigte Columbiahaus nach Berlin gebracht, doch aufgrund einer Intervention der Schweizer Regierung wieder freigelassen. 1939 in Frankreich interniert. 1941 Flucht über Madrid nach Lissabon. Ein Versuch, in ein außereuropäisches Land zu emigrieren, mißlingt. Wird erneut von Gestapoagenten nach Deutschland entführt und 1944 in Gestapohaft ermordet.
Sekundärliteratur: Ruth Greuner „Gegenspieler".

Bernhard, Fritz (siehe Albrecht, F. B. Erwin)

Büttner, Max (Daten nicht zu ermitteln), Arbeiten von M. B. finden sich nur in der „Pille".

Castonier, Elisabeth, geb. 1894; aus bürgerlichem Hause stammend, beginnt ihre schriftstellerische Laufbahn mit Gedichten und Übersetzungen französischer Klassiker. Gegen Ende der Weimarer Republik schreibt sie antifaschistische Artikel für das „Tagebuch" und „Die Ente". 1933 werden ihre Bücher von den Faschisten verbrannt. Sie emigriert zunächst nach Österreich, dann nach England, wo sie jetzt lebt. C. schreibt von sich: „Ich liebe Blumen, Tiere, verfolge den Ablauf meines Lebens mit Interesse, sogar mit Neugier, ohne Reue – und würde mein Leben genauso leben, wenn ich es von neuem beginnen dürfte: heiter, zufrieden, vor allem aber ohne Kompromiß." † 1975
Werke (Auswahl): „Drei taube Tanten", „Mill Farm", „Noella", „Ein Menschenleben mit Tieren", „Etwas laute Nacht", „Stürmisch bis heiter – Memoiren einer Außenseiterin".

Feuchtwanger, Lion, 1884–1958; bürgerlich-humanistischer Autor vorwiegend historischer Romane von Weltruf. Sohn eines Fabrikanten. Studiert 1903 bis 1907 Germanistik, Philosophie

lien"), 1935 Teilnehmer am Kongreß zur Verteidigung der Kultur in Paris. 1937 bis 1938 kämpfte er in den Reihen der Internationalen Brigaden in Spanien. Über Frankreich und USA führt ihn der Weg der Emigration nach Mexiko. Hier von 1940 bis 1946 vorzugsweise Mitarbeiter der Zeitung „Freies Deutschland". 1946 kehrt K. nach Prag zurück.
Werke: „Gesammelte Werke in VIII Bänden, hrsg. von Bodo Uhse und Gisela Kisch".

Klabautermann siehe Klabund

Klabund (eigentlich Alfred Henschke), 1890–1928; Meister der kleinen Form, der sein Pseudonym aus den Worten *Kla*bautermann und Vaga*bund* zusammensetzt, schreibt Gedichte, die in der Tradition zwischen Ringelnatz und Morgenstern stehen, außerdem ist er einfühlsamer Übersetzer chinesischer Lyrik. Als Dramatiker ist er erfolgreich mit seiner Arbeit „Der Kreidekreis". Bedeutendstes Werk seines umfangreichen Schaffens bleibt der Gedichtband „Harfenjule". Erwähnenswert ist eine lesenswerte einbändige „Geschichte der Weltliteratur in einer Stunde".
Werke: „Morgenrot, Klabund, die Tage dämmern", „Die Himmelsleiter", „Mohammed", „Bracke", „Spuk", „Kunterbuntergang des Abendlandes", „Lyrik, Kleine Prosa, Tagebücher, Briefe, hrsg. v. Klaus Schuhmann".

Klages, Victor (eigentlich Victor E. Wyndheim), geb. 1889; arbeitet als Publizist, besonders im „Stachelschwein" finden sich gelungene Arbeiten aus seiner Feder. Außenpolitischer Mitarbeiter am „Berliner Tageblatt", hier erscheint sein Roman „Das Mädchen, das nicht glauben wollte". Nach 1945 Unterhaltungsromane.
Werke: „Die Neger".

Krüger, Hellmuth, 1890–1955; Conferencier an fast allen Kabaretts der zwanziger Jahre. 1910 Schauspielschule in Mün-

chen, danach erstes Engagement bei Max Reinhardt am „Deutschen Theater", nebenbei schreibt er für die „Weltbühne". Max Herrmann-Neiße schrieb über ihn: „Ihm gelang es, inmitten volkstümlichen Ulkens die bitterste Zäsur eines leidenschaftlichen pazifistischen Appells aufzurichten, sogar die Opposition nachdenklich zu stimmen und sich als Schlußnummer... durchzusetzen." In der Nazizeit arbeitet K. als unpolitischer Conferencier und ist 1941 noch in Leipzig engagiert. 1945 bis 1948 ist er Mitarbeiter des westdeutschen linksbürgerlichen Kabaretts „Schaubude".
Werke: „Das Loch im Vorhang. Licht- und Schattenbilder aus dem deutschen Theater. Vorrede von Max Pallenberg", „Von Liebe ist nicht die Rede", „Unordentliches Bilderbuch".

Kolpe, Max, geb. 1905; Kabarettautor und Publizist. Von K. ließen sich außer dem hier aufgenommenen Beitrag noch weitere Artikel in der „Weltbrille", im „Stachelschwein", in der Zeitschrift „Das Blaue Heft" und im Organ des sozialdemokratischen Leipziger Arbeiter-Bildungs- Instituts „Kulturwille" nachweisen. Als Texter arbeitet K. für die Kabaretts „Katakombe", wo er auch für Annemarie Hase schreibt, und das „Tingel-Tangel". 1933 Emigration in die USA. Nimmt den Namen Max Colpe an. Wird berühmt als Lieder- und Filmmacher. Welterfolg mit dem Text für Marlene Dietrichs „Sag mir wo die Blumen sind". Lebt in der Schweiz.
Werke: „Für Erwachsene streng verboten".

Laus, Ladis (Daten unbekannt). Von ihm stammt das Gedicht „Leichenrede", mit dem „Die Ente" ihr Erscheinen einstellte. Kein ehemaliger Mitarbeiter der „Ente" konnte das Pseudonym entschlüsseln.

Mehring, Walter, geb. 1896; studiert Kunstgeschichte, veröffentlicht expressionistische Gedichte im „Sturm". Bald setzt sich jedoch das satirisch-poetische Talent durch, er wird zu einem der wichtigsten Vertreter des Kabaretts der zwanziger

Jahre neben Klabund, Ringelnatz, Tucholsky, Kästner. Als antiimperialistischer Lyriker leistet er einen entscheidenden Beitrag zum kritischen Verständnis seiner Zeit. M., mit Kurt Tucholsky befreundet, ist von 1920 bis 1933 Mitarbeiter der „Weltbühne", er ist auch Autor am „Knüppel". Sein gesellschaftskritisches Stück „Kaufmann von Berlin", eine dramatisch-satirische Darstellung der Inflationszeit, wird 1931 von Erwin Piscator inszeniert und ruft heftige Proteste rechter Kreise hervor. 1929 gibt M. das „Volksbuch vom Krieg" heraus. Nach dem Reichstagsbrand gelingt ihm in letzter Minute die Flucht. Geht nach Frankreich, setzt seinen antifaschistischen Kampf fort („... Und Euch zum Trotz"), Mitarbeiter der „Neuen Weltbühne", wird 1939 interniert. 1941 entkommt er von Marseille über Martinique nach Amerika. M. lebt heute in Ascona (Schweiz).
Werke (Auswahl): „Das Ketzerbrevier", „In Menschenhaut", „Lost Library" (dt. „Die verlorene Bibliothek"); „Der Zeitpuls fliegt".

Mühsam, Erich, 1878–1934; anarchistischer Dichter und Publizist. Vom Gymnasium wegen „sozialistischer Umtriebe" relegiert, zeitweise Apothekergehilfe. Nach der Jahrhundertwende freischaffender Schriftsteller und Redakteur an oppositionellen Zeitschriften. Gründet 1911 „Kain", eine „Zeitschrift der Menschlichkeit". Diese wird im ersten Weltkrieg verboten, entsteht aber 1918/19 als revolutionäres Organ wieder. Als Teilnehmer der Münchner Räterepublik wird er zu 15 Jahren Festungshaft verurteilt, nach 6 Jahren Haft entlassen. Alle Warnungen ins Exil zu gehen, schlägt er in den Wind. Hardy Worm beschwört ihn noch im Februar 1933, kurz vor seiner eigenen Emigration, Deutschland zu verlassen. In tragischer Verkennung der Situation lehnt M. ab. 1933 wird er von den Nazis ins KZ verschleppt und 1934 dort ermordet.
Werke (Auswahl): „Alarm. Manifeste aus 20 Jahren", „Judas. Ein Arbeiterdrama", „Staatsräson", „Sammlung 1898–1928", „Ausgewählte Werke", „Unpolitische Erinnerungen".

Natonek, Hans, 1892–1963; studiert in Wien und Berlin. Redakteur am „Leipziger Tageblatt", danach Feuilletonredakteur an der „Neuen Leipziger Zeitung". Angesehener Mitarbeiter an vielen Zeitungen und Zeitschriften des In- und Auslands. Schreibt außerdem Novellen, Essays, Kurzgeschichten und den Schlüsselroman „Kinder einer Stadt". 1931 erhält er für sein literarisches Schaffen den Goethepreis der Stadt Leipzig, 1933 emigriert der getaufte Jude über die Tschechoslowakei, Frankreich und Portugal nach den USA. Arbeitet hier u. a. als Schneeschipper und Leichenträger. 1936 publiziert er bei de Lange in Amsterdam den Roman „Der Schlemihl". Gleichzeitig arbeitet N. weiter an Zeitungen und Zeitschriften mit, u. a. dem „Neuen Tagebuch", Paris, der „Weltbühne", publiziert auch im „Wort" bzw. in der „Internationalen Literatur".
Werke: „Geld regiert die Welt oder die Abenteuer des Gewissens", „Heilige? Kranke? Schwindlerin? Kritik des Mirakels von Konnersreuth", „Der Mann, der nie genug hat", „Schminke und Alltag. Bunte Prosa", „Der Mann ohne Schatten. Lebensroman des Dichters A. v. Chamisso" (identisch mit „Der Schlemihl"), „In Search of Myself" (nur in englisch erschienen).

Natron, Peter (siehe Nikolaus, Paul)

Nikolaus, Paul (eigentlich Paul Nikolaus Steiner), 1894–1933; Pseudonym Peter Natron. Arbeitet als Conférencier an zahlreichen Kabaretts. Lange Zeit ist er am „Kabarett der Komiker" engagiert. Seine Conférencen sind aktuell, treffsicher und pointiert. Er verspottet die reaktionären Verhältnisse der Weimarer Republik, ohne sich von der Publikumsmeinung beeinflussen zu lassen. Mitarbeiter an zahlreichen linken Zeitungen und Zeitschriften, u. a. dem „Drachen". In seinen Publikationen bevorzugt er die kleine Form. 1933 emigriert er in die Schweiz und wählt den Freitod. Karl Schnog (s. d.) berichtet: „An seine Freunde – Schriftsteller, Schauspieler und Sportsleute – schrieb er Abschiedsbriefe: ‚... in Berlin kann ich künftig nicht leben, ohne Berlin kann ich auch nicht leben – also gehe ich ...' Er ging im April 1933 wie ein Römer aus dem Leben, das ihm wertlos geworden schien: Er zerschnitt sich die Pulsader und nahm Gift."

Werke: „Der lachende Sarg" (unter dem Pseudonym Peter Natron), „Jüdische Miniaturen", „Katastrophe! Verse der Hingabe", „Tänzerinnen", „Bürgerliches Zimmer", „Die blaue Mauritius. Lustspiel" (zus. mit E. Jacobsohn).

Panter, Peter (siehe Tucholsky, Kurt)

Pick Nick (siehe Worm, Hardy)

Reimann, Hans, 1889–1971; eigentlich Zeichner und Illustrator, arbeitet er jedoch nur kurze Zeit in seinem Beruf. 1919 gründet er den „Drachen" und leitet ihn zwei Jahre, dann übernimmt Hans Bauer die Redaktion. Später gibt er „Das Stachelschwein" heraus, das er ironisch „Gartenlaube der Intellektuellen" nennt. Ein beliebtes Objekt seiner Satiren ist „dr Geenj" (Friedrich August von Sachsen), was ihm zeitweise sogar Festungshaft einbringt. Gründer des Leipziger Kabaretts „Retorte", wo auch Weinert und Mehring (s. diese) auftreten. Wenn man R. in seinen Erinnerungen glauben darf, wollte er vor 1933 eine Parodie auf Hitlers Machwerk „Mein Kampf" schreiben, wurde jedoch von dem faschistischen Schriftsteller Hanns Johst, dem späteren Leiter der Reichsschrifttumkammer, gewarnt („Reimann, machen Sie das nicht, man schlägt sie tot!"). Ab 1933 schreibt R. unpolitische Bücher. Nach 1945 gibt er in der BRD eine mehr oder weniger regelmäßig erscheinende Sammlung von Kritiken aus seiner Feder unter dem Titel „Literazzia" heraus.

Werke (Auswahl): „Als Lausbub in Leipzig", „Tyll", „Hanns Heinz Vampir", „Die Dinte wider das Blut", „Mein blaues Wunder. Lebensmosaik eines Humoristen".

Roda Roda, Alexander (eigentlich Sandor Friedrich Rosenfeld), 1872–1945; verspottet in seinen Arbeiten besonders die k. u. k. Monarchie, ihren vertrotteltem Adel und die Armee, der er selbst bis 1902 als Artillerieoberleutnant angehört. Ein Verdienst R.s. liegt auch darin, daß er als einer der ersten die deutschen Leser mit humoristischen Schriftstellern des Balkans bekannt macht. Der vielbeschäftigte und oft gedruckte „Mann mit der roten Weste und dem Monokel" bereist 1923 die USA, 1924 Portugal, 1926 Frankreich. Während der Nazizeit lebt er als Emigrant in den USA. Eine autobiographische Notiz von 1932 lautet: „Nach dem Krieg: Böhmen, Tirol, München. 1923 Amerika. 1926 bis 1929 Paris, dazwischen Finnland, seither Berlin. – Sehr viele Vorträge gehalten, Tausende von Anekdoten geschrieben, vierzig Bücher, zehn Stücke, sechs Filme. – Ich glaube die deutsche Anekdote umgestaltet zu haben, indem ich aus dem früher üblichen Dialog unbekannter Menschen die Epik persönlichen Erlebens machte. Heute treffen das schon alle – ich bin entbehrlich. Fühle mich aber auch so ganz wohl. Seit 1930 habe ich silberne Manschettenknöpfe. – Sonst hat sich in meinem Leben nichts Nennenswertes ereignet."

Werke (Auswahl): „Der Feldherrnhügel", „Von Bienen, Drohnen und Baronen", „Der Schnaps, der Rauchtabak und die verfluchte Liebe", „Roda Rodas Roman", „Roda Rodas Cicerone" (hrsg. v. Joachim Schreck).

Schäke, Gerhard, geb. 1902; gründet 1921 das „Glossarium", betrachtet es als kleinen Bruder des „Drachen". In den zwanziger Jahren arbeitet er als Film- und Bühnenautor sowie als Journalist, ist Mitarbeiter an linken und linksbürgerlichen Zeitungen und Zeitschriften. Anläßlich der Auseinandersetzungen im Berliner Schutzverband Deutscher Schriftsteller, bei denen es darum geht, die Nazis in die Schranken zu weisen, steht S. auf der Seite der linken Opposition gemeinsam mit Duncker, Ihering, Frei und Seghers. 1936, nach einem Verfahren wegen politischer Unzuverlässigkeit, erhält er praktisch Schreibverbot. Nach 1945 arbeitet er beim Rundfunk, seither freier Schrift-

steller. S. lebt in Brannenburg/Bayern und publiziert vornehmlich kulturgeschichtliche Bücher unter dem Pseudonym Peter Omm.
Werke (Auswahl): „Kleine Porträts", „Das Kuriositätenbuch", „Altes Bauernhaus zu verkaufen", „Grill, Gin & Gose".

Schnog, Karl, 1897–1964; eine der profiliertesten linksbürgerlichen und später sozialistischen Künstlerpersönlichkeiten im Kabarett und in der Publizistik der zwanziger Jahre. Der gelernte Kaufmann nimmt Schauspielunterricht, wird Schauspieler und Regisseur am Theater und Kabarett, nutzt früh die Möglichkeiten des noch in den Kinderschuhen steckenden Rundfunks. Mitarbeiter von „Lachen links", „AIZ", „Weltbühne". 1930 vertont Paul Hindemith seine Knabenchorlieder. Im April 1933 muß S. emigrieren und wählt Belgien, später Frankreich zur unfreiwilligen Heimat. Von 1934 bis 1940 lebt er in Luxemburg. Hier gerät er den Nazis in die Fänge. Es folgt ein Leidensweg durch die Konzentrationslager Dachau, Sachsenhausen, Buchenwald. Nach 1945 kurze Zeit am Sender der UN in Luxemburg, 1946 übernimmt er die Chefredaktion der satirischen Zeitschrift „Ulenspiegel". Von 1948 bis 1951 Chefredakteur des Berliner Rundfunks. Danach arbeitet S. als freier Schriftsteller. Wird mit dem Heinrich-Heine-Preis und dem Vaterländischen Verdienstorden in Silber geehrt.
Werke (Auswahl): „Zeitgedichte – Zeitgeschichte", „Jedem das Seine", „Gezumpel", „Der Rutsch nach oben", „Essig und Öl", „Charlie Chaplin".

Schulze, Gottlieb (Daten nicht zu ermitteln). Vermutlich ein Pseudonym.

Tiger, Theobald (siehe Tucholsky, Kurt)

Tucholsky, Kurt, 1890–1935; (Pseudonyme: Ignaz Wrobel, Peter Panter, Theobald Tiger, Kaspar Hauser). Studiert Rechtswissenschaft und promoviert 1914. Hauptmitarbeiter der von Siegfried Jacobsohn geleiteten „Weltbühne", nach dessen Tod zeitweise ihr Chefredakteur. T., der politisch links steht, gehört einige Zeit der USPD an, bekämpft besonders die rechten Führer der Sozialdemokratie. Gegen Ende der zwanziger Jahre Annäherung an die KPD, was sich u. a. in dem Buch „Deutschland, Deutschland über alles" und seiner Mitarbeit an der „AIZ" ausweist. T. publiziert auch im „Vorwärts". Ab 1929 lebt er vorwiegend in Schweden. Hier entsteht 1931 sein wohl bekanntestes Werk, „Schloß Gripsholm". Im August 1933 wird T. von den Nazis aus Deutschland ausgebürgert. Verbittert, resigniert scheidet er im Dezember 1935 freiwillig aus dem Leben.

Werke (Auswahl): „Ein Lesebuch für unsere Zeit, hrsg. v. Walther Victor", „Drei Minuten Gehör", (hrsg. v. Hans Marquardt), „Ausgewählte Werke" (hrsg. von Roland Links), u. v. a.

Victor, Walther, 1895–1971; aus bürgerlichem Elternhause stammend, studiert er Literaturgeschichte. 1919 schließt er sich der Arbeiterbewegung an und wird Gründer und Vorsitzender der sozialistischen Studentengruppe Halle. Anschließend Redakteur am „Sächsichen Volksblatt", Zwickau, und anderen sozialdemokratischen Zeitungen, von 1926 bis 1931 Mitarbeiter der „Weltbühne". V. ist auch in der Büchergilde Gutenberg tätig. Von 1933 bis 1935 illegal antifaschistisch in Deutschland tätig. 1935 geht er ins Exil und über die Schweiz, Luxemburg, Frankreich in die USA. 1947 kehrt V. zurück und arbeitet aktiv im Deutschen Schriftstellerverband, er fördert zielstrebig den literarischen Nachwuchs. Sein unbestreitbares Verdienst liegt in der Herausgabe der „Lesebücher für unsere Zeit", von denen er einige selbst redaktionell betreut (so u. a. Brecht, Tucholsky, Goethe). Für die Jugend schreibt er vielgelesene Biographien von Marx und Engels. Erhält den Nationalpreis und andere Auszeichnungen.

Werke: „Kehre wieder über die Berge. Autobiographie", „Ausgew. Schriften Band 1: Verachtet mir die Meister nicht",

„Band 2: Ich kam aus lauter Liebe in die Welt", „Herzblut und Flederwisch" u. a.

Vogel, Bruno, geb. 1898; beginnt seine literarische Tätigkeit an der „Leipziger Volkszeitung", wird nachhaltig von deren Feuilletonredakteur Hans Georg Richter gefördert und beeinflußt, danach Mitarbeiter an zahlreichen linken Zeitungen und Zeitschriften, u. a. „Die Rote Front", „Heimstunden", „Arbeiterstimme", „Die Rote Fahne". Sein Erstlingsbuch, das erste von linker, teils auch pazifistischer Position geschriebene Werk über den ersten Weltkrieg, „Es lebe der Krieg?" ist lange Zeit verboten. Für das Buch sprechen sich Tucholsky, Th. Mann, Kollwitz, S. Jacobsohn u. a. aus. V. emigriert noch vor 1933 über Österreich, die Schweiz und Frankreich nach Norwegen. 1935 teilt ihm das nazideutsche Konsulat mit, daß die Gestapo Paßsperre über ihn verhängt hat. Durch Vermittlung des damaligen norwegischen Außenministers Koht gelingt ihm 1937 die Ausreise nach Südafrika. Hier in den verschiedensten Berufen tätig. Wegen Verstoß gegen die unmenschlichen Apartheidgesetze muß er 1953 Südafrika verlassen und siedelt nach England über. Seine literarischen Arbeiten beschäftigen sich kritisch mit dem Leben in Südafrika, wie die beiden zur Veröffentlichung vorbereiteten Bände „Whites only – slegs vir Blankes" (Erzählungen) und „Mashango" (Roman).
Werke: „Alf", „Ein Gulasch".

Wandt, Heinrich, 1890–1965; nach Wanderjahren durch verschiedene Staaten Europas, Privatsekretär Clara Zetkins. Im ersten Weltkrieg als Etappensoldat im belgischen Gent. Nach dem ersten Weltkrieg Teilnahme an verschiedenen Kämpfen, zeitweise Mitglied des Spartakusbundes und der KPD. Dann Chefredakteur der Berliner Zeitung „Freie Presse", sein Stellvertreter ist Hardy Worm (s. d.). W. publiziert seine dokumentarischen Enthüllungen über das Leben der Offiziere in der „Etappe Gent" in seiner Zeitung. Hat sehr viele Prozesse zu bestehen, von denen er lediglich zwei verliert. 1923 wird er

widerrechtlich verurteilt. Eine Protestbewegung, die von linken Parteien und der „Deutschen Liga für Menschenrechte" getragen wird, setzt seine Befreiung durch. Während der Nazizeit publiziert er nicht. Nach der Befreiung vom Faschismus wieder journalistisch u. a. für die „Berliner Zeitung" tätig.
Werke: „Etappe Gent", „Erotik und Spionage in der Etappe Gent", „Der Gefangene von Potsdam", „Das Justizverbrechen des Reichsgerichts am Verfasser der ‚Etappe Gent' " u. a.

Weinert, Erich, 1890–1953; bedeutendster Satiriker der deutschen Arbeiterklasse. Arbeitet in den zwanziger Jahren an zahlreichen linken und linksgerichteten Zeitschriften. Der unermüdliche Dichter stellt seine Kraft in die Dienste der KPD und wird später auch deren Mitglied. Im Bund proletarisch-revolutionärer Schriftsteller arbeitet er an führender Stelle. In der „Ente" ist W. einer der Hauptmitarbeiter. Durch eine Tournee entkommt er den Nazis und emigriert über die Schweiz, Frankreich in die Sowjetunion. Mit Ludwig Renn, Willi Bredel und anderen deutschen Schriftstellern nimmt er 1936 am spanischen Freiheitskampf teil. 1943 einer der Mitbegründer des „Nationalkomitees Freies Deutschland" und dessen Präsident. In dieser Zeit verkörpert W. das Gewissen der deutschen Nation. Nach seiner Rückkehr erhält der Dichter für sein Gesamtwerk 1949 und 1952 den Nationalpreis.
Werke: „Das Gesamtwerk in 12 Bänden"
Sekundärliteratur: Werner Preuß, „Erich Weinert – Bildbiographie".

Worm, Hardy, 1896–1973; wird wegen Antikriegspropaganda nach dem ersten Weltkrieg eingekerkert, zu dieser Zeit entsteht sein erster und einziger Gedichtband. Später gibt W. dadaistische Publikationen heraus („Harakiri" u. a.) und publiziert die Anthologie „Das Bordell" mit Erstdrucken von Hugo Kersten, Oskar Kanehl, Max Herrmann-Neiße und Bertolt Brecht. In den frühen zwanziger Jahren gemeinsam mit Heinrich Wandt (s. d.) Redakteur der Zeitung „Freie Presse", dann

Mitarbeit an zahlreichen Zeitungen und Zeitschriften, u. a. an der „Berliner Volkszeitung". Ab 1931 Chefredakteur der antifaschistisch-satirischen Wochenzeitung „Die Ente". 1933 überfallen die Nazis die Redaktion, durch Zufall entgehen Verleger Bernhard Gröttrup (s. d.) und W. dem bewaffneten Überfall. Ihm gelingt die Flucht nach Paris und später nach London. Nach der Befreiung vom Hitlerfaschismus geht W. nach Österreich und arbeitet als Redakteur bei der überparteilichen Zeitung „Neues Österreich", später ist er Chefredakteur einer Filmillustrierten. Heute lebt H. W. in Westberlin. Neben seiner publizistischen Tätigkeit schreibt er unter dem Pseudonym Ferry Rocker Kriminalromane, die in zahlreiche Sprachen Europas übersetzt werden.

Werke (Auswahl): „Ein Familiendrama", „Das tolle Entenbuch" (zus. mit Bernhard Gröttrup), „Das Geheimnis des Turmes", „In einer Nebelnacht", „Schüsse im Quartier Latin", „Schatten über Haus Fleury".

Anmerkungen

12 *Wildjans* – Anton Wildgans (1881–1932) österr. Dichter des Naturalismus.

17 *Resi Langer* – bekannte Kabarettistin und Chansonsängerin, trat u. a. im Kabarett „Die Wespen" auf.

17 *Claus Clauberg* – Komponist, vertonte Texte von Weinert, Schnog u. v. a. Schrieb allein für Claire Waldoff über fünfzig Chansons.

32 *Rheinlandbesatzung* – verballhornende Anspielung auf die Besetzung des Rheinlandes (1921) durch England und Frankreich.

51 *Herero-Aufstand* – Aufstand gegen den rücksichtslosen Land- und Viehraub und der damit verbundenen Ansiedlung deutscher Siedler in Afrika (1904).

52 *die Sorma* – Agnes Sorma (1865–1927), Schauspielerin, vor allem bekannt geworden als bedeutende Tragödin in Inszenierungen Max Reinhardts und Otto Brahms.

57 *Mensendiecke!* – Anspielung auf ein System der niederländisch-amerikanischen Gymnastikreformerin E. M. Mensendieck.

69 *Gabelsberger, Stolzeschreyer* – Anhänger der von Gabelsberger und Stolze bzw. Schrey entwickelten Kurzschriftsysteme.

73 *Friedrich Haarmann* – berüchtigter Massenmörder, der gleichzeitig als Polizeispitzel tätig war.

80 *Romanisches Kaffee* – legendärer Treffpunkt von Künstlern und Literaten in Berlin.

78 *Hermann Vallentin* – (geb. 1872) Schauspieler, trat gelegentlich auch in Kabaretts auf. Bruder von Rosa Valetti.

79 *Paul Graetz* – populärer Schauspieler und Kabarettist. Tucholsky widmete ihm viele seiner Chansons in Berliner Mundart.

79 *Sybille Binder* – Schauspielerin, wurde vor allem durch ihre Rollen in verschiedenen Reinhardt-Inszenierungen bekannt.

79 *Trude Hesterberg* – (1892–1967), Operettensängerin und Kabarettistin, wurde vor allem als Tucholsky-Interpretin in dem von ihr geleiteten Kabarett „Wilde Bühne" bekannt.

79 *W. R. Heymann* – Komponist. Hatte seine größten Erfolge zu Beginn der dreißiger Jahre mit dem Aufkommen des Tonfilms.

81 *Joachim Ringelnatz* – (1883–1934), eigenwilliger Dichter, Bänkelsänger und Kabarettist. Seine skurrilen und skeptisch-parodistischen Verse sind bisher ohne Beispiel.

81 *Else Lasker-Schüler* – (1869–1945), bedeutende Lyrikerin, emigrierte 1933 und starb vereinsamt in Palästina.

86 *George Grosz* – (1893–1959), Zeichner und Karikaturist. Seine Arbeiten waren eine scharfe Anklage des Militarismus und der bürgerlichen Gesellschaftsordnung. 1932 emigrierte er nach den USA und wandte sich dort von seinen bisherigen Arbeiten ab.

87 *Oskar Kokoschka* – (geb. 1886), österr. Maler und Dichter des Expressionismus.

87 *Ludwig Meidner* – (1884–1966), bedeutender expressionistischer Maler.

87 *Max Pechstein* – (1881–1955), expressionistischer Maler und Grafiker. Mitglied der berühmten Künstlervereinigung „Brücke".

87 *Franz von Defregger* – (1835–1921), österr. Genremaler, unkritischer Darsteller des Tiroler Bauernlebens.

88 *Herwarth Walden* – (1878–1941), Dramatiker, Essayist, Kunstkritiker. Gründete 1910 den Verlag und die avantgardistische Zeitschrift „Sturm", die bis 1932 erschien und namhaften Künstlern wie Nolde, Pechstein, Kubin, Marc, Kandinsky u. a. den Weg ebnete.

88 *Peter Rosegger* – (1843–1918), volkstümlicher österreichischer Erzähler mit starkem Hang zur Idylle.

93 *Thea von Harbou* – (1888–1954), Schriftstellerin und Schauspielerin, schrieb u. a. die Drehbücher für die bedeutendsten Filme Fritz Langs.

93 *Rudolf Klein-Rogge* – (geb. 1889), Film- und Bühnendarsteller.

93 *Fritz Lang* – (geb. 1890), einer der bedeutendsten Regisseure des frühen deutschen Films, schuf u. a. die Filme „M", „Metropolis", „Die Nibelungen".

94 *Emil Jannings* – (1894–1950), berühmter Schauspieler, wandte sich nach seinen Bühnenerfolgen ausschließlich dem Film zu und erlebte dort seine zweite große Karriere.

94 *Artinelli* – Figur aus dem Film „Varieté".

99 *Kyffhäuserei* – Anspielung auf den „Kyffhäuserbund", eine monarchistisch-reaktionäre Kriegervereinigung.

101 *Kate Kühl* – bekannte Kabarettistin, machte sich vor allem durch die hervorragende Interpretation Tucholskyscher Chansons einen Namen.

101 *Alfred Döblin* – (1878–1957), Arzt und Schriftsteller, wurde weltberühmt durch seinen Roman „Berlin – Alexanderplatz".

101 *Max Hölz* – (1889–1933), anarchistischer Arbeiterführer, organisierte 1920 den bewaffneten Kampf der Arbeiter im Vogtland gegen den Kapp-Putsch und war einer der Führer des Mitteldeutschen Aufstandes.

101 *Georg Bernhard* – (1875–1944), Schriftsteller, Journalist, zeitweilig Direktor im Ullstein-Verlag.

101 *Friedrich Hussong* – Schriftsteller und Journalist, seit 1921 Leiter der „Täglichen Rundschau".

102 *Blandine Ebinger* – bekannte Bühnen und Filmschauspielerin, einfühlsame Interpretin der Chansons ihres damaligen Mannes, Friedrich Holländer.

104 *Dawesplan* – nach dem amerikanischen Finanzmann Ch. G. Dawes benannter Plan über die deutschen Reparationszahlungen nach dem ersten Weltkrieg.

105 *Frank Wedekind* – (1864–1918), Schriftsteller und Sänger eigener Bänkellieder. Neben Gerhart Hauptmann der berühmteste deutsche kritisch-realistische Dramatiker der Jahrhundertwende.

108 *Max Liebermann* – (1847–1935), deutscher Maler, Vertreter des Impressionismus, den er mit volksnahem Realismus verband. 1919 bis 1933 Präsident der Akademie der Künste.

108 *Alfred Kerr* – (1867–1948), deutscher Schriftsteller und bis 1933 einflußreicher Berliner Theaterkritiker.

108 *Aristide Briand* – (1862–1932), französ. Politiker, zwischen 1909 und 1931 mehrmaliger Ministerpräsident und Außenminister. Schloß 1925 den antisowjetischen Locarnopakt. Erhielt 1926 gemeinsam mit Stresemann den Friedensnobelpreis.

109 *Rudolf Herzog* – (1869–1943), Autor damals vielgelesener Romane, in denen eine Verherrlichung des wilhelminischen Zeitalters vorherrschte.

104 *Werner Krauss* – (1884–1959), bedeutender Charakterdarsteller, kompromittierte sich im Dritten Reich durch seine Mitwirkung an antisemitischen Propagandafilmen.

109 *Franz Werfel* – (1890–1945), bürgerlicher Romancier des kritischen Realismus. Wandte sich später dem Katholizismus zu.

109 *Max Jungnickel* – (geb. 1890), Erzähler und Dramatiker. Die Thematik seiner Werke wurde zum großen Teil von seinen Kriegserlebnissen bestimmt.

109 *Erich Ludendorff* – (1865–1937), im ersten Weltkrieg Stabschef Hindenburgs und Generalquartiermeister. Antisemit. Nahm 1923 am Hitlerputsch teil.

111 *Hedwig Courths-Mahler* – (1867–1950), Autorin zahlreicher kitschig-verlogener Unterhaltungsromane.

112 *Alfred Holzbock* – (1857–1927), Redakteur des Berliner „Lokalanzeigers", vor allem als Kunst- und Reisefeuilletonist tätig.

112 *Salon Cassirer* – Salon des Kunsthändlers und Verlegers Paul Cassirer (1871–1926). C. stand dem Expressionismus nahe und gab u. a. die von Alfred Kerr geleitete Zeitschrift „Pan" heraus.

113 *Brüder Hauptmann* – Gerhart Hauptmann (1862–1946), bedeutendster deutscher Dramatiker des Naturalismus.
Carl Hauptmann (1858–1921), Romanautor und Dramatiker, erreichte mit seinem Werk jedoch nie die literarische Höhe seines Bruders.

113 *Ludwig Ganghofer* – (1855–1920), volkstümelnder Unterhaltungsschriftsteller.

113 *Joseph von Lauff* – (1855–1933), Autor oberflächlicher, auf Verherrlichung der Hohenzollerndynastie gerichteter Dramen.

113 *Dr. Kurt Hiller* (1885–1972), bürgerlicher Schriftsteller, der in den zwanziger Jahren für eine „Politik des Geistes" eintrat. Mitarbeiter der „Weltbühne".

113 *Päderasmus von Rotterdam* – Anspielung auf Erasmus von Rotterdam (1466 oder 69–1536), bedeutendster Humanist des 16. Jahrhunderts.

113 *Max Pallenberg* – (1877–1934), beliebter Schauspieler unter Max Reinhardt und Erwin Piscator. Seine besondere Stärke waren Wortspiele und Wortwitz.

113 *Max Reinhardt* – (1873–1943), Schauspieler und Regisseur, entfaltete seine künstlerische Meisterschaft als Leiter des „Deutschen Theaters" (1905–1932) und der „Volksbühne" in Berlin sowie in den 1906 von ihm begründeten „Kammerspielen des Deutschen Theaters". Emigrierte 1933 über Österreich nach den USA.

113 *Oskar Blumenthal* – (1852–1917), Schriftsteller und Theaterleiter. Nach langjähriger Tätigkeit als Feuilletonredakteur am „Berliner

Tageblatt" gründete er 1888 das Berliner „Lessingtheater". Sein erfolgreichstes Bühnenstück war der Schwank „Im weißen Rössl".

113 *Portenhenny* – gemeint ist Henny Porten (1891–1969), Star der Stummfilmzeit, später auch Tonfilm- und Theaterrollen.

113 *Fern Andra* – skandalumwitterter Stummfilmstar.

113 *Wilhelm Stücklen* – (1887–1929), Autor zu seiner Zeit erfolgreicher Bühnenstücke.

113 *Emil Schering* – (geb. 1873), Schriftsteller, vor allem als Übersetzer der Werke Strindbergs bekannt geworden.

114 *Otto Ernst-Schmidt* – (1862–1926), Schriftsteller, vor allem sein Drama „Flachsmann als Erzieher" hat sich lange als Satire auf den pädagogisch unfähigen Schultyrannen behauptet.

114 *Kasimir Ed. Schmidt* – eigentlich Eduard Schmidt (1890–1966), expressionistischer Schriftsteller, seine Dichtungen endeten meist in Tod und Überdruß.

114 *Wilhelm Schmidt* – Pseudonym Schmidtbonn (1886–1952), in bürgerlichem Humanismus und Religiosität befangener Autor, dessen Werk zum Teil neoromantische Züge trug.

115 *Hans Sachs* – (1494–1576), Schuhmacher und Meistersinger. Verfasser zahlloser Schwänke, Fabeln und Fastnachtsspiele.

115 *Arnolt Bronnen* – (1895–1959), Dramatiker des Expressionismus. Sein Weg führte ihn von einer ultrarechten Einstellung über viele Stationen zu einer konsequent progressiven Haltung.

117 *Heinrich Zille* – (1858–1929), volkstümlicher sozialkritischer Zeichner und Karikaturist, meisterhafter Darsteller des Berliner Proletariats.

122 *Annemarie Hase* – vielseitige Kabarettistin, arbeitete u. a. an Trude Hesterbergs „Wilder Bühne" und im Reinhardt-Kabarett „Schall und Rauch".

126 *Senta Söneland* – (1882–1934), bekannte Schauspielerin und Kabarettistin ihrer Zeit.

126 *Fritzi Massary* – (1882–1969), gefeierter Operettenstar der zwanziger Jahre, hatte ihre größten Erfolge im damaligen Berliner „Metropoltheater".

126 *Claire Waldoff* – (1884–1957), eine der bekanntesten Vortragskünstlerinnen ihrer Zeit. Errang vor allem mit ihren in berliner Mundart vorgetragenen Chansons große Popularität.

111 *Rosa Valetti* – Schauspielerin und Kabarettistin, leitete das Kabarett „Größenwahn". Kam nach der Besetzung Österreichs durch die Faschisten 1938 in Wien ums Leben.

128 *K. d. W.* – Kaufhaus des Westens.

131 *Rabindranath Tagore* – (1861–1941), bengalischer Schriftsteller und Weisheitslehrer, gehörte zu den am meisten gelesenen Autoren der zwanziger Jahre. Erhielt 1913 den Nobelpreis.

133 *Dr. Brod* – gemeint ist Max Brod (1884–1968), bürgerlich humanistischer Erzähler und Essayist. Erwarb sich besonderes Verdienst mit der Herausgabe der Werke seines Freundes Franz Kafka.

134 *John Hagenbeck* – bekannter Tierfänger.

134 *Jaroslav Hašek* – (1883–1923), tschechischer Volksschriftsteller, wurde weltberühmt durch seinen Roman „Die Abenteuer des braven Soldaten Schwejk".

135 *Josef Lada* – (1877–1957), tschechischer Zeichner und Illustrator.

136 *Georg Bernard Shaw* – (1856–1950), englischer Dramatiker, kritisierte schonungslos die Schwächen der bürgerlichen Gesellschaft.

136 *Knut Hamsun* – (1859–1952), norwegischer Schriftsteller, von dessen Romanen einige Sensationserfolge hatten. Erhielt 1920 den Nobelpreis. 1946 mußte sich H. wegen seiner Kollaboration mit den Faschisten vor einem norwegischen Gericht verantworten.

136 *Maximilian Harden* – (1871–1927), bürgerlich-demokratischer Schriftsteller und Publizist. Herausgeber der Wochenschrift „Die Zukunft", in der er schonungslos Wilhelm II., dessen Hofkamarilla und das servile Bürgertum angriff.

137 *Gustav Meyrink* – (1868–1932), zum Gespenstisch-Mystischen neigender Schriftsteller, wurde vor allem bekannt durch seinen später auch mehrmals verfilmten Roman „Der Golem".

137 *Fjodor M. Dostojewski* – (1821–1881), neben Leo Tolstoi der bedeutendste russische kritisch-realistische Schriftsteller des 19. Jahrhunderts.

138 *Max Klinger* – (1857–1920), Maler, Grafiker, Bildhauer, schuf in seiner frühen Zeit Blätter mit sozialkritischer Tendenz.

138 *Thomas Theodor Heine* – (1867–1948), Karikaturist, Mitarbeiter der „Fliegenden Blätter" und ab 1896 des „Simplizissimus", wo er als Zeichner und Teilhaber das Gesicht der Zeitschrift wesentlich mitbestimmte. Emigrierte 1933 nach Schweden.

141 *des Bildhauers Verlaine* – Anspielung auf Paul Verlaine (1844 bis 1896), französischer Lyriker, Hauptvertreter des Symbolismus.

142 *Henrik Ibsen* – (1828–1906), bedeutendster norwegischer Dramatiker. Hatte mit seinem gesellschaftskritischen Werk großen Einfluß auf die europäische, insbesondere die deutsche Literatur (Gerhart Hauptmann).

142 *Frédéric d'Unerue* – Anspielung auf Fritz von Unruh (1885–1970), Dramatiker des Expressionismus.

142 *Professor Begas* – gemeint ist hier Reinhold Begas (1831–1911), Bildhauer, Vertreter des Neubarock, schuf u. a. das Denkmal Alexander von Humboldts und den Neptunbrunnen in Berlin.

142 *W. Trière* – verballhornende Anspielung auf Walter Trier (1890 bis 1951), Zeichner und Illustrator vor allem der Bücher Erich Kästners.

144 *Ingres* – (1780–1867), klassischer französischer Maler.

144 *Action Française, Fridericus* – französische bzw. deutsche chauvinistische Zeitungen.

145 *Graf Hermann Keyserling* – (1880–1946), bürgerlicher Kulturphilosoph, erhob den Anspruch, die Philosophie Kants weiterzubilden.

145 *Prof. Hans Driesch* – (1867–1941), Zoologe und antimaterialistischer Philosoph, Vertreter des Vitalismus.

151 *Hoffmann von Deutsch-Fallersleben* – gemeint ist August Heinrich Hoffmann von Fallersleben (1798–1874), Dichter des Vormärz.

154 *Professor Voronoff* – (1866–1951), französischer Physiologe, arbeitete an Verjüngungsexperimenten, z. B. Transplantation tierischer Keimdrüsen auf Menschen.

154 *Eugen Steinach* – (geb. 1862), Professor für vergleichende Physiologie in Wien, der mit einer unwissenschaftlichen Lehre die Beziehungen zwischen den Geschlechtern verbessern wollte.

155 *Colette* – eigentlich: Gabrielle de Jouvenel (1873–1955), französische Autorin zahlreicher Unterhaltungsromane mit erotischem Einschlag.

155 *Prof. Victor Basch* – (1863–1944), Philosoph und Politiker, Vorsitzender der französischen „Liga für Menschenrechte".

155 *Georges Courteline* – (1860–1929), französischer Schriftsteller, Verfasser burlesker und humanistischer Romane und Dramen.

155 *Rachilde* – Pseudonym der französischen Unterhaltungsschriftstellerin Marguerite Valette (1860–1953)

156 *Paul Morand* – (geb. 1888), französischer Romanautor.

156 *Sinclair Lewis* – (1885–1951), nordamerikanischer Schriftsteller, zeichnete in vielen sozialkritischen Romanen ein satirisches Bild der amerikanischen Mittelklasse.

159 *Tirpitz* – Großadmiral Wilhelms II., Vertreter einer aggressiven Flottenpolitik im ersten Weltkrieg.

161 *Gustav Noske* – (1868–1946), sozialdemokratischer Politiker, ging 1919 als Reichswehrminister brutal gegen revolutionäre Arbeiter und Soldaten vor.

163 *Robert Leinert* – (geb. 1873), sozialdemokratischer Politiker, war 1918–1924 Oberbürgermeister von Hannover.

167 *Eberten* – gemeint ist Friedrich Ebert (1871–1925), sozialdemokratischer Politiker und erster Reichspräsident der Weimarer Republik.

167 *Kiel* – Anspielung auf den Kieler Matrosenaufstand 1918, der die Novemberrevolution in Deutschland auslöste.

167 *Wolfgang Kapp* – (1858–1922), unternahm gemeinsam mit Lüttwitz 1920 einen gescheiterten nationalistischen Putschversuch (Kapp-Putsch).

168 *Feme* – hier: geheime Mordjustiz der reaktionären „Schwarzen Reichswehr".

168 *Blücher* – preußischer Generalfeldmarschall der Befreiungskriege.

181 *Otto Geßler* – (1875–1955), Reichswehrminister von 1920–1928. Unter seiner Schirmherrschaft erfolgte im Widerspruch zum Versailler Vertrag die geheime Wiederaufrüstung Deutschlands.

190 *Georgi Stamatoff* – (1869–1942), bulgarischer Schriftsteller, Verfasser bitter-satirischer und sarkastischer Romane und Erzählungen.

196 *Gustav Stresemann* – (1878–1929), Mitbegründer und Vorsitzender der „Deutschen Volkspartei". 1923 Reichskanzler, 1923 bis 1929 Außenminister, schloß 1925 den Locarno-Pakt. Erwirkte Deutschlands Aufnahme in den Völkerbund und erhielt 1926 gemeinsam mit Aristide Briand den Friedensnobelpreis.

200 *Wolffbureau* – internationale Nachrichtenagentur, abgekürzt auch W. T. B. (Wolffsches Telegraphenbureau).

183 *Paul von Benneckendorff und Hindenburg* – (1847–1934), Generalfeldmarschall Wilhelms II. Von 1925 bis 1934 Reichspräsident.

201 *Karl Kraus* – (1874–1936), österr. satirischer Schriftsteller und Publizist, Herausgeber der „Fackel", in der er alle Beiträge selbst schrieb. Übte aus individualistischer Sicht Kritik am Verfall der bürgerlichen Gesellschaft.

201 *Theodor Herzl* – (1860–1904), Begründer des Zionismus.

201 *Hugo Wittmann* – Redakteur der „Neuen Freien Presse", Wien.

201 *Moritz Benedikt* – (1848–1920), österr. Jornalist und Zeitungsherausgeber, seit 1908 alleiniger Leiter der Wiener „Neuen Freien Presse".

203 *Borkumlied* – „Kampflied" der Nazis.

207 *Der Angriff* – das von Goebbels redigierte Berliner Organ der Nazipartei.

208 *Wilhelm Groener* – (1867–1937), von 1928 bis 1932 Reichswehrminister, zeitweilig auch Innenminister der Weimarer Republik.

211 *Carl von Ossietzky* – (1889–1938), linksbürgerlicher Publizist, von 1927 bis 1933 Herausgeber der „Weltbühne", dann von den Nazis verhaftet. Weltweiter Protest erreichte zwar seine Entlassung aus dem Konzentrationslager, er überlebte sie jedoch infolge der während der Haft erlittenen Qualen nur um wenige Wochen. Erhielt den Friedensnobelpreis 1936.

211 *Franz von Papen* – (1879–1971), reaktionärer Politiker, errichtete als Reichskanzler von Juni bis Dezember 1932 eine halbfaschistische Diktatur und wurde 1933 Hitlers Vizekanzler.

211 *Dr. Werner Best* – nazistischer Jurist, von 1942 bis 1945 Reichsbevollmächtigter für Dänemark. Maßgeblicher Verfasser der „Boxheimer Dokumente", eines im September 1931 verfaßten faschistischen Plans von Sofortmaßnahmen nach der Übernahme der Macht durch die Nazis. Nach der Veröffentlichung mußte sich die NSDAP offiziell von dem Plan distanzieren.

218 *Otto Braun* – (1872–1944), sozialdemokratischer Politiker, von 1920 bis 1932 preußischer Innenminister, kapitulierte 1932 widerstandslos vor dem Staatsstreich Papens.

219 *Hanns Kerrl* – (1887–1941), von 1932 bis 1933 preußischer Innenminister, ab 1935 Reichsminister für kirchliche Angelegenheiten, später Leiter der sogenannten Reichstelle für Raumordnung.

219 *Hauptmann Göring* – gemeint ist der spätere Reichsmarschall Hitlers.

223 *Severing* – Anspielung auf Karl Severing (1875–1952), sozialdemokratischer Politiker von 1920 bis 1926 und 1930 bis 1932 preußischer Innenminister, 1928 bis 1929 Reichsinnenminister.

225 *Ernst Röhm* – (1878–1934), Stabschef der SA, 1934 beim sogenannten Röhm-Putsch auf Befehl Hitlers ermordet.

226 *Makartbuketts* – Hans Makart (1840–1884), österr. Maler, Anreger

des mit Prunk überladenen Makart-Zimmers und des kitschig-bombastischen Makart-Buketts.

227 *Ibn Sa'ud* – (1880–1953), Begründer des Königreiches Saudiarabien. Regierte autokratisch und diktatorisch, deshalb hier der Vergleich mit Hitler.

234 *Theodor Duesterberg* – (1875–1950), Stahlhelmführer, kandidierte 1932 für das Amt des Reichspräsidenten.

234 *Prälat Kaas* – Ludwig Kaas (1881–1952), katholischer Theologe und Sprecher der Zentrumspartei in außenpolitischen Fragen. Emigrierte 1933 und wurde politischer Berater von Pius XII.

234 *Eiserne Front* – sozialdemokratische Gruppierung, die sich 1931 als Gegenstück zur Harzburger Front aus SPD, Gewerkschaften, sozialdemokratischen Arbeiterverbänden und dem Reichsbanner Schwarz-Rot-Gold bildete, damit jedoch der Aktionseinheit der gesamten Arbeiterklasse entgegenwirkte.

234 *Alfred Hugenberg* – (1865–1951), reaktionärer Wirtschaftsführer und Politiker. 1918 Generaldirektor des Krupp-Konzerns, dann Chef des Hugenberg-Konzerns (Scherl-Verlag, UFA u. a.). Seit 1928 Führer der Deutschnationalen Volkspartei, Wegbereiter und Geldgeber Hitlers.

235 *Braunes Haus* – Sitz der Nazipartei in München.

236 *Heinrich Brüning* – (1885–1971), Politiker der Zentrumspartei, 1920 und 1932 Reichskanzler, regierte durch Notverordnungen.

236 *Hjalmar Schacht* – (1877–1970), von 1934 bis 1937 Reichswirtschaftsminister Hitlers.

236 *Alfred Rosenberg* – (1893–1946), nazistischer Ideologe.

237 *Reinhold Wulle* – Gründer der deutschvölkischen Freiheitspartei, Antisemit und Präfaschist.

241 *General Litzmann* – reaktionärer preußischer Offizier, schloß sich 1929 den Nazis an.

241 *Zwickelerlaß* – Erlaß, der das Tragen von Badeanzügen und -hosen ohne Zwickel aus Gründen der Moral verbot.

242 *Bronnen* – gemeint ist Arnolt Bronnen; siehe diesen.

242 *Hanns Heinz Ewers* – (1871–1943), Schriftsteller, der sich zu den Nazis bekannte, schrieb eine Reihe von Romanen mit erotisch-sadistischen und okkultistischen Motiven.

243 *Prinz Auwi* – gemeint ist Prinz August Wilhelm (geb. 1887) Sohn Wilhelms II. War aktiv in der Nazibewegung tätig und zählte zur SA-Prominenz.

Personenregister

Albrecht, Erwin F. B. 275
Altenburg, Jan 268, 275
Andra, Fern 113
Arendt, Paul 203
Auguste Victoria 107
Auwi, Prinz 243

Basch, Victor 155
Bauchwitz 235
Bauer, Hans 259, 268, **285**
Bebel, August 138
Begas, Reinhold 142
Benatzky, Ralph 268
Benedikt, Moritz 201
Benjamin, Walter 262
Bernhard, Georg 101
Best, Werner 211
Binder, Sybille 79
Blau, Dr. 133
Blücher, Leberecht 168
Blumenthal, Oscar 113
Braun, Otto 218, 228
Brecht, Bertolt 277, 290
Bredel, Willi 277, 290
Breitscheid, Rudolf 236
Briand, Aristide 108
Brod, Max 133, 136, 268
Bronnen, Arnolt 115, 242
Brügmann, Walter 268
Brüning, Heinrich 236
Busch, Wilhelm 100
Büttner, Max 276

Casanova, Giovanni G. 41
Cassirer, Salon 112
Castonier, Elisabeth **271**, **276**
Chadamovsky 242

Clauberg, Claus 17, 100, 260
Clemenceau, Georges 200
Colette 155
Courteline, George 155
Courths-Mahler, Hedwig 111, 113, 115, 120, 207

Defregger, Franz von 87
Deutsch, Ernst 79
Döblin, Alfred 101
Dostojewskij, F. M. 137
Driesch, Hans 145
Duesterberg, Theodor 234
Duncker, Hermann 286

Ebert, Friedrich 167, 177, 260
Ebinger, Blandine 102
Edschmidt, Kasimir 114
Ehrenstein, Albert 262
Endrikat, Fred 268
Erasmus von Rotterdam 113
Ernst, Otto 114
Eulenberg, Herbert 268
Ewers, Hanns Heinz 242

Feder, Gottfried 228
Feuchtwanger, Lion 266, 267, 276
Fischer, Fiete 277
Fischer, Oscar 24
Frankl, Prof. 131
Franz Ferdinand 200
Franz Joseph 158
Frei, Bruno 286
Friedrich August 107, 285

Ganghofer, Ludwig 113
Geßler, Otto 181–82, 260

Goebbels, Joseph 207–9, 234–36, 237, 238, 245, 261
Göring, Hermann 219–20
Goethe, Johann Wolfgang 87
Goldschmidt, Jacob 242
Gottgetreu, Erich 259, 277
Graetz, Paul 79, 101
Graf, Oskar Maria 268
Grimmelshausen, H. J. Ch. 134
Groener, Wilhelm 208, 234
Grosz, George 86
Gröttrup, Bernhard 244, 258, 262, 265–66, 270, 272–73, 278, 291

Haarmann, Friedrich 73, 201
Hase, Annemarie 122, 262, 282
Hagenbeck, John 134
Hamsun, Knut 136
Hanne, Kap. Ltnt. 164
Harbeck, Hans 268
Harbou, Thea von 93
Harden, Maximilian 136
Hašek, Jaroslav 134–36
Hasenclever, Walter 114, 278
Hauptmann, Gerhart 113, 115
Hauptmann, Carl 113
Heine, Thomas Theodor 138
Henel, Hans Otto 279
Heraklit 145
Herrmann, Rudolph 270, 273
Herrmann-Neiße, Max 259, 282, 290
Herzfelde, Wieland 255
Herzl, Theodor 201
Herzog, Rudolph 109
Hesterberg, Trude 79, 126
Heymann, W. R. 79
Hiller, Kurt 113
Hindemith, Paul 287
Hindenburg, Paul von 183, 200, 222, 234–35, 239, 260
Hitler, Adolf 134, 203, 208, 210, 211, 214, 222, 224, 227, 234 bis 236, 258, 271–72, 285
Hirsch, Leon 100, 268
Hoffmann 210
Hoffmann v. Fallersleben 151
Holländer, Friedrich 268
Holz, Arno 100
Hölz, Max 101
Holzbock, Alfred 112, 113
Holtz, Karl 262, 268, 270, 273
Homer 131
Hugenberg, Alfred 234, 235
Hussong, Friedrich 101

Ibsen, Henrik 142
Ihering, Herbert 286
Ingres J. A. D. 144

Jacob, Berthold 275
Jacobsohn, Siegfried 268, 288, 289
Jannings, Emil 94–97
Januschauer 241
Johst, Hanns 285
Jungnickel, Max 109

Kaas, Ludwig 234
Kalenter, Ossip 259, 266, 279
Kanehl, Oskar 290
Kapp, Wolfgang 167
Karwahne 242
Kastein, Julius 280
Kästner, Erich 251, 259, 262, 263, 268, 270, 273, 279, 283
Kerr, Alfred 108
Kerrl, Hanns 219
Kersten, Hugo 290
Keyserling, Ed. Graf von 145 bis 146
Kisch, Egon Erwin 257, 270, 275, 280
Klabund 26, 113, 281, 282
Klages, Victor 281
Klein-Rogge, Rudolph 93

Klinger, Max 138
Kokoschka, Oscar 87
Kollwitz, Käthe 289
Kolpe, Max 270, 282
Kovacz, Ilona 24
Kramer, Leopold 133
Kraus, Karl 201
Kraus-Biach, Fränze 201
Krauss, Werner 104
Krauß, S. 27
Kronacher, Dr. 92
Krüger, Hellmuth 268, 281
Kudej 135
Kühl, Kate 101
Kungfutse 146

Lada, Josef 135
Lang, Fritz 93
Langer, Resi 17, 100, 126, 260
Laotse 145
Lasker-Schüler, Else 81
Lauff, Joseph von 113
Leinert, Robert 163
Lemann, Anne 142
Lenin 200
Leschnitzer, Franz 256, 259, 269
Levy, Achmed ben 142
Lewis, Sinclair 156
Lichtenberg, G. Ch. 78
Liebermann, Max 108
Liebknecht, Karl 252
Litzmann, Karl 241, 242
Ludendorff, Erich 109, 159, 203
Luxemburg, Rosa 252

Makart, Hans 226
Mann, Heinrich 156
Mann, Klaus 267
Mann, Thomas 289
Massary, Fritzi 126
Mehring, Walter 78–79, 100, 186, 251, 259, 261, 262, 270, 282, 285

Meidner, Ludwig 87
Mensendieck, Elisabeth 57
Meyrink, Gustav 137
Molière, J. B. 154
Morand, Paul 156
Morgenstern, Christian 100, 281
Mühsam, Erich 259, 262, 267, 270, 273, 283
Müller-Kiel, Heinrich 171

Napoleon 141, 147
Natonek, Hans 259, 266, 279
Nikolaus, Paul 262, 266, 284
Neubert, Werner 259
Noske, Gustav 161–66, 167, 260

Ossietzky, Carl von 211, 262, 269

Pallenberg, Max 113, 136, 268
Papen, Franz von 211, 214, 218, 223, 228, 229, 251, 242
Pasteur, Louis 154
Pechstein, Max 87
Perutz, Leo 268
Picasso, Pablo 144
Piscator, Erwin 283
Porten, Henny 113
Posner, Alfred 269, 270

Rabelais 134
Rachilde 155
Reimann, Hans 100, 107, 258, 259, 261, 263, 267, 268, 275, 285
Reiner, Grete 136
Reinhardt, Max 113, 136
Reiser, Hans 268
Renn, Ludwig 290
Richter, H. S. 289
Riedel, Max 229
Ringelnatz, Joachim 81, 100, 107, 261, 281, 283

Roda Roda 113, 259, 262, 268, 270, 273, 286
Röhm, Ernst 225
Rosegger, Peter 88
Rosenberg, Alfred 236

Sachs, Hans 115
Sa'ud, Ibn 227
Schacht, Hjalmar 236
Schäke, Gerhard 259, 266, 286
Scher, Peter 262, 263
Schering, Emil 113
Schmidt, Wilhelm 114
Schnog, Karl 100, 254, 259, 260, 261, 268, 284, 287
Schulze-Langendorf 231
Schütte, Wolfgang U. 262
Schwarzschild, Waldemar 186
Seeckt, Hans von 275
Seghers, Anna 286
Severing, Karl 223, 228
Shakespeare, William 134
Shaw, George Bernard 136
Slang 254
Sorma, Agnes 52
Söneland, Senta 126
Stahn, W. 267
Stalin, Josef Wissarionowitsch 230
Stamatoff, Georgi 190
Steinach, Eugen 154
Sterne, Laurence 75
Stresemann, Gustav 196, 260
Studentkovsky 242
Stücklen, Wilhelm 113
Swift, Jonathan 78
Synel, Adolf 134

Tagore, Rabindranath 131, 145

Thales von Milet 145, 146
Thälmann, Ernst 236
Tirpitz, Alfred von 159
Trier, Walter 142
Tucholsky, Kurt 46, 100, 251, 252, 257, 259, 261, 262, 263, 283, 287, 289

Unruh, Fritz von 142

Valetti, Rosa 111, 126
Vallentin, Hermann 78, 101
Verlaine, Paul 141
Viehweg, Fritz 92
Vogel, Bruno 259, 270, 289
Voronoff, Prof. 154

Wagner, Richard 138
Walden, Herwarth 88
Waldoff, Claire 126
Wandt, Heinrich 289
Wedekind, Frank 105
Weinert, Erich 100, 254, 255, 256, 259, 260, 261, 262, 263, 268, 269, 270, 273, 285, 290
Werfel, Franz 109
Werth, Kurt 270
Wildgans, Anton 12
Wilhelm II. 142, 158, 159, 160, 183, 222
Wittmann, Hugo 201
Worm, Hardy 258, 259, 261, 262, 266, 269, 270–71, 272, 278, 283, 289, 290
Wulle, Reinhold 237

Zetkin, Clara 241–42, 289
Zille, Heinrich 117, 130

Wir danken den folgenden Verlagen und Rechtsträgern für die freundliche Überlassung der Rechte an den Werken der nachstehenden Autoren:

Altenburg, Jan „Leipzig"	Frau Mica Plietzsch, Köln-Lindenthal.
Feuchtwanger, Lion „Wedekind"	Frau Marta Feuchtwanger, Pazific Palisades/Kalifornien.
Hasenclever, Walter „Liebe Pille..."	Rowohlt Taschenbuchverlag GmbH, Reinbek b. Hamburg. Mit freundlicher Genehmigung von Frau Edith Hasenclever.
Kästner, Erich „Hamlets Geist"	Atrium Verlag A. G. Zürich.
„Die Literatur fährt Auto" „Möblierte Moral" „Karpfen blau" „Hungermayonnaise"	Der Beitrag „Hungermayonnaise" erschien in dem Band „Bei Durchsicht meiner Bücher", Atrium Verlag A. G. Zürich, unter dem Titel „Die Welt ist rund".
Kisch, Egon Erwin „Kleinbürger auf Rädern" „Über die Möglichkeit folgender Nachrichten"	Aufbau-Verlag Berlin und Weimar.
Klabund „Berliner Lied" „Kolportage"	Phaidon Verlags-GmbH Köln.
Natonek, Hans „Das Parabellum"	Frau Anne G. Natonek, Tucson/Arizona.
Reimann, Hans „Prag"	Frau Wilma Reimann, Schmalenbeck.

Roda Roda „Die Erzählung eines Arztes" „Der Aufruf"	Frau Dana Roda-Becher, Basel.
Schnog, Karl „Rat an eine entartete Bürgerstochter" „Der Vortrag macht des Redners Glück" „Was wollen wir ‚Wespen' " „Meister Zille" „Katalog der Firma Paul Arendt" „Wandel der Zeiten"	Frau Hanna Schnog, Genf
Tucholsky, Kurt „Deutsch" „Das Photographie-Album"	Rowohlt Verlag GmbH, Reinbek b. Hamburg. Mit freundlicher Genehmigung von Frau Mary Gerold-Tucholsky.
Wandt, Heinrich „Der Pfarrer von St. Pierre"	Frau Alice Wandt, Berlin-West.
Weinert, Erich „Leipziger Sängerstammtisch" „Feierabend" „Schundfunk" „Kaffee in Cottbus" „Der Republizist" „Der Schrei aus der Tiefe" „Die große Zeit" „Femesoldatenlied" „Die Klingel" „Stresemann"	Frau Li Weinert, Berlin-Niederschönhausen

Nachbemerkung

Das vorliegende Buch wäre nicht möglich gewesen, ohne die tatkräftige Hilfe und uneigennützige Unterstützung vieler Beteiligter. An erster Stelle sei hier die Deutsche Bücherei in Leipzig genannt, besonders verdient machten sich Ingrid Blume und Helga Lattner.

Zur Vervollständigung der biographischen Notizen trug die Abteilung Geschichte der sozialistischen Literatur der Deutschen Akademie der Künste zu Berlin bei, der besondere Dank des Herausgebers gilt Karl Holtz, Rehbrücke bei Potsdam; Hans Marquardt, Leipzig; Dr. Werner Preuß, Berlin; Rolf Recknagel, Leipzig; Gerhard Schäke (Peter Omm), Brannenburg/Inn; Wilhelm Sternfeld, London; Bruno Vogel, London; Hardy Worm, Westberlin.

Leipzig, im März 1972   Wolfgang U. Schütte

Ret Marut veröffentlicht dieses Märchen KHUNDAR im April 1920 in seiner Zeitschrift „Der Ziegelbrenner", genau ein Jahr nach der tragischen Niederschlagung der Münchener Räterepublik.
Zwar stand er als Kultusminister der 1. Räteregierung zumindestens zeitweise inmitten des Strudels der Revolution; trotzdem finden sich im „Ziegelbrenner" nur wenig konkrete Bezüge auf diese Ergebnisse. Und dann dieses Märchen KHUNDAR. Eine Allegorie? – Sicherlich! Mag es nun den mehrmals in seiner Zeitschrift angekündigten „Abgesang der alten Welt", oder die aktuelle Verarbeitung seiner Beziehung zur Bayrischen, zur deutschen Revolution darstellen. Der Mann Khundar begegnet in zahlreichen Visionen Symbolfiguren einer Epoche, die Menschlichkeit, Liebe und Friedfertigkeit ausstrahlen, und diese Voraussetzungen für die Zukunft mit ins Grab nehmen.

Inhalt:

Format 21x30

VERLAG KLAUS GUHL BERLIN
KARIN KRAMER VERLAG

Die Befreiung der Menschheit.
 Von Max Hochdorf. Einleitung
Die politischen Revolutionen im Altertum. Von Leo Blo[ch]
Das Bürgertum im Mittelalter. Von A. E. Rutra
Die Reformation. Von Heinrich Ströbel
Die Bauernkriege. Von Albert Pohlmeyer
Niederländische Umwälzungen. Von A. Conrady
Der Dreißigjährige Krieg. Von Alfred Döblin
Freiheitskämpfe und Freiheitsideen der englischen Revolutionszeit. Von A. Conrady
Die Entstehung der amerikanischen Demokratie. Von Pa[ul] Darmstädter
Die Französische Revolution. Von Paul Adler
Die revolutionären Bewegungen der Jahre 1848/49. Vo[n] Veit Valentin
Die Kommune. Von A. Conrady
Die Entwicklung der revolutionären und sozialistischen B[e]wegung in Rußland. Von Paul Olberg
Von der nationalen zur sozialen Revolution. (Zur Geschich[te] der Aufstände und der Massenbewegung in Polen[)]. Von Ignaz Ježower

Das Freiheitsbild in der Kunst und seine Vorgeschicht[e]. Von Adolf Behne

Der sozialistische Gedanke. Von Paul Adler
Die sozialistischen Ideen und Gemeinbildungen vor dem 19. Jahrhundert. Von Paul Adler
Die großen Utopisten. Von Friedrich Muckle
Christentum und Marxismus. Von Paul Kampffmeyer
Das soziale Deutschland vor dem Ausbruch der Revolution 1848. Von Paul Kampffmeyer
Marx und Engels. Von Paul Kampffmeyer
Die erste Gestalt des Marxismus. Von Paul Kampffmeyer
Die Grundgedanken des Lassalleanismus. Von Paul Kampffmeyer

Von der Sektenbewegung zur Massenbewegung. Vo[n] Paul Kampffmeyer
Radikalismus und Anarchismus. Von Paul Kampffmey[er]
Revisionismus und Radikalismus im Wettstreit. Vo[n] Paul Kampffmeyer
Der Gewerkschafts- und Genossenschaftsgedanke. Vo[n] Paul Kampffmeyer
Die mechanistische und die organische Idee der Revolutionsgewalt. Von Eduard Bernstein
Die sozialistische Internationale. Von Alexander Stei[n]
Sozialisierung. Von E. Lederer
Das Rätesystem in Deutschland. Von Rich. Müller
Das Reich der Freiheit. Von Heinrich Ströbel

Format: 21x30   Mit 254 Zeichnungen und Fotos   Preis: 36 DM

VERLAG KLAUS GUHL BERLIN

Erster Band
Das zeitgeschichtliche Problem
Mit 416 Abbildungen   19.50 DM

Zweiter Band
Das individuelle Problem.
Erster Teil   19.50 DM

Dritter Band
Das individuelle Problem.
Zweiter Teil

GESCHICHTE DER EROTISCHEN KUNST –
von Eduard Fuchs,
dem Pionier der materialistischen Weltbetrachtung. Begründer eines einzig dastehenden Archivs zur Geschichte der Karikatur, der erotischen Kunst und des Sittenbildes.
Die Anfänge von Fuchs fallen in die Zeit, da die sozialdemokratische Partei darüber nachzudenken begann, wie die neuen Aufgaben der Bildungsarbeit zu organisieren waren. Je größere Arbeitermassen ihr zuströmten, desto weniger konnte sie sich mit einer nur politischen und naturwissenschaftlichen Aufklärung begnügen.
Ein Weg: man lockerte die Geschichte auf und erhielt die Kulturgeschichte. Walter Benjamin: „Hier hat das Werk von Fuchs seinen Ort: in der Reaktion auf diese Sachlage hat es seine Größe, in der Teilhabe an ihr seine Problematik„

Verlag Klaus Guhl Berlin

GRUNDBAU
BAUSTEINE ZUM DRITTEN REICH

AUS DEM INHALT

Das Dritte Reich: Die neue Zeitrechnung
Die eigene Tat / Vom Sinn der Renaissance
Stirners Trauung / Die Freien / „Aus der
Hand fressen" / Rodin: Die Bürger von Calais

Nr. 1   Januar   1925

DER EINZIGE UND SEIN EIGENTUM –
Rolf Engert in der Nachfolge Max Stirners

Ein Beitrag zur Anarchismusforschung

„Ich weiß es wohl: einst werd ich sein wie Feuer,
Und kein Entrinnen gibts vor seiner Glut.
Dann werd ich der gewaltige Erneuer,
Der aufersteht aus seinem Blut".

So Rolf Engert 1906

„Engert war gleichermaßen bienenfleißig, stirnergläubig, schreibwütig und unternehmungslustig. In den Jahren 76 bis 79 nach Stirners ‚Einzigem' (1920–23, nach unserer Zeitrechnung) veröffentlichte Engert vier mit Stirner und Engert gefüllte ‚Neue Beiträge zur Stirnerforschung' und Broschüren über Stirner und Gesell".

So H. G. Helms 1966 in ‚Die Ideologie der anonymen Gesellschaft'. Und: „Er (Engert) wollte den Aufbau des Reichs, der zugleich ein Niederreißen alles Abgelebten und Morschen ringsum in sich schließen wird, mit Macht vorantreiben".

1920 gründete Engert den ‚Verlag des dritten Reiches'. Ziel des Unternehmens: „. . . . die geistigen Grundlagen des von Henrik Ibsen verkündeten, von Max Stirner heraufgeführten, von Silvio Gesell wirtschaftlich fundierten Dritten Reiches, des Mannesalters der Menschheit, der Zeit bejahter und bewußt ausgestalteter Einzigkeit des Einzelnen, auf allen Lebensgebieten zu erschaffen, so den radikalen Individualismus mit allen seinen Konsequenzen verwirklichend.

Rolf Engert – Gedichte, Aufsätze, Pamphlete, 1906 bis 1949. Eine Sammlung aus den Broschüren ‚Grundbau', Freiwirtschaft', ‚Letzte Politik', ‚Frühfeuer', ‚Das Ziel' und ‚Die Gefährten'.

ALCATRAZ

SIGHTSEEING

Alcatraz, die ehemalige berüchtigte Gefängnisinsel vor San Francisco. Später von Indianern besetzt und beansprucht. Heute Touristenattraktion. Ein Fotobericht von Georg Krämer.

Wolfgang Sesterhenn
geb. 1947 in Füssen / Lech
Wahlfächer Kunst und Musik
an der PH Flensburg.
Seit 1971 in Berlin.

Gedichte und Geschichten vom Leben - geprägt von der Liebe zur
        Freiheit-
Freiheit,
alte Hure-
besonders beliebt bei ihren Feinden-
Mundverkehr.
Oder bei jenen, die Freiheit zu "freiheitlich"
degradieren.

Denken , Schreiben, Zeichnen
'— Naturrecht---
Mühsam ist daran verreckt- manch anderer mit! Damals wie heute.
Drum ständig lotend das schmale Fahrwasser erkunden.
 Lackmus der Freiheit -
  Dieses Buch.

ERNST TOLLER

2 STÜCKE DER REVOLUTION

ENTHÄLT: »DIE MASCHINENSTÜRMER«
UND »MASSE – MENSCH«

12 DM

DIE ABENTEUER DES HERRN TARTARIN AUS TARASCON

VON

DAUDET

MIT VIELEN VOLLBILDERN UND VIGNETTEN

VON

GEORGE GROSZ

ÜBERSETZT VON KLABUND
DIE ANORDNUNG VON SATZ UND BUCHSCHMUCK
BESORGTE JOHN HEARTFIELD
EINMALIGE BEGRENZTE SONDERAUFLAGE
VON 1000 STÜCK
SUBSKRIPTIONSPREIS: 17.- DM

Verlag Klaus Guhl Berlin

NACHT ÜBER RUSSLAND

LEBENSERINNERUNGEN
VON
WERA FIGNER

Geschichte einer Revolutionärin. An der Ermordung des Zaren beteiligt, zum Tod verurteilt, begnadigt, nach 20-jähriger Haft wieder im Aufbau der Revolution tätig gewesen.

590 Seiten   13.50 DM

Herausgegeben und mit einem Nachwort von Iring Fetscher

Alexandra Kollontai (1872—1952) hat vor der Oktoberrevolution als wichtiges Verbindungsglied zwischen Lenin in der Schweiz und den Revolutionären in Rußland fungiert. Während der Gewerkschaftsdiskussion (1920/1921) gehörte sie zur parteifeindlichen und heute wieder sehr aktuellen ›Arbeiteropposition‹. Von 1923 an stand Alexandra Kollontai im diplomatischen Dienst. Im Jahr 1926 formuliert sie in einem autobiographischen Essay ihre Vorstellung von sexueller Emanzipation und berichtete offenherzig über manche Abweichungen von der Linie der Bolschewiki. Unser Band enthält die vollständige Ausgabe des ursprünglichen Manuskriptes zusammen mit den Kürzungen und Änderungen, in denen sich die stalinistische Disziplinierung des Lebens in der Sowjetunion dokumentiert.

5 DM ☐

EVA BROIDO

DAS WETTERLEUCHTEN DER REVOLUTION ÜBER RUSSLAND, die revolutionären Arbeiterbewegungen. Agitation, Organisation revolutionärer Zellen, dann Haft, Verbannung, Flucht und die Arbeit im Untergrund waren das Leben dieser großen Revolutionärin. Kritisch, lebendig und realistisch geschriebener autobiographischer Roman von Eva Broido

256 SEITEN   8.50 DM

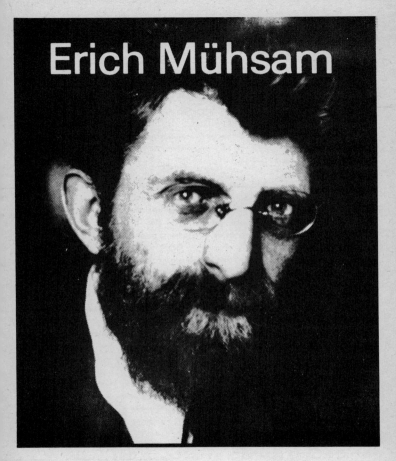

NAMEN UND MENSCHEN UNPOLITISCHE ERINNERUNGEN	Preis: 10 DM
DER KRATER	Preis: 7 DM
ASCONA	Preis: 5 DM
SAMMLUNG 1898 - 1928	Preis: 12 DM

N.G. TSCHERNYSCHEWSKI

WAS TUN?

Roman 1. Teil 8.50 DM

Dreibändige Ausgabe:

- Vom Lauf der Dinge
- Morgenröte
- Das reale Leben

Nikolai Gawrilowitsch Tschernyschewski - revolutionärer Demokrat und Wegbereiter der russischen Sozialdemokratie - war ein hochbedeutender Gelehrter und origineller Denker. Seine materialistische Weltanschauung bildete den Höhepunkt der vor-marxistischen Philosophie.

W. I. Lenin, der Tschernyschewski außerordentlich schätzte, schrieb über ihn: er sei "der einzige wirkliche große russische Schriftsteller, der es verstand, von den fünfziger Jahren bis 1888 auf dem Niveau eines geschlossenen philosophischen Materialismus zu bleiben und den kläglichen Unsinn der Neukantianer, Positivisten, Machisten und sonstigen Wirrköpfe zurückzuweisen". Und Marx, der die Arbeiten Tschernyschewskis besonders aufmerksam studierte, sprach von ihm als dem "großen russischen Gelehrten und Kritiker".

Tschernyschewskis Name ist untrennbar verbunden mit der revolutionären sozialen Bewegung der sogenannten sechziger Jahre Rußlands. Zwar reichte sein Leben hinaus über diese Epoche, aber in diesen späteren Jahren ist er der Gefangene des Zaren, bei Zwangsarbeit, in sibirischer Verbannung.

Kindheit und Jugend verbrachte er in Saratow. Er studierte fünf Jahre an der historisch-philologischen Fakultät der Petersburger Universität und war anschließend für zweieinhalb Jahre Lehrer für Sprache und Literatur am Saratower Gymnasium. Nach seiner Rückkehr nach Petersburg wurde er Mitarbeiter verschiedener politisch-literarischer Zeitschriften, u. a. des "Sowremennik", die damals der eigentliche Repräsentant der radikal-demokratischen Bewegung war, und dessen Leitung er bald übernahm.

Im "Sowremennik" veröffentlichte Tschernyschewski seine berühmt gewordenen Schriften zur Literaturkritik (Skizzen über die Gogolsche Periode der russischen Literatur, Lessing und seine Zeit, Puschkin), zur Philosophie (Das anthropologische Prinzip der Philosophie) und zur politischen Ökonomie (Anmerkungen zu den "Grundlagen der politischen Ökonomie" nach Mill).

Im Jahre 1862 wurde er wegen seiner revolutionären Tätigkeit verhaftet und in die Peter-Pauls-Festung verbracht. Hier schrieb er seinen Roman WAS TUN? - jene optimistische Legende, dieses leidenschaftlich-beredsame Plädoyer für Emanzipation und Menschenliebe, das zum Fanal, zum Leitstern der russischen Jugend wurde.

Nikolai Gawrilowitsch Tschernyschewski starb am 17. Oktober 1889 im Alter von einundsechzig Jahren an den Folgen der in der Haft durchlittenen Folterungen.

Verlag Klaus Guhl Berlin

Bestellschein

GESCHICHTE DER EROTISCHEN KUNST

von **Eduard Fuchs**

Erster Band ☐
Das zeitgeschichtliche Problem
416 ILLUSTRATIONEN, TEILW. FARBIG
19,50 DM

Zweiter Band ☐
Das individuelle Problem.
Erster Teil 412 SEITEN,
Mit 416 Abbildungen 19,50 DM

Dritter Band ☐
Das individuelle Problem.
Zweiter Teil
412 SEITEN, 19,50 DM

EVA BROIDO: ☐
DAS WETTERLEUCHTEN DER REVOLUTION ÜBER RUSSLAND
256 SEITEN 8.50 DM

DIE BEFREIUNG DER MENSCHHEIT ☐
FREIHEITSIDEEN IN VERGANGENHEIT UND GEGENWART
452 SEITEN 36 DM

Wermuth-Stieber ☐
Die Communistischen-Verschwörungen des neunzehnten Jahrhunderts
Zwei Teile in einem Band 14 DM
473 SEITEN

ERNST TOLLER ☐
2 STÜCKE
DER REVOLUTION 12 DM

Ret Marut (B. TRAVEN) ☐
DAS FRÜHWERK
9.80 DM

Ret Marut (B. TRAVEN)
Der Ziegelbrenner ☐
592 Seiten Preis 18 DM

WERA FIGNER
NACHT ÜBER RUSSLAND ☐
590 SEITEN 13,50 DM

Anna Karawajewa
DAS SÄGEWERK ☐
Roman
371 Seiten 12 DM

Honoré Daumier
DIE JUSTIZ ☐
37 Offsetdruckreproduktionen
nach Originallithographien
Format 21 x 30 Preis 18 DM

N. G. TSCHERNYSCHEWSKI
WAS TUN? ☐
Roman 8.50 DM

Erich Mühsam
NAMEN UND MENSCHEN 10 DM ☐
SAMMLUNG 1898-1928 12 DM ☐
DER KRATER 7 DM ☐
ASCONA 5 DM ☐
VON EISNER BIS LEVINÉ 4 DM ☐

15 EISERNE SCHRITTE ☐
15 DM

---BEI BESTELLUNG TITEL ANKREUZEN---

Name _____

Anschrift _____

PER NACHNAHME / VORAUSSCHECK

Verlag Klaus Guhl
1000 Berlin 19 Postfach 191532

B. Traven (RET MARUT)

Der Ziegelbrenner

Völlig verschollene revolutionäre Zeitschrift, die zwischen dem 1. September 1917 und dem 21. Dezember 1921 in München erschien; geschrieben, gedruckt und herausgegeben von einem Freund Gustav Landauers und Kurt Eisners, der sich Ret Marut, Fred Maruth oder Richard Maurhut nannte, wegen der Teilnahme an der Errichtung der Bayerischen Räterepublik zum Tode verurteilt wurde und nach Mexiko entkommen konnte: B. Traven. Die Identität des ‹Ziegelbrenner› Ret Marut mit dem Schriftsteller B. Traven wurde erst vor einigen Jahren vom Leipziger Literaturwissenschaftler Rolf Recknagel, der das Nachwort zu dieser Ausgabe schrieb, nachgewiesen.

Vierzig Hefte
Herausgegeben von Max Schmid; Nachwort von Rolf Recknagel. Mit Bibliographie. 592 Seiten. Preis 18 DM

Gemeinschaftsausgabe der Pinkus-Genossenschaft Zürich und Verlag Klaus Guhl, 1000 Berlin 19 Postfach 191532

BT (B. TRAVEN) MITTEILUNGEN No 1-36

B. Traven-Mitteilungen (BT-M)
Ob Folge des ‚feuilletonistischen Zeitalters' oder gezielte journalistische ‚Mache' – die B. Traven-Mitteilungen sind eine Rarität. Schon deshalb, weil hier nicht, wie man annehmen könnte, der Autor Kontakt zu seinen Lesern sucht. Er ist nur Objekt, das Thema, dessen sich sowohl die sogenannten und bevollmächtigten Mitarbeiter wie auch die professionellen Mutmaßer, die Literaturagenten und Kopisten bemächtigt haben mit der Begründung, die Identität des Autors zu entschlüsseln, sagen die einen, ‚Verwirrspiel' zu verhindern trachten ... aus purer Selbstlosigkeit. Man wird sehen. Dennoch formt sich aus diesem ‚Verwirrspiel' ein Dokument, das geeignet ist, die bislang vorliegenden Materialien über den Autor – Biografie und Frühwerk – abzurunden.

LIMITIERTE AUFLAGE VON 1000 STÜCK
ERSCHEINT AB DEZEMBER
VORBESTELLUNG UND VORAUSKASSE
UNBEDINGT ERFORDERLICH   Preis: 28 DM

Rolf Recknagel: Beiträge zur Biographie des B. Traven

— des Autors von „Baumwollpflücker" und „Totenschiff" B. Traven mit dem Herausgeber des „Ziegelbrenner" aus der Münchener Räte-Zeit, dem Gefährten Gustav Landauers, Erich Mühsams und Ernst Tollers — Ret Marut, – dem Schauspieler, Poet, Revolutionär.
Rolf Recknagel gibt Aufschluß ...
452 SEITEN   19.80 DM

B. Traven (RET MARUT) DAS FRUEHWERK

Das Frühwerk B. Travens – das sind die Kurzgeschichten, Novellen und Novelletten des Schauspielers, Tänzers, Schriftstellers, Sozialrevolutionärs und Adepten Max Stirners – Ret Marut
                                            9.80 DM